财经法治

法律文明史研究院文库 · 何勤华主编

国家重点学科华东政法大学法律史学科项目
上海市社会科学创新研究基地“法律文明演进研究” | 资助

法律文明史文库
西方经典

公司宪治论
——重新审视公司治理

[澳] 斯蒂芬 · 波特姆利 著
李建伟 译
李凯 亢雪莲 校

法律出版社
LAW PRESS · CHINA

总　序

文明，是指人类进化（发展）到一定阶段而形成的生存方式（行为样态）以及其所创造的成果。其主要标志有八：一是私有制的产生；二是阶级的形成；三是文字的诞生；四是创造财富的能力达到了能够养活一部分无需直接从事生产（获取食物）的人口，从而形成了社会分工；五是国家的正式诞生；六是法律的基本定型并发挥着主要的社会规范作用；七是除了物质生活之外，形成了相应的精神（宗教、艺术、建筑等）生活；八是人类的思想觉悟和道德品格达到了“我为人人，人人为我”以及“己所不欲，勿施于人”的境界。

法律，是文明的重要内容和主要标志，法律文明就是人类文明中与法律相关的各项元素的总和，具体包括法律意识和法律思想（观念），法律规范、法典和判例，法律制度，法律实施、法律行为以及其相应设施（法院、监狱等），法律教育，法律学术，法律遗存等。法律文明的萌芽，最早可以追溯到早期人类（公元前 200 万年）的非洲能人“奥杜韦（Olduvai）遗址”，其被考古学家初步认定为游群社会,已经出现了"集体决议""权力""国体"等意识之萌芽。经历了漫长的发展之后,才与私有制、阶级、军队、国家和文字等一起诞生。公元前3500年苏美尔人在美索不达米亚南部建立乌鲁克(Uruk)城邦,前3100年美尼斯(Menes)统一埃及,前2350年印度的村落形成哈拉帕(Harappa)城邦,前2070年禹在中国建立夏王朝,分别标志着法律文明在美索不达米亚、埃及、印度和中国的正式诞生。

人类法律文明诞生以后,至今已经过去了5000多年。在这历史的长河中,涌现了众多的法典、判例、人物、作品和法律事件,吟唱传诵着无数的法律诗歌和故事篇章:《梅腾自传》、《汉穆拉比法典》、皋陶、摩西、《赫梯国王哈吐什尔和埃及法老拉美西斯二世的同盟条约》、"哈里斯"大纸草、《摩奴法典》、《法经》、梭伦立法、《十二表法》、柏拉图与《法律篇》、《圣经》、《古兰经》、《唐律疏议》、《大宪章》、格劳秀斯与《战争与和平法》、《威斯特伐利亚和约》、孟德斯鸠与《论法的精神》、布莱克斯通、《独立宣言》、《人权宣言》、《美国宪法》、"马伯里诉麦迪逊案"与马歇尔大法官、《拿破仑法典》、奥斯汀、康德、萨维尼、梅因、沈家本、梅特兰、霍姆斯、美浓部达吉、罗斯科·庞德,等等。对这些丰富厚重的法律文明遗产进行发掘、整理、研究和总结,对我们了解、吸收和借鉴人类在创造法律、治理社会、促进生产、富足生活方面的经验,建设现代法治国家的意义极为重大。

鉴于此,华东政法大学于2015年6月成立了法律文明史研究院,以期为开展上述研究工作提供一个学术平台。编辑出版"法律文明史研究院文库"就是这一平台的中心工作之一。由于法律文明史所涉时间跨度很大,上下五千年;牵涉范围很广,涵盖世界众多国家;研究专题非常丰富,耕耘空间极其宽广,光靠几个或几十个人是无法从事这项宏大学术事业的。因此,在法律出版社的支持下,我们尝试搭建一个出版的园地和平台,热忱欢迎全国英才一起参与这一研究工作，踊跃惠赐文稿，以推进我国的法律文明史研究，为繁荣法律学术做出贡献。

何勤华
于华东政法大学
法律文明史研究院
2016年2月26日

写在前面的话

公众普遍持有股份(widespread share ownership)是西方经济的重要特征,关于其角色定位则有着不同的学说观点。澳大利亚、英国及美国的公司法都是以公司董事应当首先关注股东的权益这一理念作为立论基础的,然而这种模式已经遭到了来自不同角度的批判。其中一些人认为,股东恰当的角色就是置身事外,让公司经营者去经营。另外一些评论人士还指出,对股东权益的追求会减损对公司职员、公司不法行为的受害者及其他利益相关者的保护。这两种观点均将股东刻画为消极投资者。本书旨在赋予股东积极的"公司成员"之角色,而不是将其置于消极地位。该项论证基于公司是宪治安排(constitutional arrangements)而不仅仅是契约安排(contractual agreements)的理念。此外,公司是重视程序和结构问题的决策组织。因此,本书没有使用唯一的经济标准(如效率)来决定何者构成好的公司治理模式,而是通过问责、协商及争议的原则理念来提供一个用于评价公司结构和程序以及提高股东参与度的基本架构。

公司与公司法的“公私二象性”（代译者序）

一

公司是什么？这是一个公司法学者纠结了数百年的基础理论问题，时至今日仍无定论。对于公司本质的认识派生出一系列其他理论问题，并直接影响公司法律规则的制定和运行，比如，公司的价值目标是什么？公司治理结构应当如何设计？公司管理层权力的正当性来自哪里？股东救济途径的有效性如何衡量？

从公司和公司法的演变历史来看，公司概念最早发源于法人团体概念，法人团体的英文是“body corporate”，公司（corporation）就是商事领域的法人团体，经历了特许公司、法定公司和登记公司等几个发展阶段，与此相应，关于公司本质的理论也不断嬗变，包括19世纪初的特许权理论（或公司法人拟制论）和20世纪初的自然实体理论（或公司法人实在论）。由于公司概念脱胎于法人概念，因此，公司的特许权理论与自然实体理论都在一定程度上是法人理论的衍生，其争论焦点在于公司独立法人地位的来源——前者认为是来源于法律拟制和国家特许,而后者认为是来源于自然权利——但二者在公司具有独立法人地位这个问题上是立场一致的,即公司具有自己的独立法人格,是一个与组成公司的股东和雇员等相分离的实体组织。

然而,自20世纪中叶开始,美国以芝加哥大学为中心,崛起了法经济学学派,提出了公司契约论(contractarian theory)。科斯最早在其开山之作《企业的性质》中提出,包括公司形式在内的企业本质上是一个高度专业化的替代市场,之所以选择通过企业形式进行生产,是因为企业的内部交易比普通的市场交易节省交易成本。① 其他后续的经济学家,如信息成本理论的领军者阿尔钦和德姆塞茨,②委托代理理论的领军者詹森和马克林,③交易成本理论的领军者威廉姆森等,④进一步研究了企业内部交易的契约机制,认为契约关系是企业的基础,最终形成了企业契约理论。根据该理论,公司不是一个独立的实体,但可以被解构为公司各种参与人之间的明示和默示契约所组成的一个契约联结网(nexus of contracts),从这个意义上讲,公司契约论是对于特许权理论和自然实体理论的革命性颠覆。

在经济学上提出以契约理念为基础的公司模型后,美国法学界便借用其进行公司法的经济分析,成果卓著,影响日隆,多年来早已成为美国公司法研究的主流范式,并逐渐输入其他国家,包括我国。近年来,法经济学的公司模型以"合同"的概念载体被引入我国法学界,而很多学者在研习该理论的过程中,很自然地产生这样一个疑问:既然公司本质上就是一组合同关系,为何不直接适用合同法,还要另外制

---

① Ronald H. Coase, "The Nature of the Firm", (1937) 4 *Economica* 386.

② Armen A. Alchain and Harold Demsetz, "Production, Information Costs, and Economic Organization" (1972) 62 *American Economic Review* 777.

③ Michael C. Jensen and William H. Meckling, "Theory of the Firm: Managerial Behavior, Agency Costs and Ownership Structure" (1976) 3 *Journal of Financial Economics* 305.

④ Oliver E. Williamson, *The Economic Institutions of Capitalism: Firms, Markets, Relational Contracting* (1985, Free Press).

定公司法呢?

一种解释是所谓的“标准契约”理论,由伊斯特布鲁克和费雪提出,认为公司法提供了一套标准的契约条款范本,公司参与人可以直接采用,从而节省缔约成本。[5] 具言之,公司法规则可以被视为默认的契约条款,公司参与人可以选择适用,另外,在公司明示契约存在空白和漏洞时还可以进行填补。但是,这个解释似乎不能令人完全信服:如果公司法被视为一个标准契约范本,就意味着其在本质上并没有超出契约法的范畴。比如,我国《合同法》就规定了很多特别的合同类型,包括委托合同、行纪合同、借款合同和融资租赁合同等,为何就不能再增加一个“公司合同”呢?

要更好地理解公司法的角色,有必要重新审视法经济学的发展过程。法经济学,顾名思义,是一个法学与经济学的交叉学科,虽然法学和经济学都使用“契约”(contract)一词,但二者对该词的理解存在重大差异。经济学意义上的契约,是指非常广泛的基于当事人意思自治达成的任何安排,并不限于双方的利益交换行为,几乎等同于协作,而法学意义上的契约(我国的正式称谓是“合同”)则要狭义得多,对于其构成要素有严格的界定,强调合意和对价等问题,且具有法律的约束力。实际上,经济学家在构建公司契约理论时只是将契约作为一个分析工具,主要特征是参与人的意思自治,基于自愿进行合作,其他细节在非所问,并刻意将其与法学上的契约概念区分开来。他们研究的一个重要问题就是公司的内部交易与通常的市场交易在契约机制上到底有何不同,为何公司内部交易能够节省成本,从而论证公司存在的必要性。在这方面,以威廉姆森为代表的制度经济学学者采用了所谓的“关系契约”(relational contract)概念,强调公司缔约方之间关系

---

[5] Frank H. Easterbrook and Daniel R. Fischel, *The Economic Structure of Corporate Law* (1991).

的重要性。[⑥]根据关系契约理论，与离散的、注重交换行为的市场契约不同，公司契约本质上是缔约方之间复杂的、长期的协作关系，强调交易的效率和安全，而不是或仅仅是交易的公平和对价。由于公司契约的特殊性，商法上的公司规则在很多方面不同于民法上的合同规则，比如，作为公司契约典型的章程在变更时不需要所有股东的同意，而是采用多数决原则，并且，多数决的基础是股份比例而不是股东人数；虽然理论上股东是公司契约的当事人，但在很多情况下，单个股东并不能要求公司履行契约，而是需要满足一定的实体和程序条件；公司契约通常无法撤销等。概言之，经济学意义上的契约与法学意义上的合同在理念和要素等方面都迥然有异，故无法通过我国法学上的合同法去规制公司契约，而必须单独制定公司法。[⑦]

虽然公司契约论的契约概念具有特殊性，但本质上还是秉承了契约自由原则，强调公司的私人自治和私法属性。根据公司契约论，公司就是参与人的个体集合，通过契约联结在一起，而没有一个公司作为整体的观念，可谓"只见树木，不见森林"，其逻辑结果是，公司参与人各自追求自己的最大利益，而没有作为一个整体的"公司利益"，在这些参与人中，股东是享有剩余控制权和索取权的人，其利益最大化就成为公司目标；作为标准契约条款，公司法的性格应当是任意性而非强制性，国家不应干预公司事务。这种理论范式与现代公司和公司法的发展趋势已经出现抵牾，特别是大型公众公司的组织化特征日益

---

⑥ 关系契约是现代契约理论的一个新发展，其代表人物是美国的社会法学家麦克尼尔，See Ian R. Macneil, "Contracts: Adjustment of Long - Term Economic Relations Under Classical, Neoclassical and Relational Contract Law" (1977 - 78) 78 *Northwestern University Law Review* 854; Ian R. Macneil and Paul J. Gudel, *Contracts: Exchange, Transactions and Relations, Cases and Materials* (3rd, 2001)。

⑦ 为了避免这种概念上的混乱，法经济学上的 contract 翻译成"契约"为宜，以区别于法学上传统的"合同"；事实上，我国经济学界在翻译相关文献时几乎都是采用"契约"一词，如果法学界翻译时采用"合同"一词，可能不但增加法经济学中法学与经济学两派学者的概念冲突和交流困难，而且易让人将公司"契约"误解为法学上的"合同"，以至于生搬硬套民法上的合同规则进行商法上的公司研究。

明显，公司社会责任问题日益突出等，以至于近年来颇受诟病，于是乎，有的学者寻求在法经济学框架内进行修正，而有的学者干脆跳出法经济学的窠臼而另辟蹊径，如从政治学的角度进行研究，《公司宪治论》就是其中的代表作。

二

与公司契约论不同，公司宪治论将公司视为一个类似于共和国的政治实体（body politic），具有严谨有效的组织结构和运行程序。在大型的、股权分散的公众公司中，股东直接管理公司是不可行的，但又需要让股东尽可能地参与公司事务，因此，就像代议制的政府体系一样，公司治理结构在本质上也必然是代议制的。比如，公司股东选出董事会，由后者负责公司的经营管理，这种经营管理权不应受到股东的随意干涉，这与代议制政府选举出来之后选民就不应随意干涉议会和内阁运行的道理一样，因此，这种代议制的政治理论为董事会的权力正当性提供了基础。

需要指出，公司宪治论并不是简单地将相关的政治理论套用到公司的场合，将公司完全等同于代议制的国家政体。确实，虽然公司结构与西方国家政体存在一定的相似性（很多公司法学者可能都有这种感觉），但二者实际上存在很多重大区别。比如，议员本身就是选民，而公司董事未必是股东；议员主要代表自己选区的选民利益，而公司董事必须服务于公司的整体利益，其义务对象通常是公司而不是个别股东。当然，这些区别并没有堵塞利用政治理论研究公司和公司法的路径，只是要求不能直接将政治理论适用于公司研究，而需要对相关政治理论进行甄选和改造，以构建一个适用于公司的政治理论，这也正是《公司宪治论》一书的最大贡献。

在其理论建构的过程中，公司宪治论从很多宪治理论中汲取了营养，包括自由宪治主义（liberal constitutionalism），即尊重个人权利和利益;社群主义(communitarianism),即在尊重个人权利的同时考虑整体利益;共和主义(republicanism),即强调全体成员的共同利益。这些理论揭示了一个实体中成员个人与组织整体之间关系的变迁性和复杂性,对于成员身份的"公共"和"私人"属性都予以关注,从本质上讲,宪治主义的目标就是协调社会生活中公共与私人之间的各个方面。将宪治主义运用到公司的场合,公司可以被视为一个既包含公共利益又包含私人利益的组织机构,既体现在公司参与人相互协作的内部关系中,也体现在公司与国家和社会之间的外部关系中,从而映射出公司兼具"公"和"私"的双重特征,拥有集体和个人的二维身份,与此相应,公司法也必然是公法与私法的统一体。总而言之,公司和公司法具有"公私二象性"。⑧

在方法论上,公司宪治理论与公司契约论有本质的不同。经济学上的公司契约论采用目的论,关注焦点在于预期经济目标的实现与否,是否节省了交易成本,提升了经济效率,而不是实现过程中对于某些人的利益影响问题。在经济学中,效率主要有两个标准:一个是帕累托标准,另一个是卡尔多-希克斯标准。前者是指,如果一项交易可以提升某人的福利但同时不会减损其他人的福利,则是有效率的,但这种情况在现实中很少出现;后者是指,如果一项交易提升所有人的整体福利,那么即使在此过程中有些人的个体福利受到减损,也是有效率的,现实中的情况大多如此,故该效率标准具有更广泛的现实应用价值。显然,卡尔多-希克斯效率强调的是目的正当性,而缺乏对过程正当性的关注。相反,宪治理论关注决策的过程和结构,而不是决策的结果,确实,民主体制强调的是人民参与决策的权利和过程,由此

⑧ 在自然科学中,曾经有一场非常著名的关于光的本性的大辩论:一方是以惠更斯为代表的波动说,认为光具有波动性,是以太的一种纵向波;另一方是以牛顿为代表的微粒说,认为光具有粒子性,是由微小粒子所组成;这场大辩论持续了几百年,直到20世纪初伟大的爱因斯坦提出了"光的波粒二象性"学说,认为光既是一种波也是一种粒子,第一次天才般地揭示了光的波动性和粒子性的统一,从而结束了光的波动说与微粒说之争,爱因斯坦也因此获得了诺贝尔物理学奖。

作出的最终决策就拥有合法性和正当性,而无论决策本身的内容是愚蠢还是英明。

因此,公司宪治论主要关注公司的决策过程,希望通过程序正义实现实质正义,并提出了三个原则。

第一,问责原则(accountability),即如何有效监督公司管理层行使其职权。公司治理借鉴了民主国家的代议制体系,采用了双重决策结构,包括股东大会和董事会。当股东大会选举出董事会后,董事会就成为公司法意义上的代议机关,其管理公司的权力具有一定的独立性,股东不能随意干涉董事会的职权行使,但是,这并不意味着董事会就可以为所欲为,因而董事的问责原则凸显重要性。该原则的一个重要实现途径就是设计科学的分工和分权机制,不仅包括股东大会与董事会之间的分权,也包括董事会内部的分权,比如董事长与 CEO 的分权、执行董事与非执行董事的分权、董事会与下属专门委员会的分权等,甚至还包括公司与外部审计师的分权等。根据政治上的分权理论,权力过度集中就会导致"大到无法管",因此,分权机制旨在解决"一言堂"和"内部人控制"的问题,使得问责成为可能。

第二,协商原则(deliberation),即公司的决策过程应当经过充分协商。这个协商原则既适用于股东大会,也适用于董事会,体现为股东大会和董事会在召集和召开等方面的各种程序性规定,包括会议通知要求,法定人数要求,表决权行使规则,甚至会议记录要求等。当然,协商原则也对相关人员参与协商提出了要求,比如董事勤勉义务就要求董事积极出席会议,而机构股东也应当积极参与公司事务。相对而言,股东大会在实现协商原则方面的问题更大,因而也成为关注的中心。比如,股东(特别是机构股东)是否负有积极参与公司事务的某种义务?股东在行使表决权时是否需要有所限制(不得滥用权利或必须为了公司整体利益等正当目的)?除了股东大会之外,股东是否还有其他的协商机制?

第三,争议原则(contestability),即股东或董事能够对其认为与公司利益相违背的决策提出争议,挑战其合法性和正当性。这种争议既可针对决策的内容,也可针对决策的程序。争议原则体现为不同方式,既包括公司内部的争议机制,比如在股东大会上质询董事和高管、提出议案等,也包括公司外部的争议机制,主要是法院诉讼和向监管机关投诉,如派生诉讼,压迫行为或不当损害诉讼等。

由上可见,公司宪治论的三大原则实际上紧密联系在一起,甚至有相互交叉的部分。比如,问责原则下的分权机制为协商原则下的股东大会运行提供了制度基础,股东大会的协商规则同时也成为公司内部的争议机制,而争议机制是实现问责原则的具体途径。因此,三大原则互为补充,相得益彰,需要作为一个整体进行理解,其中心是公司的决策结构和程序,包括决策前的分权体制、决策中的协商过程和决策后的争议机制。

概言之,与公司契约论的经济分析方法不同,公司宪治论对公司进行了一个政治学维度的思考,为公司本质和目标等问题提供了一个全新的分析框架,具有很高的理论价值和实践意义。公司宪治论将公司视为一个独立存在的政治体,近乎完美地阐释了公司人格的本体性问题。确实,公司契约论的一个重大缺陷就在于否认公司作为一个实体的存在,从而无法妥善解决很多关于公司人格的问题,如公司的民事与刑事责任问题,董事义务的对象问题等。另外,虽然特许权理论和自然实体理论承认了公司的独立人格,但这些理论来源于传统民法上的法人理论,随着公司形式的演进和商业实践的创新,民法上的法人理论在适用于公司时也日益显得捉襟见肘,比如,需要政府特许而设立公司的做法早已尘封历史,一人公司的出现很难再把公司生硬地塞进社团法人的范畴。从这个意义上讲,公司宪治论是公司法自己的理论,让公司法无须再依附于传统民法的框架。最后,公司宪治论将公司视为一个政治体后,能够很自然地诠释公司内部存在的复杂层级结构和权力运行机制;而将公司视为一堆契约的公司契约论认为,公司各参与人之间就像自由市场上的主体一样相互平等,不存在上下的层级关系,也没有真正意义上的“权力”和“命令”,显然并不符合公司(特别是大型公众公司)的现实情况。⑨

当然,与所有的理论一样,虽然公司宪治论具有强大的解释力和指导力,但也存在一些问题。该理论的核心内容在于强调形式上的公司决策结构和程序,而不关注实质上的决策质量和价值标准。这种政治上的民主理念未必完全适合经济上的公司运营,对于面临激烈市场竞争的公司而言,效率就是生命,结果往往比过程重要。当然,在很多情况下,程序正义能够保证决策的质量,能够降低出现像安然公司、雷曼兄弟那样的灾难性后果的机会。另外,相对于经济学上的效率标准而言,政治学上的宪治标准显得比较模糊,难以把握,因此,在根据公司宪治论对决策过程进行应然性的评价时,可能会有不确定性的问题。

最后,公司宪治论认为公司是一个独立的实体,不是公司内部人个人行为或财产的简单集合,从而提出了“公司整体利益”的概念,但“公司整体利益”又是以股东利益为中心,等同于“股东整体利益”,并通过股东实现。由于公司宪治论的关注点是决策过程,而股东大会是一个主要的决策机关,股东自然就成了公司组织的中心,因此,公司宪治论没有去推翻公司契约论的股东至上原则,而是选择与其合作,对其进行灵活性的解读,认为股东利益不限于狭隘的金钱利益,还包括非金钱的利益,并寄希望于股东在决策时会综合考虑自己的短期和长期利益,包括公司的社会责任问题,最终达到提升公司整体利益的目的。然而,现实中股东是否真的会像公司宪治论所期待的那样去考虑公司其他参与人的利益,从而承担起公司的社会责任,不无疑问。当然,公司宪治论也讨论了超越股东至上原则以应对公司社会责任的可能,比如董事是否对非股东的利益相关者承担义务,但其态度并不明

---

⑨ 对于企业内部是否存在等级和权威的问题,科斯在《企业的性质》一文中的立场比较模糊,在论述企业契约机制的同时也提到了企业内的权威指挥,但很多后续者,比如阿尔钦和德姆塞茨等,明确地将企业视为一堆平等关系的契约,认为企业内部不存在权威要素。

朗,基本上是“既不支持也不反对”。总而言之,公司宪治论在理论上为公司社会责任问题提供了一个新的解决路径,但现实效果如何尚待检验。

三

尽管很多人都试图或声称自己创建了一个新的法学理论,但事实上真正能够做到这点的人是少之又少,《公司宪治论》无疑算是其中的一例。该书 2007 年首次出版,次年便荣获名望很高的“哈特社会法律图书奖”(Hart Socio - Legal Book Prize),足见其价值和影响。确实,今天的公司法学界,特别是在英美法系,多年来早已被法经济学理论的“帝国主义”牢牢统治,研究范式几乎到了单调乏味的地步,也很少再有震撼人心的新思想(早在 1997 年芝加哥法学院召开的圆桌会议上,科斯就当着波斯纳的面指出,自己感兴趣的是法律制度对经济体系的实际影响,可称为“法律的经济学”,而不是波斯纳的运用经济学方法和概念对法律制度的解释,可称为“法律的经济分析”,这个工作已经高度发展,不再那么令人激动)。总体而言,经过几十年的发展,法律经济分析的巅峰时期可能已经过去(至少在美国是如此,但在其他法域,如中国,在不同程度上还属新鲜事物),公司法学界开始期盼着一个“百花齐放、百家争鸣”的新时代,而公司宪治论就是在这个大背景下应运而生。

公司宪治论给公司法研究开辟了一片全新的广阔天地,在经济学之外提供了一个政治学的研究视角,让我们对公司和公司法问题能有一个更全面的认识。当然,如前文所述,目前的公司宪治论在一些方面还可再加强,在处理一些重要问题时仍稍显拘谨,但是,法经济学在 20 世纪中叶刚刚诞生的时候又何尝不是如此呢?与其他的创新一样,一个新理论的建立和完善是需要很多人甚至很多代人的共同努力和不断发展,就此而言,公司宪治论的发展前景远大,为公司法学者提供了新的研究方向和机遇。

该书的作者斯蒂芬·波特姆利教授(Stephen Bottomley)目前担任澳大利亚国立大学法学院的院长,是澳大利亚公司法学界的领军人物之一,我们多次在学术会议上相见而熟识,另外,我们都是新南威尔士大学法学院的校友。该书虽然篇幅不长,但翻译难度不小,其提出的公司宪治论是一个全新的研究范式,书中运用了大量的政治学理论和术语,比如,哈贝马斯的"协商政治"理念和佩迪特的"共和主义"理念等,[10]都对译者提出了巨大挑战,但可喜的是,好友李建伟教授很出色地完成了这个原本相当艰难的使命。

实际上,我在几年前曾在拙著中简要地评介过该书,[11]但毕竟不是全貌,现在建伟兄将该书完整翻译出来,无疑是我国公司法学界的一大盛事和幸事。我相信,读者一定会从此书中受益。

是为序。

黄辉[*]
于香港

---

⑩ Jürgen Habermas, *Between Facts and Norms, Contributions to a Disclosure Theory of Law and Democracy* (William Rehg trans, 1996); Philip Pettit, *Republicanism, A Theory of Freedom and Government* (1997).

⑪ 黄辉:《现代公司法比较研究——国际经验及对中国的启示》,清华大学出版社2011年版,第一编第一章第三节(公司理论)。

* 香港中文大学法学院副院长、教授,澳大利亚新南威尔士大学法学院法学博士。

原作前言

这本书已经酝酿良久，尤其对那些密切参与其间的人们而言，也许是太久了。促使本书写作的直接动因，是澳大利亚高等法院在 1995 年的 *Gambotto v. WCP* 一案所作的判决，该判决支持了少数股东的股份不能被多数股东强制性收购的主张。我觉得高等法院的这一判决对公司法理论的发展作出了重大贡献，描述这一贡献所需要的解释与理由，远比判决书字面上可以读出的更多。但是，我同样被许多批评家对于这个案件所激起的他们的反击速度所震惊（我并不认为“攻击”一词夸大了这些反应的本质）。在该判决宣告后的短时间内，一些文章、著作、研讨会报告都出现了。这里并没有要轻视这些不同的反应，准确来说，无论如何，大部分评论都基于一个法经济学的框架。我想到的是这些批评家拥有一个战略优势——已经确立的法经济学分析框架为他们提供了一个可以迅速回应高等法院判决的现成概念模式。此外，那些在这个判决中发现了一些价值的和被这些评论所烦扰的公司法学者，大部分（并非全部，包括我在内）都保持了沉默。我想，可能急需一个新的竞争性概念模式,借此来丰富对由该案判决及未来发展而引起的问题的反应。

本书就是我尝试去发展这样一个新框架(概念模式)的结果。随着研究的深入,由 *Gambotto* 一案判决引起的特定问题不再是我的首要关注(的确,在下面的论述中本案只是偶尔被提起)。但是我想要发展一个分析公司法问题的新概念框架的愿望保留了下来,这个框架可以作为被广泛接受的法经济学模式之外的另一个选择。至于本书展示出的观点是否成功地实现了这一目标,当然有待于读者的判断。

本书利用了许多此前已经发表的文章、著作以及研讨会报告,然而并不是对这些已发表作品的简单选编。在尝试融合这些作品的过程中,我发现我的观点也在很多方面发生了改变。此外,为了这部书而作的"信息汇总"的任务显示出了矛盾及概念的差距,这都促使我重新思考、发展以及(我希望可以)阐明我的论点。

多年来,在我为这本著作组织我的观点的过程中,很多人帮助了我。由于时间流逝,很有可能忘记了一些他们的贡献,但是在这里展示出的每一个论点及观点都被其他人提出的问题、评论和温和的批判所帮助过。最后,这是一个致谢的机会,感谢 John Braithwaite, Angus Corbett, Christine Parker, Philip Pettit, Colin Scott, Peta Spender(他阅读了很多接近最后定稿的章节), Daniel Stewart, 已故的 Michael Whincop, 以及 John Williams。同样,多亏了 Tom Campbell 敦促的一些最后的修订。我听取了他们的观点和建议,尽管我承认我并没有完全按照他们的意思行事。按照惯例的做法,我免除了他们处于这部书封面的任何责任,尽管我不明白我为什么要这样做。毕竟,他们鼓励了我继续进行这项研究。

同样感谢 Jenna Bottomley 在编制相关法规和案件的表格方面所做的工作,感谢 Vera Joveska 为出版所做的排版和文字准备工作。

然而在背后的真正推动力量是我的妻子——Sheri。她很明智地没有让公司法占去她的全部精力,但是她仍然不断地挑战、敦促、鼓励我来撰写这部书(偶尔争取我们的四个女儿 Kristen, Sarah, Taryn 和

Jenna 的帮助)。此外,最感激她的就是她给了空间让我来做这件事,感谢她每一次付出的支持和耐心,最后的成果或许就是对她的最恰当不过的感谢。

最后,在本书的长期撰写过程中,我也经历了两位公司法学者令人猝不及防地离世,他们的研究在下面的章节中也将被多次提及。Michael Whincop(格里菲斯大学的法学教授)在 2003 年 6 月去世。我太熟悉 Michael 了,他的逝世对我是一个巨大打击。John Parkinson(布里斯托大学的法学教授)在 2004 年 2 月去世,虽然我并不认识他(我们本来将在我组织的一个会议上碰面的,但是他在这之前去世了),然而他去世的消息同样令我心伤。尽管我们的理论观点可能并不相同,但我很钦佩他们对于公司法学术领域所作的贡献。我希望本书可以视为同样有他们的陪伴。

斯蒂芬·波特姆利

目录

第一章　公司与股东

一、这是一个公司的时代

英国著名法律学者 William Twining 通常会布置给大学新生一项任务,要求他们读一份日报并标注出他们认为与法律相关的段落,以此让他们认识到法律的无处不在。[①] 因为在这个过程中,他发现学生们往往很难选定哪些是与法律无关的。现在如果将这项任务换为标注出与公司相关的段落,我猜想难度也并不会变小多少。

我们生活在一个公司的时代。[②] 公司如此频繁地出现在我们的日常生活中,稀松平常得让我们认为它仿佛如天然存在的一样,除非发生了重大的公司事件(最为常见的,比如一个公司毫无征兆地陷

---

① 参见 W. Twining, *Law in Context: Enlarging a Discipline* (1997) 210 -213; *Globalisation and Legal Theory* (2000) 1 -2。

② 参见 J. Micklethwait and A. Wooldridge, *The Company—A Short History of a Revolutionary Idea* (2003),可更好地了解公司崛起的历史。

入破产),[3]其他时候我们并不会特别去留意它。但事实上,正是公司主要提供并控制着我们接触商品与服务、工作与休息、知识与信息的机会,以及我们所了解的关于这个世界的信息也大多是通过媒体而获知——而这些媒体又是被一个个公司所控制的,公司的行为塑造或影响着整个国家的经济,影响着我们生活的环境,甚至影响着整个国家和政府的行为;[4]同时,公司也越来越多地被呼吁,应与政府携手合作或直接接管政府的某些工作,以致力于社会福利和国家发展。[5] 公司,尤其是跨国公司,对人权也产生着重大的影响,也被要求承担起保护人权的艰巨任务。[6] 公司通过在幕后运作(正逐渐转到幕前)影响着国家政策与立法的方方面面,其资助是各个政治党派的主要资金来源,[7]因此一些大公司甚至决定着大量监管标准的制定,其范围从航空安全、医药生产直至电信服务。[8]

公司产生的种种影响,并非总是蓄意游说或者施加政治压力导致的结果,而更多来自公司的普通商业活动。一个公司缩减规模、地址

---

③ 最为著名的例子即美国的安然公司(Enron Corporation)和世界通信公司(WorldCom Inc.)分别于2001年年末、2002年年中发生的丑闻破产事件。而在澳大利亚,具有同样影响力的类似例子是2001年5月的电信公司Tel Ltd.,以及2001年3月的HIH保险公司破产案。

④ 当然,这种相互作用并非总是单向的,公司也常常根据政策和法律的要求来调整或制订其经营计划,尤其是当国家采取反垄断措施时。

⑤ 例如,澳大利亚总理John Howard曾于1998年呼吁所有澳大利亚公司应为社区福利事业做出更多的贡献——根据其在澳大利亚社会服务协会全国大会上所作的主旨演讲,阿德莱德,1998年11月。

⑥ 参见联合国促进与保护人权小组委员会(United Nations Sub-Commission on the Promotion and Protection of Human-Right), *Norm On The Responsibilities of Transctional Corporations and Other Business Enterprises With Regard to Human Rights*, 2003年8月;M. Addo(ed.):*Human Rights and the Responsibility of Transtional Corporations*(1999);S. Bottomley与D. Kinley:Commercial Law and Human Rights(2002)。

⑦ 参见I. Ramsay, G. Stapledon, J. Vermon, "Political Donations by Australian Companies" (2001) 29 *Federal Law Review* 117(也涉及了英国的有关情况)。

⑧ J. Braithwaite and P. Drahos, Global Business Regulation(2000);C. Scott, "Private Regulation of the Public Sector: A Neglected Facet of Contemporary Governance"(2002)29, *Jornal of Law and Society* 56.

搬迁或是扩展经营的决策都有可能对当地,甚至整个国家的经济和社会政策产生深远的影响。一个大企业的重组计划通常能致使政府作出相应动作,而这般的影响,是公民个人永远无法企及的。⑨

在现代社会,公司所具有的重大意义并不仅仅局限于私营商业领域。由于其极具吸引力的有限责任制、非常高效的管理方式(无论这种认识准确与否),以及有利于债权人或捐赠机构进行风险评估的组织结构形式等优势,公司这一组织形式也正被包括社会团体、宗教团体、体育娱乐俱乐部、教育机构、专业事务所以及福利机构等在内的非商业、非营利部门所普遍采用。⑩ 不仅如此,就连政府机构也被公司制的现代管理方式所吸引,不仅依据公司制的结构特点来构建其部门("公司化"),并且逐渐创立一些为政府所有的公司进而从事政府性事务。⑪ 退一步来说,至少全球的各国政府都对公共管理事务外包给私人公司表现出了强烈的兴趣,有的甚至对政府的某些运作进行了全面的"私有化"。政府交由私人公司运营的领域范围十分广泛,这包括电力与供水、电信、银行业、水陆运输、监狱等。

总之,公司已在现代社会、政治、经济生活等各个方面起着重要作

---

⑨ 最近发生在澳大利亚的例子,是三菱汽车澳洲公司欲关闭其位于南澳大利亚州的汽车装配中心。考虑到此举措随之带来的大约22,000个工作岗位及20亿美元的国民生产总值损失,南澳大利亚州财政兼联邦工业部长特地飞往日本与三菱汽车总公司进行洽商:"South Australia must drive its own furture", *Austrilia Financial Review* (Sedney), 29 April 2004, 62; Brendan Pearson, "Mitsubishi on brink after crisis talks", *Austrlian Financial Review* (Sedney), 18, May 2004, 1。2004年6月,澳大利亚政府宣布对三菱汽车员工发放一千万美元的政府补贴。

⑩ 在某些法域中,对这类公司规定了特殊的法人形式或组织方式。比如,澳大利亚各州和地区关于社团法人的立法[如1991年社团法人法(the Associations Incorporation Act)(ACT)]。此外,在英国也有人主张应为慈善组织设置单独的法人形式。Company Law Review Steering Group, Company Law Review Steering Group, *Modern Company Law For a Competitive Economy: Final Report*(2001), para 4.63.

⑪ See S. Bottomley, "Regulating Government-owned Corporation" (1994) 53 *Australia Journal of Public Adminstration* 521; S. Bottomley, "Corporatisation and Accountability: the Case of Commanweath Government Companies" (1997) 7, *Australia Journal of Public Adminstration* 156; B. Collier and S. Pitkin, Coporatisation and Privatisation in Australia(1999).

用,无论是在私有或公有、商业或非商业、大型或小型领域。

随着公司的普及,在许多国家,持有公司股份已成为多数民众进行投资、储蓄和退休规划的流行形式。这一趋势在澳大利亚格外显著,自20世纪90年代以来,股权投资就已成为澳大利亚经济与政治生活的一个重要特征。推动该趋势发展的因素有很多,其中包括1992年开始实施的强制退休金制度,⑫政府所有的企业如澳大利亚电信公司(Telstra)、澳大利亚联邦银行(the Commonwealth Bank)的全面或部分私有化,⑬以及一些拥有标志性地位的公司如澳大利亚互助会(the Australian Mutual Provident Society)、澳大利亚全国道路与驾驶者协会(the National Roads and Motorists Association)股份化改革运动。澳大利亚证券交易所(Australian Securities Exchange, ASX)称,澳大利亚民众直接及间接持有股权的水平在世界上处于领先水平。⑭ 据其公布的数据显示,澳大利亚直接或间接(如通过投资管理计划)持有股权的成年人占总成年人口的比例从1997年的34%上升至2004年的55%,而直接持有股权的成年人占总成年人人口的比例则高达44%。其他国家也拥有类似的情况,如新西兰有39%的成年人在2005年持有一定形式的股权,其中直接持有股权的比例为23%。⑮ 而在美国,截至

---

⑫ 1992年的《退休金保障(管理)法案》(*Superannuation Guarantee (Administration) Act*)规定了雇主须为其雇员支付的法定最低退休金数额。该退休金计划的运营是依赖私人或公共部门的筹资来支撑,而非中央政府划拨的运营基金。See G. Stapledon, "Share Ownership and Control in Liated Australian Compaies" (1999) 2, *Corporate Governance International* 17,21.

⑬ 澳大利亚电信公司(Telstra),原属澳大利亚联邦政府所有,于1997年向公众售出其33%的股份从而得以部分私有化(was partially privatized in 1997 with the public float of 33% of its shares),于1999年又再次售出其16%的股份,而剩余51%股份的去留问题仍是一个政治难题。澳大利亚联邦银行(the Commonwealth Bank)则于1991年进行了全面的私有化。

⑭ 澳大利亚证券交易所(Australian Stock Exhange):*Share Ownership Study* 2004 (2005)。

⑮ 新西兰证券交易所(New Zealand Stock Exhange):*Press Realease: More New Zealanders are investing in the share market*, (15 July 2005) <http://www.nzx.com/aboutus/news/press/research_15jul/view> 2006年1月3日。

2002 年 1 月，有 49.5% 的家庭持有股票。[16] 2003 年，股票成为仅次于养老金之后，最受澳大利亚民众欢迎的个人投资方式。此外，个人股票投资组合的价值也大幅提高，平均水平从 2002 年的 29,000 美元上升至 2004 年的 41,400 美元。2004 年 38% 的投资者直接投资于股票的数额少于 10,000 美元，35% 的投资者对股票的直接投资额超过 50,000美元。[17]

当然，高水平的股权持有量并不代表对公司经济与治理活动的高参与度。在澳大利亚，尽管持有股权的投资者人数很多，但大多数投资者都只是被动持有——这也是本书关注的问题之一。根据 ASX 在 2004 年的一份调查发现，大约一半的直接持股者在该调查之前的 12 个月中没有进行过任何交易。另一个反映股东被动性的证据是 2002 年开展的对澳大利亚 217 个上市公司的调查，调查发现在 98% 的公司中个人或派代表出席年度股东大会的股东仅为股东总数的 20%，且这些公司于 2001 年至 2003 年召开的 203 个股东特别大会无一是由股东召集的。[18]

与此同时，得益于金融、证券市场的崛起与发展，公民与他们所在国家以及全球的其他群体的联系日益紧密，而这一切最终可归结于通过公司的一系列活动来实现的。一个国家的发展是否健康、良好，既可以通过非经济因素去判断，也可以通过股票市场上的指数和公司公告的业绩状况来衡量。这或许同时解释了为什么每晚的新闻简报上都充斥着关于股票价格变动的信息与各种各样的市场绩效指标、货币

---

[16] 投资公司协会/证券业协会（Investment Company Institute/Security Industry Association）：*Equtiy Ownership in America* 2002（2002）< http://www.ici.org/shareholders/dec/1rpt_02_equity_owners.pdf > 2004 年 5 月 13 日。但也不是所有的国家都呈现出这样的趋势，例如，在英国的一个调查表明：在 2002 年 6 月仅有 22% 的私有投资者持有股票。*Private Share Ownership in Britain in* 2002（2002）< http://www.proshare.org/Research/bo2002.pdf > 2004 年 5 月 13 日。

[17] ASX，*Austrilian Share Ownerhsip Study* 2004（2005）.

[18] S. Bottomley, *The Role of Shareholders' Meetings in Improving Corporate Governance*（研究报告，澳大利亚国立大学商法研究中心，2003 年）.

币值的波动情况以及公司发布的报告。每当政府出台新的政策或废止旧的政策，每当发生了国际、国内的重大事件，各种专业评论中总少不了来自经济学家或金融分析家的意见，且其重要性丝毫不亚于政治学家或社会学家的评论。

本书以描绘这个公司的时代（不论其好坏与否）作为开篇之章，目的并不是要呼吁重返昔日之时，在那个时代（假如其存在的话），公司知道自己所处的地位，而“股份”除了作为个人财富累积手段外，还让人联想到是一种合作的、利他的行为。本书的目的在于对试图定义这个公司时代的某些假设和实践提出一些质疑，尤其对以下观点颇有疑义：其一，认为股东以投资者的身份与公司产生联系的是唯一或者最佳途径；其二，认为给予股东中短期的利润和股息回报是公司与其产生联系的唯一或者最佳途径；其三，认为效率与财富最大化是评价股东与公司关系的唯一或者最佳标准；其四，还有一种偶尔表露得清晰而明确，但多数时候更为含蓄的主张，即认为经济学是能够解释公司的这些变化和发展的卓越学科，可以以元理论（metatheory）的姿态去解释所有与公司有关的问题。⑲

二、聚焦公司股东

据前文所述可知，本书将要讨论的是公司股东与公司董事会之间的关系问题。在讨论这个问题之前，本书首先会介绍支撑起许多西方国家公司法的一种理论模型，即标准公司法模型（the standard legal model of the corporation）。依据此模型，公司董事从事之行为务必以该公司股东利益最大化为出发点。⑳ 本书将使用此模型，但不是因为

---

⑲ 如 M. Whincop 在论著《公司法之经济学与法学谱系》（（*An Economic and Jurisprudential Genealogy of Corporate Law*）（2001）3）中称，经济学是理解公司法的关键。

⑳ 本书第二章将对该模型进行具体详细的分析。

该模型提供了一种值得所有公司追求的理想组织结构，当然也不是因为该模型能正确地描述出了所有的公司实然运作方式。相反，本书之所以采纳这种正统法律模型，原因是运行于不同公司法律制度之下的公司在形式上呈现出纷繁复杂的组织样态，如在澳大利亚、英国、北美公司法律制度下的公司组织都有差异，而该模型为它们提供了一个灵活而又不失原则的参照基点与指南。

迄今为止，关于公司治理的著作中出现了许多反对“股东至上”理论模型的声音，大抵都认为其过于狭隘、墨守成规，因此需要对其进行更深入的探讨。许多学者主张放宽视野，并提出了新的观点，比如：

> 公司治理不仅仅是公司与其资本提供者之间的简单一元关系。一个公司因经营业务会形成自己的商业圈，在这个圈子里会有为其提供服务或者接受其服务的不同群体，包括该公司的雇员、债权人、供货商、顾客，以及公司的所在地的社群，因此公司与这些群体之间必然会形成一种复杂且多元化的关系网，而这种关系网应当全部涵盖于公司治理的内涵和外延之中。[21]

有的学者甚至奋声疾呼，称“股东至上”理论并不具有令人信服的道德基础，单个股东也不应享受比公司其他股东更多的关照和保护，因此，到了应该摒弃这种“股东至上”观念，转而寻求一种旨在保护公

---

[21] M. Bradley, C. Schipani, A. Sundaram and J. Walsh, "The Purposes and Accounability of the Corporation in Contemporary Society: Corporate Governance at a Crossroads" (1999) 62, *Law and Contemporary problem* 9, 11.

司所有利益相关者之共同利益的新理论模型的时候了。㉒ 还有人驳斥"股东至上"理论使(甚至要求)公司轻视或忽视了一些原本十分重要的问题,比如人权、环境、健康及安全问题。㉓ 他们称,大多数的股东都扮演着消极、懈怠的投资者角色。那么既然主导公司经济活动的力量并不是来自这些股东的能力和努力,他们又凭什么要求公司一心一意为了他们的利益而运转?㉔

然而,为何这种更具包容性的"利益相关者"理论未被本书采用?因为我认为,"利益相关者"理论的目的在于向一种传统的思维模式提出挑战,即一种将公司及其目标视为法律、经济及社会性机构的思维模式。然而,对于每天要同公司事务、公司法打交道的董事、经理、律师以及其他业内人士来说,一种思维模式的改变首先需要态度和行为上的重大改变。想当年,公司社会责任或社群主义公司治理模式在被提倡之初,就有人反复呼吁人们进行这样的现实改变,㉕然而实践中响应者却寥寥无几。究其主要原因,大概是因为这两种思想都与法学和经济学的传统主流理论相去甚远。一个实例是,1989 年澳大利亚参议

㉒ P. Ireland, "Company Law and the Myth of Shareholder Ownership" (1999) 62, *Modern Law Review* 32; D. Wood, "Whom Should Business Serve?" (2002) 14, *Australian Journal of Corporation Law* 1; L. Stout, "Bad and Not-So-Bad Arguments for Shareolder Primacy" (2002) 75, *Southern California Law Review* 1189. 以及 Blair, Stout 主张的"团队生产"理论: M. Blair and L. Stout, "A Team Production Theory of Corporation Law" (1999) 86, *Virginia Law Review* 247; M. Blair and L. Stout, "Director Accountablity and the Mediating Role of the Corporate Board" (2001) 79, *Washington Univesity Lw Quarterly* 403。同注 38 及相应内容。

㉓ 对健康与安全产生不利影响的一个明显例子,即詹士哈迪实业有限公司试图证明公司一般经营活动不应对导致石棉相关疾病的结果承担责任。参见 Report of the Special Commssion of Inquiry Into the Medical Research and Compensation Foundation (2004 年 9 月) <http://www.cabinet.nsw.gov.au/hardie/PartA.pdf> 2005 年 3 月 6 日。

㉔ M. Gilbert, *The Modern Business Enterprise: Selected Readings* (1972) 20.

㉕ 关于公司社会责任,参见 D. Engel, "An Approach to Corporate Social Responsibility" (1979) 32 *Stanford Law Review* 1; J. Tolmie, Corporate Social Responsibility. (1992) 15, *Uiversity of New South Wales Law Journal* 268。关于公有制公司治理方式,参见 L. Mitchell 著: *Progresive Corporate Law* (1995); 专题研讨会: "New Directions in Corporat Law" (1993) 50, *Washington and Lee Law Review* 4。

院关于公司董事责任的一项法律研究已经考虑到公司对其顾客、雇员和环境承担责任的可行性,但最后得出的结论却是:

> 公司外部的事务应单独立法……因为公司立法应仅与公司结构、公司组织以及因公司法人各组成部分单独和相互作用引起的事情相关。㉖

这种观点一直持续至今,尽管最近澳大利亚的公司立法才有了当公司破产时对雇员权利进行保护的规定。㉗ 英国也有着相似的情况,英国学者 Len Sealy 曾有过如下论述:

> 我认为,目前我们的公司法还缺乏自我定义与修补机制(conceptual and remedial tools),我们的法律制定者们也缺乏接受新观点的意愿,比如,一种否认公司只是股东集合体、主张应平衡公司所有利益相关者的新观点就没能在法律中反映出来。㉘

美国学者 David Million 也指出,长久以来因公司行为而受到牵连或影响的非股东与公司股东之间的权利之争的问题,至今仍未得到解答。㉙ 那些更为全面的考虑固然十分重要,但"股东至上"理论却被证

㉖ 澳大利亚参议院法律与宪法事务常设委员会:Company Directors' Duties-Report on the Social and Fiduciary Duties and Obligations of Company Directors (1989) para 6.55。

㉗ Corporations Act 2001, Part 5.8A.

㉘ L. Sealy, "Perception and Policy in Company Law Reform", in D. Fedman and F. Miesel, *Corporate and Commercial Law: Modern Development*(1996) 28;关于英国对利益相关者规定的不同评价参见 S. Wheeler, *Corporations and the Third Way*(2002), 29ff。

㉙ D. Millon, "The Ambiguous Significance of Corporate Personhood", Washington&Lee Public Law and Legal Theory Research Paper Series, Working Paper No 01 -6, January 2001, 28.

明更具灵活性与变通性。[30] 况且，我本人也不认为我们的董事、律师和那些利益相关论者们在将来能够一道就公司治理的问题进行一次严肃而认真的思考，除非他们彼此都开始相信这种视野更为开阔的新思维方式与传统法律模型的基本理念是一致的。

也有人积极推崇"股东至上"理论，而且奉上了不同的辩护理由：如股东是公司的所有人；董事不过是股东任命的代理人；股东是公司剩余价值的索取者以及经营风险的主要承担者；[31]或者股东利益至上的规则能减小管理者不必要的自由裁量权。[32] Hansman 和 Kraakman 注意到，尽管各国股权模式、资本市场以及商业文化不尽相同，但就公司组成形式的基本法律制度却是高度一致的，[33]他们甚至预言，终有一天"股东至上"理论会成为全球公司的通用准则（他们是如此自信地宣布了"公司法历史的终结"），在他们看来，"股东至上"理论可以击败任何竞争对手，包括受到公司社会责任和伦理资本主义提倡者支持的"利益相关者"理论。

虽然我并不相信我们已经见证了公司法历史的终结，但我相信应重视股东至上理论。因为，尽管它本身存在一些缺陷，但该理论在公司管理人员的头脑中早已根深蒂固。而且，正如本书前章所指出，股权投资已经成为现代政治经济环境的一个显著特征，这一切都昭示着采纳"股东至上"理论的现实必然性。此外，从法律上来说，"股东至上"理论本身是十分灵活的，可对其进行修补完善，且不必绝对排斥非股东利益因素。"股东至上"理论的任务应是力图发掘一个新的契机，使股东能更多地参与公司事务从而改变以往股东与公司之间投资与

㉚ 理由之一即"路径依赖"理论。参见 L. Bebchuk and M. Roe, "A Theory of Path Dependence in Corporate Ownership and Governancee" (1999) 52, *Stanford Law Review* 127。

㉛ F. Easterbrook and D. Fischel, *The Economic Structure of Corporate Law* (1991) 35ff.

㉜ Stout，前注 22，第 1199 ~ 1201 页。

㉝ H. Hansman, R. Kraakman, "The End of History for Corporate Law" (2001) 89, *Georgetown Law Journal* 439.

被投资的单一关系。所以,对"股东至上"理论进行微调并不会根本改变既有的公司结构和运作方式,相反,它还能激发出原本已存在于公司法、公司组织中的一些潜在可能性,因为每一步微小的调整都可能导致最终巨大的改变。因此,本书认为,尽管以更开阔的视野对公司、公司治理的概念做一重新思考不乏是一种有益的尝试,这种尝试仍须保持循序渐进的姿态。本书的开头之所以大幅着墨于一种以股东利益保护为内核的传统法律理论,并不是试图为该理论进行辩护,只是为了能使本书之后的论述达到更好的效果。总的来说,本书一方面旨在改变我们以往看待公司及其治理过程的方式;另一方面不提倡任何对公司基本架构与法律制度的根本改变。[34]

本书关注的另一个问题是,"股东至上"理论即使从其本身的意思去理解,在实践中也往往不易衡量和操作。作为法律用语,则更是一种不精确的学说,通常表述为公司董事须以公司之最佳利益行事这样一种责任,此时,公司被视为一个商业实体,抑或是股东整体利益的集合体。[35] 然而,这种模糊的法律定义导致了董事的极大自由裁量权,董事们自然可以选择采取短期策略来抬高公司股价,来暂时迎合某些或者许多股东的利益,而弃整个公司的长远利益于不顾。[36] 这种行为是十分危险的,这是因为,一来"股东至上"到头来可能仅仅意味着短期的股价上升;[37]二来股东在公司决策制定过程中的地位会逐渐边缘化。从经济学的视角来看,股东总是被形容为被动的投资者,他们对公司进行监督只是为了找准转移投资的时机。评论家们敦促我们的公司

---

[34] 不过有一些改革仍然会在本书中讨论。

[35] 对比两种不同的看法:一种是 *Greenhalgh v. Arderne Cinemas Ltd.* [1951] Ch 286,291 per Evershed MR("'公司整体'的说法并不意味着公司即独立于其公司成员的商业实体");另一种是 *Darvall v. North Sydney Brick & Tile Co. Ltd.* (1988) 6 ACLC 154 per Hodgson J("在考虑公司利益时,应将其视为一个商业实体")。

[36] L. Mitchell, *Corporate irresponsibility: America's Newest Export*, 2001.

[37] D. Millon, "Why is Corporate Management Obsessed with Quarterly Earnings and What Should be Done About It?" (2002) 70, *George Washington Law Review* 890, 900-902.

法认清这种“现实”，赋予经理们在公司盈利方面施展拳脚的更大空间，并且不必受股东们过多的责任约束。该主张的一个衍生物是 Blair 和 Stout 的“团队生产理论”（team product theory），该理论认为，公司董事会的运行独立于公司法人的其他组成部分，其任务是对公司这个团队所产出的价值进行分配。[38] 另一更为极端的主张（跟“利益相关者”理论一样，该主张并未得到普遍认可）是“董事至上”论，该主张断然否定了股东直接或间接主导公司决策制定的权利。[39] 如果真是这样，那么公众公司股东表达意见和利益诉求（无论是长期利益还是短期利益）的机会就有可能被大大限制。如此一来，其他关于“利益相关者”理论的探讨将会面临更大的阻力，因为如果连本该处于公司理论中心的股东的利益都得不到保障，谈何去保护那些更加边缘化的非股东群体呢？

现实中的确存在许多对公司事务毫不积极的股东，他们关心的只是手中握有证券的当前市场价格。[40] 不过，承认这样的事实是一回事，但以此作为构建公司法规则与公司治理原理的前提又是另一回事。反映股东消极、缺乏行动主义的实例不应作为改革公司法的规范和政策基础。我赞成 Charkham 与 Simpson 的一个观点，即股东消极性对其个人来说或许是合理的，但该个人选择一旦发展为集体现象，对于整个经济和社会结构无疑是有害的。[41] 因此，本书提出了一个关于股东角色定位的新路径，该路径甚至可以为考量公司其他利益相关者的

---

[38] Blair and Stout，前注 22。

[39] S. Bainbridge，“Director Primacy: The Means and Ends of Corporate Governance”（2003）97，*Northwestern University Law Review* 547，563. 有关消极性的法经济学之批判假设，参见 B. Black，“Shareholder Passivity Reexamined”（1990）89 *Michigam Law Review* 520。

[40] 对于由于实行强制退休金制度而导致许多人投身于股票市场的澳大利亚来说，这种对股东消极性的批判恐怕过于夸张了。由于大部分的退休金计划都是以公积金投资的形式运作的，因此人们退休时获得的补贴在很大程度上取决于公积金在股票市场的表现情况。这也是媒体之所以长期关注上市公司治理状况的一个主要原因。

[41] J. Charkham and A. Simpson，*The Future of the Shareholder Power and Responsibility*（1999）1.

利益提供基础。

三、一个新的理论框架：公司宪治论[42]

据我发现，目前关于公司管理控制的讨论多集中于“公司治理”一词，而这是一个难以捉摸的字眼，它既出现在公司之于社会的角色定位研究之中（此处指公司的外部规制），也出现在公司内部董事与股东之角色与关系的论题之下（此处指公司的内部管理）。在后一种情况下，“公司治理”有时形容的是公司广义上的目标（比如，公司除盈利之外还应保持良好有序的管理），[43]有时则指代为实现某些特定目标而采取的手段（比如，满足股东利益或实现资本的有效利用）。[44]“公司治理”一词可以引申出太多意思，却也可能因此而流于表面字义，而缺乏任何实质内涵。就如同一个注重打造形象品牌的公司推出的公关口号，其目的只是为了让公众形成好印象从而获取并占据市场优势。

宽容些地评论，公司治理的概念至少告诉我们，公司内部形成了一种类似政府的治理体制。从这种意义上来说，公司治理可视为一个杂糅了许多前文已讨论的诸问题于一身的综合性概念。这些问题包括董事会的作用、组成及职责；单个股东或股东（大）会集体的作用与权利；以及董事与股东相互配合影响的方式；等等。除去多余的修饰，我们就能发现潜藏在所有问题底下的核心，即 Mary Stock 在一篇著名论著中曾指出的“公司管理层权力的正当性问题”。[45]由此，这些问题又使我们想到了政治学研究中的代表制、参与制、分权制、多数决原则

---

[42] 本章借鉴了 S. Bottomley, “From Contractualism to Constitutionalism: A Framework for Corporate Governance”(1997)19, *Sydney Law Review* 277 的部分内容。

[43] 例如，东京证券交易所委员会关于加拿大公司治理情况的研究，“Where Were the Directors? Guidelines for Improved Corporate Governance in Canada”(1994)。

[44] 经济合作与发展组织(OECD), Principles of Corporate Governance(2004)2。

[45] M. Stokes, “Company Law and Lgeal Theory”, in W. Twining, *Legal Theory and Common Law*(1986)155.

以及民主体制的本质等存在已久的相关理论。

不知是因为态度上的漠视还是认知上的抵制，公司法学家没有或者至少没有深入研究过这些潜藏于公司问题中的政治性理论，这与从经济学角度对公司治理翻来覆去进行探讨的情形恰恰形成鲜明反差。公司作为经济活动的主要参与者，不难理解政治家、立法者和学者都愿意从经济方面去研究公司与公司法改革，1997 年澳大利亚政府发起的一项关于公司法的经济改革计划就是经济学框架获得政治认可的最好例证（尽管一些经济学家批评其都是经济学词汇的堆砌，而缺少实质的经济学分析）。[46] 对公司法问题的经济学分析已然成为美国学术研究中的主要成果，在澳大利亚和英国亦是如此，只是作用稍小一些。正如 Michael Whincop 所言："关于公司法产生与发展的主流观点是一种经济学观点。"[47]

正是因为对法经济学分析的过分关注，而忽视了从政治和宪治理论角度进行探讨，以至于我们的公司法学家们对公司治理问题形成了单向度的理解，偶尔还会做出一些不妥当的回答。而本书的总体宗旨则在于从政治学的角度来重新定义公司的法律结构。实际上，Richard Eells 早在 40 年前就提出过类似的呼吁：

> 大公司的董事们需要一种不同于法经济学理论的更有力的学说作为其权力实施的依据。面临着对所谓独裁式公司治理形式（despotic corporate government）的改革要求，经理们必须为其对公司这一集体所享有的管理权寻求一种新的理论支持。因此，我们不能再用 18、19 世纪的法律、经济理论延续下来的那一套旧有理论作为解释现代公司——一

---

[46] Eg., M. Whincop, "Token economics? One view of the CLERP fundraising reforms" (1997), *Austrilian Corporate Bulletin* 22[348].

[47] Whincop，前注 19，第 12 页。

个相对尚未被深入研究的社会力量——的单一工具。[48]

采用政治视角无疑能为研究和应对公司治理问题提供充分而丰富的分析基础。然而,本书并不试图建立一种要取代公司经济理论(以及其他任何理论)的新的"公司治理的大理论",事实上,我们这个公司的时代是如此复杂多变,任何一种单一理论都不可能为有关公司治理的所有问题提供全部答案。对于公司生活的某些方面,经济学的分析是合适的,但对于公司生活的另外一些方面,则可能需要运用其他学科进行分析,一个概念也往往需要从不同的维度去定义。经济学家们可以与其他领域的专家共同分享研究的平台。我将在本书中提出的这种新的理论架构称为"公司宪治论"(corporate constitutionalism)。[49]

为什么要采用这样的称谓呢?原因会在本书第二章和第三章中具体阐述,在此仅作一个简单介绍。我之所以选择"公司宪治论"这一概念,是因为它其中暗含着运用政治理论的意味,也因为它能让读者联想到有关机构体制与程序的问题。一个公司就如同一个政治体(body politic),再则具体化为一种管理体制。当然,此处的意思并不是说公司能等同于国会或其他政府公共机构,只是说依本质公司象征着一种自身意义上的政治性实体。同样地,宪制也具有政治属性,正如 Stephen Macedo 指出:"宪制问题从其最深层意义上说是政治性

---

[48] R. Eells, *The Government of Corporations*(1962) 11. 自 Eells 发表该文章后,关于公司的经济学理论得到了很大的发展,然而,其观点仍然十分具有参考意义。

[49] 采用该称谓者,我本非第一人,据我所知采用过该名称者如 Eells,见前注 47;M. Kahan and E. Rock, " Pre-commitment and Managerial Incentives Corporate Constitutionalism: Antitakeover Charter Provision as Pre-commitment " (2003) 152 *University of Pennsylvania Law Review* 473;A. Fraser, Reinventing Aristocracy, The Constitutional Reformation of Corporation Governance (1998)。尽管以上之人都用了"公司宪治论"的称谓,但各自的主张都不尽相同。

的。”[50]宪法建立了国家机构的体制与程序。在公司内部,政治与体制结构问题也尤为重要,因为公司生活中一个至关重要的环节就是决策的制定,具体见本书第三章的内容。所以说,“公司宪治论”一词意味着一种具有公共政治性色彩的有益价值观与新见解开始渗入公司治理及其决策制定的法制思考。同时,“公司”这一限定语则表明该价值观与新见解在公司这一特定背景中形成、应用以及导致的结果,与在其他政治背景中的情况是不相同的。

本书接下来会阐述公司宪治论框架的三个基础性原则。第一个原则,公司董事会与股东角色的区别定位,以及公司决策权的合理分配可以加强公司内部问责(accountability)。第二个原则,公司决策的产生应通过协商程序(deliberation*)。第三个原则,公司还应设置便捷效率的争议程序(contesting),用以争议(contesting)那些背离股东利益的决策。一旦具备了上述三原则,公司宪治论就为我们提供了一种标准范式,以此评估公司决策制定程序的正当性与合法性。

此外,该标准范式还改变了我们以往思考公司及其内部关系的方式。如今通过宪治主义的视角进行思考,为我们带来了至少四个方面的重大显著改变。第一个改变是,它转变了将公司及其内部关系视为纯粹契约关系的看法。“宪治”概念的提出正是为了对应法律或经济上的“契约”观念,并作为公司治理的概念基础。通过将产生决策的公司构建成一个具有宪治主义色彩的架构或组织,从而不再将其视为一种基于默示合意、双边或多边协议而形成的所有权与控制权的契约化

---

[50] S. Macedo, *Liberal virtues: Citizenship, Virtue and Community in Liberal Constitutionalism*(1992)162.

* 关于本书关键词之一的“deliberation”的翻译,可以直译为考虑、深思熟虑、评议与审议等,但结合本书的全文意境,斟酌再三,我们决定译为“协商”一词。——译者注

分离机制。[51] 通过强调公司成立即已可能形成了一种集体目标，从而不再将公司视为单个个体的简单相加。契约是个体之间互动的有效方式，其目的在于最大化利用个体优势；而宪治则更强调一种"协调互动"(coordination interactions)[52]的合作方式。这两种合作方式都是公司运作所需要的，但我们却常常把重心放于前者，忽略了后者。因此，本书将举起宪治主义的透镜，聚焦并照亮那些已久被忽视的论点与思想，进而审视公司内部关系。

第二个改变是，透过宪治主义视角，股东的身份最终由投资者变为了公司成员。或许这种改变通过其他理论或思维方式也能实现，但我相信宪治思想令这种改变更易发生。我们如何描绘或看待股东这个角色极大影响着他们在公司中的实际位置与作用，影响着法律如何对其进行定义和规制。[53] 当我们说股东是公司投资者的时候，往往是从经济的角度将其视为资产的所有者。从公司的角度来看，投资者即公司资本的提供者，或者是在股票二级市场中向其他投资者传达公司财务状况的信号器；而当我们说股东是公司成员的时候，则需要转变思维而视公司为一个集体，股东则是这个集体的参与一员。"成员"一词含义众多，浅显来说它就是指以某些共同特征(如都拥有褐色的眼睛)为基础而形成的团体，[54]更深层次的含义还在于它赋予了团体成员

---

[51] 公司所有权与控制权之分权理论之盛行，源于 Adolf Berle 与 Gardiner Means 所著的一书，*The Modern Corporation and Private Property*(1968 年修订版)。自经济学分析涉入公司治理领域以来，该理论日渐完整，尤其受益于 M. Jensen and W. Meckling, "Theory of the Firm: Managerial Behavior, Agency Costs, and Ownership Structure" (1976) 3 *Journal of Financial Review* 305。

[52] R. Hardin, "Why a constitution?", in B. Grofman, D. Wittman, *The Federalist Papers and the New Institutionalism*(1989) 101.

[53] 参见 J. Hill, "Visions and Revisions of the Shareholder" (2000) 48, *The American Journal of Comparative Law* 39。

[54] 该描述(及比喻)取自于 Patricia Smith, Liberalism and Affirmative Obligation (1998) 81。

一种参与的权利、[55]一种资格与身份、一种责任和义务。如 Patricia Smith 所描述的:"'成员'一词最基本的意思即成为某物的一部分。"[56]尽管公司法律条文中一直有"成员"的表述,[57]但应用于实践时却常常没有得到重视甚至忽视了其内在含义。事实上,拥有同一公司的股份和拥有同一种颜色的眼睛一样,股东正是因为具有前一共同特征从而取得了公司成员的资格。

当然,任何观点都不能趋于极端,关于股东作为公司成员的观点亦须寻求适当的平衡。一方面,一则"成员"是一个表面看起来很复杂的概念。[58] 再者,我们也实在不该过分渲染股东的成员角色。因为公司成员身份对于不同的公司而言,重要性也是不同的,至少一个大型公众公司成员的重要程度就不太可能等同于当地社区协会的成员。而且,股东投资者身份的重要性仍是毋庸置疑的。另一方面,尽管当下的许多潮流使人们倾向于认为股东主要是作为公司资本的提供者(这些潮流包括资本市场的普及化、机构投资者的涌现、金融投资产品的不断繁衍,等等),但也不断有迹象表明"成员"概念仍然具有极其重要的意义。最近的例子是澳大利亚在法律中引入了股东派生诉讼(shareholder derivative action)、[59] 1999~2000 年对于上市公众公司股东参与情况的调查,[60]以及金融、商业媒体对公众公司年度股东大会进程的普遍关注与报道。此外,我们呼吁机构股东们要对公司治理表现

---

[55] 本书其后将对有关"参与"的问题作一阐述。我认为,公司宪治论并不意味着公司的每一个成员都必须参与公司事务,而参与公司事务的成员也并非要以同样的方式参与。详见本书第五章,注 36~38 及相应内容。

[56] Smith,前注 54,第 82 页。

[57] 例如,澳大利亚 2001 年《公司法》就采用了"成员"这一法定术语,用以指代股本公司(股东之共同体由股权组成)以及担保责任公司(不存在股本)的股东。

[58] F. Baumgartner, B. Leech, *Basic Instincts*, *The Importance of Groups in Politics and in Political Science*(1998)33.

[59] 2001 年《公司法》第 2F. 1A 部分,1999 年颁行。

[60] 公司与证券咨询委员会:《现代公众上市公司之股东参与情况:最终报告》(2001);英国的有关情况参见公司法评论督导小组(Company Law Review Steering Group), Modern (2001),第 3 章、第 7 章。

得更加积极，[61]呼吁小股东们为致力于良好的公司管理应承担起自己应有的责任，[62]这都是建立在将股东视为公司成员而非仅仅以自我利益为中心之投资者这一理念之上的。简言之，对利润的追求与股东作为公司成员的理念之间没有必然的矛盾与分歧。

公司宪治论结构为我们带来的第三个改变，就是它让我们看到了公司除了扮演私人角色之外，还具有公共性的一面。其实，之前许多学者都曾注意到了这一点，公司宪治主张并非首开先河者。[63] 在社会生活中公司有时能以一种中介组织的身份运行于个体公民与国家之间，而本书将通过对此阐释说明以进一步论证这种转变。依此，公司获得的这种新角色为我们更好地解释那些超越公司参与者个人私利的各种经济现象及其他现象提供了一种“出路”。[64]

第四个要强调的改变，源于公司是决策产生的机构这一事实。公司所产生的决策小到每天由经理等公司高级管理人员所做出的非正式决定，大到需要通过股东大会进行投票的少数正式决议。关于公司治理的文献往往会涉及公司决策的效果问题，即探寻一个既有决策的制定是否效率，结果是否公平。这些问题十分重要，但是对其所做的解答并不能满足我们对公司决策制定进行全面了解的要求。因此，本书认为，决策是怎样制定出来的与制定出怎样的决策同等重要。此外，问责（accountability）、协商（deliberation）、争议（contestability）等概念将会在论述决策制定的过程中一一提出。公司决策的评估标准不

---

[61] 大致内容参见 G. Stapledon, *Institutional Shareholders and Corporate Governance*（1996）。

[62] J. Hayes, “Shootout over which sheriff rides herd on corporate cowboys”, The Weekend Australian（Sydney）2002 年 8 月 3 ~4 日；在英国同样有类似的呼吁，参见 Rt Hon Patricia Hewitt（贸易与工业部国务秘书）于爱马仕管理与绩效研讨会（hermes stewardship and performance seminar）上的发言讲话（2003），贸易与工业部 <http://www.dti.gov.uk/minister/speeches/hewitt031103.html> 2004 年 5 月 6 日。

[63] 大量例子参见本书第二章，注 91。

[64] 该词取自于 C. Sunstein, “Beyond the Republican Revival”（1988）97, *Yale Law Journal* 1539, 1573。

仅仅包括评价决策制定的结果是否有效或公平，还包括所有制定程序的合法适当性。请注意，在此我强调的是“所有”过程。在本书第四章我将指出，决策制定过程并不只限于正式的投票计票程序和决议通过程序，事实上，一个公司的决策制定早在这两个程序之前就已经启动了。

关于“公司宪治论”思想还有最后两点需要澄清一下。第一，此处的“宪治”与宪法学者在其专业领域所熟悉的正式和技术层面的含义都不相同。我也并未打算以此书在宪治理论的研究领域做出什么贡献，不过，我确实深入挖掘了宪法学著作以寻找有用观点，这在本书第二章将有清楚的说明。第二，公司宪治论思想是作为一种评价框架，而非解释性理论而提出的。对公司及公司法律规范的解释性理论旨在去说明公司形式及公司法律的起源和发展，去解释它们何以形成如今的状态，并试图去预测其未来的发展前景（例如，英美的公司模式将会受到全世界的接受），有时可能会强调某些特定的发展方向。而这些都是用经济方法去解释公司现象时的任务，相比之下，在公司宪治论的评价框架下，主要任务是评估公司结构与程序是否体现和维护了特定的价值与原则。这种评价框架并不要求产生什么结果，但它却为公司内外的人们提供了一个得以了解与评价公司行为的依据。

四、本书的其余内容

第二章开头介绍了具有契约性质的公司治理与规制理论，并对其进行了评论。契约主义理论主要以法经济学分析为依据，尽管二者是以不同的方式进行。本章接着以政治学理论为依据提出了一个新的分析角度，将公司视为一个“政治体”。该主张是基于一种政治理论，即广义上的宪治理论。本章最后介绍了这种宪治理论是如何用来解释和运用于作为政治体的公司的。

第三章紧接着第二章的内容，根据宪治理论思想进一步勾画出了具体的公司宪治框架。具体说来,公司宪治论具有“外在”的一面,公司在这一面扮演了一种中介者的角色,协调着国家的管制与公司的自治事宜。由此,公司章程的性质也是多元的,并不仅仅是股东之间达成的具有默示合意的契约性文件。同时,公司宪治论还有其“内在”的一面,于这一面公司则扮演着协调公司成员个人利益与成员集体利益的另一种中介者角色。此外,上文已提到的构建公司宪治论框架的三个基础性原则,也将在该章中具体阐述。总的来说,第三章是对本书其余部分内容的一个更为详细的内容提要。

第二章和第三章总体可归纳为两部分内容:第一部分内容介绍了一种研究公司治理的新方法,并引入了政治学和宪法学的新思维。第二部分内容(也是本书的剩余部分)提出了一种以共和与协商主义(republican and deliberative)为取向的宪治理论。[65]

第四章探讨了公司内部问责程序及制度结构的重要性。该程序与结构建立在一种公司高管与股东的“双重决策”理念之上,即在公司内部,董事会(或者由董事会任命的经理)制定的决策与股东(大)会制定的决策是不同的。本章随后将解释此种双重决策机制是如何派生出了公司的一系列“分权”体制(本章还会解释此处的“一系列”所指为何)。

第五章考察了正式决策产生的一个先决程序,即协商程序,以及它如何运用于公司。经考察发现,并非所有的公司都会规定股东协商程序,即使有规定但每一家公司的程序也不尽相同。而本书的目标之一就是考虑如何将协商程序引入公司决策制定的正式过程中。

第六章通过阐明争议程序在合法的公司决策制定过程中的重要性,并对本书的三个主要思想做了进一步的细致考察。法庭诉讼是争议程序的一种重要体现,但争议程序并不限于法庭诉讼。本书主要讨论的争议程序是一种公司内部机制,如股东特别大会。

---

[65] 不过该理论并不能直接适用于公司场合,其间需要有一个转化适用的过程。

最后，第七章将重新思考应如何将问责、协商与争议机制集合到公司宪治论的整体框架之下统一运行，预测公司宪治论在研究公司治理问题这条路上能引领我们走多远？此外，本章整合了全书提出的观点与意见，再次提出本书的前提性理论——“股东至上”理论，并指出公司宪治论应该如何突破该理论的种种严格限定。

五、本书的几个前提假设(parameters)

这个公司时代是如此的宽广与丰富，那么尝试去设计出一种放之四海而皆准的宏大理论无疑将是一件不可能完成的任务。因此，为了使本书的讨论充分却不至于过分冗长，书中有几个前提假设在这里需要向读者交代：

其一，本书所讨论的公司主要是指拥有大量分散股权的公司(或许有一两个大股东)。因此，这种公司通常是公众公司(有能力面向广大公众公开募集资本的公司)，但也可能是大型的封闭公司。[66] 其中，公众公司可能是在证券交易所挂牌的上市公司，但这对本书的讨论影响并不大。此外，本书尽管偶尔提及但也并未特别强调担保有限公司(corporations limited by guarantee)、股权集中公司(closely-held corporations)、一人公司(one-person or wholly-owned corporations)以及中小型公司(small to medium sized enterprises)的情形。不过，这些公司仍然多少能在本书提出的思想中找到自身的共鸣。

其二，本书集中讨论在一国范围内经营的公司，并未特别强调跨国或多国公司的问题。

其三，显而易见，本书选取了澳大利亚的公司法律制度及实践情

[66] 在澳大利亚，封闭公司的股东人数上限为50人(不包括员工股东)：2001年《公司法》(Cth联邦法)第113条。

况作为研究的主要参照系，尽管其间也夹杂着与其他法域的对比与举例。[67] 但这并不是说以澳大利亚为核心样本讨论得出的“公司宪治论”理论在其他地方就无法适用。事实上，澳大利亚公司法律在许多方面都与加拿大、新西兰、英国以及美国（相同程度或许稍低些）[68]的公司法律有着相同的规定。尽管各国遍存的公司理论都包含了公司法人之充分法律人格、股东有限责任、公司管理权与所有权之分离以及股权自由流转等思想，然而在评估本书提出的该种公司理论时，仍须考虑各国的自身特点。由此，在本书中我才选用了最为熟悉的一种公司实践与立法作为背景。

---

[67] 基于此，本书主要的立法参考为澳大利亚的有关公司法律，即澳大利亚 2001 年《公司法》（Cth 联邦法）。

[68] 美国法关于股东与董事权力分配的规定极为不同，如依据美国 2002 年修订示范商业公司法 §10.20 之规定，董事被赋予修改公司章程的权力。关于此规定也产生了质疑的声音，参见 L. Bebchuk，“The Case for Increasing Shareholder Power”（2005）118，*Harvard Law Review* 833。

第二章　从契约到宪法

一、引言

公司治理这个问题获得了相当多的关注。值得注意的是，尽管研究的视角不同，但大家倾向于使用相同的基本概念展开研究。本章描述和评价了在公司法和公司治理研究中一直占主导地位的法经济学模型。笔者首先审视了一个世纪以来建构公司理念和公司规制理念的法律模型，该模型用契约理论来解释公司内部的各种关系，然后再将这个法律契约模型与近年来对公司法改革议程产生重要影响的经济学模型进行对比。

法经济学模型都以契约理念为基础，因而他们在一定程度上使用了相同的文献资料。尽管如此，这两个模型之间还存在重大区别。下文将会谈到，有些区别是技术性的——如法学家往往使用“公司”或“公司法人”，而经济学家使用“企业”。这些区别指明了两种模型在基本概念上的差别。法律分析以“公司享有独立的法律人格”为研究前提，而经济学家却不太重视这个所谓的独立人格。更进一步说，虽然法学家和经济学家都使用了契约这个概念来强调公司内部关系的自愿、合意和私人属性，但他们使用这个概念的原因并不相同。法学家将公司内部关系认定为具有契约效力时，他们关注的是这些关系中的当事人是否承担契约义务，具体而言，这些义务的可执行力。[①] 法学家意图借用已成型的契约法原则和理念来解释公司契约（后文将会谈到，他们也承认公司契约的特殊性）。相反，经济学家是将契约作为一种分析方法或者一种比喻来描述公司关系。他们强调具体化于契约中的当事人协议的合意性质，但却没有同样地重视该契约的执行力问题。[②] 因此，尽管使用了相似的语言，法律契约模型与经济契约模型阐述的是公司和公司法的不同侧面。

这些区别导致了在法经济学研究领域[③]法律分析与经济分析的交流困难。法律学者与经济学者不承认各自在使用"契约"概念时所指代的不同内容。于是，他们利用"契约"一词的模糊性在两种意思中来回转换。[④]

在评价了以契约为基础的两种研究路径后，本章接着考量了一种建立在政治理论基础上的宪法化研究路径，试图提出另一种概念内容更丰富的思路。这要求我们首先理解政治理论与公司治理研究的相关性，然后思考在公司治理的研究中宪法理论相对于其他政治理论的优越性。

---

① See M. Eisenberg, "The Conception that the Corporation is a Nexus of Contracts, and the Dual Nature of the Firm" (1999) 24 *Iowa Journal of Corporate Law* 819, 822.

② 同上注。

③ 下文将会解释，在法经济学研究领域存在不同的流派，因而此处使用"法经济学的各个流派"更为精确。

④ T. Joo, "Contract, Property and the Role of Metaphor in Corporations Law" (2002) 35 *University of California Davis Law Review* 779, 795.

二、契约主义

(一)公司的法律模型

根据澳大利亚等法域的公司法理论学说,公司由两组人组成——公司的董事、管理人员和公司成员(或者说股东)。除此之外与公司相关联的人——债权人(无论有担保还是无担保)、非管理层雇员、客户以及其他利益相关者——都被认为是公司的外部人。从严格意义上而言,最规范的公司法律模型只关注董事、管理层和股东权力的运用,及其相关权利义务的行使和履行。

在此模型中,公司仅有的两个决策机构是股东大会和董事会。一般情形下⑤,董事会将被赋予管理和监督公司经营的权力,且在获得管理权的同时,董事会还被授予了一些具体的权力,如签署票据、宣布分红、召开股东大会。⑥

尽管管理权授予了董事会,但公司立法仍然将某些公司事项的决策权排他性地赋予股东大会。在澳大利亚,这些决策权包括适用、修改、废止公司章程,公司类型的变更(如从公众公司变成封闭公司),减少股本以及在公众公司开除董事。⑦ 此外,公司还可以在章程中具体确定某些应由股东大会决策的事项,这通常包括董事的任命,各种类别股的不同权利以及在封闭公司开除董事。⑧ 如果公司在澳大利亚证

---

⑤ 之所以说是一般情形,是因为在某些法域中制定法确定了分权的内容,如 1985 年加拿大《商事公司法》第 102 条;而在其他法域,制定法关于分权的内容是由默认条款规定的,公司可自由改变该分权规则,如澳大利亚《公司法》第 198 条 A 款。尽管很少有公司对该默认条款作出变更。

⑥ 相应参见澳大利亚 2001 年《公司法》第 198 条 B 款,第 254 条 U 款以及第 249 条 C 款。

⑦ 相应参见澳大利亚 2001 年《公司法》第 136 条,第 162 条,第 256 条 C 款以及第 203 条 D 款。

⑧ 关于任意性规则,参见澳大利亚 2001 年《公司法》第 201 条 G 款,第 246 条 B 款以及第 203 条 C 款。

券交易所上市,交易所的上市规则也要求某些事项的决议只能由股东在股东大会上通过,包括重大营业决策的作出,公司主营业务的出售,在一定情况下的新股发行等。[⑨] 再者,还有由信托法律原理决定的某些只能由股东大会行使的权力,如对董事违反职责行为的批准。[⑩]

公司法限制股东干预董事会管理公司。当公司将一般事务的管理权力排他性地授予董事后,股东无权干预公司的日常管理,也不能指定董事行使管理权的方式。[⑪] 澳大利亚高等法院的 Barwick 大法官这样描述董事和股东在公司管理中的地位:

> 当董事诚实地认为他们是在为公司的利益管理公司时,他们的管理行为不应当因为大股东或者合计占大多数股份的股东们的反对意见而受到限制。[⑫]

换句话说,在公司法律模型中,董事会是除股东会之外的另一个拥有相对自治权的公司决策机关。

(二)法律模型的契约基础

公司被认为是有别于其股东和董事的独立法律实体,这是公司法律模型的一个重要组成部分。[⑬] 公司法律模型预设在公司、董事以及股东三者之间存在一系列的法律关系,此三者通过具体表达于公司章程中的契约连接在一起。此即盎格鲁 - 澳大利亚公司法的基础概念

---

⑨ 澳大利亚《证券交易所上市规则》第 11 条第 1、2 款,以及第 7 条第 1 款。

⑩ *Regal (Hastings) Ltd. v. Gulliver*[1967]2 AC 134; *Furs Ltd. v. Tomkies* (1936) 54 CLR 583.

⑪ *Automatic Self-cleansing Filter syndicate Co. Ltd. v. Cunninghame*[1906]2 Ch 34, 44; *John Shaw & Sons (Salford) Ltd. v. Shaw*[1935]2KB 113,134; *NRMA v. Parker* (1986) 4 ACLC 609, 613 -614.

⑫ *Ashburton Oil NL v. Alpha Minerals NL* (1971) 123 CLR 614, 620.

⑬ 上议院在 *Salomon v. Salomon& Co. Ltd.* [1897]AC 22 一案的判决经常被引用,来证明公司独立法律人格的存在,虽然公司独立法律人格的地位早在此之前已经确立。

之一。澳大利亚 2001 年《公司法》第 140 条(1)规定:公司章程中的有些条款具有契约的效力,具体指公司与股东之间,公司与董事、董事会秘书之间以及公司股东相互之间的契约。[⑭] 而此契约的效力就是,只要公司章程对其有约束力,他们就必须同意遵守并执行公司章程的条款。

董事对公司的信义义务是董事与公司之间契约内容的重要补充,其要求董事为公司(换言之,全体股东)的最大利益行事。此信义义务是由衡平法原则而不是董事与公司之间的契约确立的。尽管如此,董事仍然应当在契约语境下以及契约所确立的董事与公司之间的关系中履行信义义务。新南威尔士州最高法院的 Bryson 法官有如下观点:

> 法院出于将衡平法责任上升为法定责任的目的,承认了公司的独立法律人格,认可了由立法和自愿缔结的公司协议(此处指公司法中的任意性规则和公司章程)确定的公司、董事以及股东之间的权利结构。[⑮]

法学家很早就注意到但却刻意回避了所谓的公司契约相对于契约法一般原理的特殊性。例如,1924 年新西兰上诉法院的 Salmond 法官(其用公司规范指代公司契约)评论道:

> 首先,只有当事人的合意才能变更契约内容,但即便存在反对意见,公司立法机关也可以单方修改公司规范。其次,契约只约束缔约方以及契约的执行人和管理人,而公司规范约束的是所有拥有股份的人,即任何拥有或继受拥有股

---

⑭ 英国 1985 年《公司法》第 14 条(1),但在加拿大 1985 年《商事公司法》中没有这样的规定。

⑮ *Glavanics v. Brunninghausen* (1996) 14 ACLC 345, 355.

份的人都必须承担附带在股份上的义务。[16]

最近澳大利亚高等法院的 McHugh 法官和 Gummow 法官阐明了公司契约这一特殊契约的五个特征：[17]第一，这种契约的变更不需要所有股东的同意，即便是特殊决议的通过也只要求实际参与投票股东的四分之三多数。[18] 第二，衡平法院没有更正公司章程的管辖权，即便公司章程的内容不符合公司章程签署之时所有签署人的一致意图。第三，单个股东要求公司执行公司契约时会遇到很大阻碍。[19] 第四，法官经常引用上文中 Salmond 法官的评论来说明在股份制公司中公司契约是依附于股份而不是股东。第五，他们注意到在现行法律下，股东无法起诉公司要求违约损害赔偿，并且一旦成为股东他们就无权要求撤销其与公司之间的契约。[20]

既然在公司语境下使用契约概念需要对契约的一般法律理念进行变更，那么契约模型的逻辑基础就值得思考。对此问题的历史解释认为，现代公司肇始于英国的非法人合股公司。这种建立在一纸契约之上的公司在 18 世纪和 19 世纪初非常盛行，其实质是用以逃脱 1720 年《泡沫法》[21]对设立公司限制的合伙协议和信托协议的集合。很多投资者与信托人签订协议，将其财产在合股的基础上集中起来交由信托人管理，投资者就是合股公司的股东。[22] 这些协议就是公司协议，即

---

[16] *Shalfoon v. Cheddar Valley Co-operative Dairy Co. Ltd.* [1924] NZLR 561, 580.

[17] *Bailey v. NSW Medical Defence Union Ltd.* [1995] 13 ACLC 1698, 1717.

[18] 澳大利亚 2001 年《公司法》第 136 条(2)规定，公司章程的变更应由股东大会特别决议通过；第 9 条规定了特别决议。

[19] 这一判断的作出是在《公司法》修正案 *Corporations Act* (Pt 2F. 1A) 引入股东派生诉讼之前。下文将会有关于股东派生诉讼的论述。

[20] 对此点，法官们引用 *Houldworth v. City of Glascow Bank* (1880) 5 App Cas 317 案作为权威依据。

[21] 英国议会 1720 年颁行《泡沫法》(6 Geo 1, c 18)，是为了规制当时疯狂的股票投机活动。除非获得议会法案或皇家特许证，任何人不得设立合股公司。

[22] 关于现代公司历史的更多资料，参见 R. Tomasic, S. Bottomley and R. McQueen, *Corporations Law in Australia* (2nd ed, 2002) Chapter 1。

现在的公司章程的前身。Jordan 大法官在 *Australian Coal & Shale Employees' Federation v. Smith* 一案的判决中对合股公司的运作过程有一个令人满意的概括：

> 非法人合股公司的设立协议形成了现在的公司章程。设立协议经过所有股东签署后生效。此设立协议中也包括股东与信托人之间的协议，要求信托人代表公司执行该协议。英国 1844 年《合股公司法》(7 and 8 *Vict. C.* 110)认可了这种做法。该法第 7 条规定，合股公司若想获得完整的注册证明书，必须在其设立协议中规定如下内容：每个股东应当缴纳其在设立协议中承诺的出资，履行各自在设立协议中的其他承诺。㉓

上引 1844 年《合股公司法》是英国首部引入通过注册方式成立公司的成文公司法。的确，该法是现代公司规范体系的起点，但该法仍然坚持早期那种以合伙协议为基础的合股公司理念，将其作为注册的前提条件，公司设立协议必须经过所有股东的签署。㉔ 尽管如此，注册公司的出现以及其 11 年后的公司有限责任制度的确立，㉕意味着大型合股公司注册的日益增多。于是每个股东都必须签署设立协议的要求给设立公司带来了不便，因而 1856 年的《合股公司法》引入了一个“推定已签署”的条款。㉖ Jordan 大法官在判决中解释道：

㉓ *Australian Coal & Shale Employees Federation v. Smith* (1937) 38 SR (NSW) 48,54.

㉔ 英国 1844 年《公司法》第 7 条，第 26 条。

㉕ 18&19 Vict c 133.

㉖ See W. E. Patterson and H. H. Edine, *Australian Company Law* (2nd ed, 1971) 1444. See also R Gregory, "The Section 20 Contract" (1981) 44 *Modern Law Review* 526,528.

> 新南威尔士州《公司法》第 22 条(澳大利亚现行《公司法》第 140 条的前身)规定从公司成立之日起,公司章程就对公司和股东具有约束力,因为公司的注册成立具有推定效力——推定公司章程被所有股东签署并同意遵守。这一条款免除了公司设立协议需要所有股东签署的要求,其首次出现在英国 1856 年《合股公司法》第 9、10 条中。[27]

换言之,从澳大利亚现行《公司法》第 140 条的历史中可以看出,公司法中那些规范公司章程的条款主要关注的并不是公司章程的契约性质。相反,早期的此类条款的目的是解决实际操作中的程序性问题:公司的治理规则应当得到形形色色的所有股东的签署。然而,从认定公司章程"与已签署的契约等效"或者说"具有契约的效力"[28]开始,规范公司章程的公司法条款的焦点就转变为宣称公司内部关系的契约性质。正如 McHugh 法官和 Gummow 法官所言,"公司章程具有契约性质"的条款反复出现在公司法中,从形式上表明了这样一种意图——借用契约理念来维持现在公司章程与从前公司设立协议之间的联系以证明用契约来解释公司章程并非公司法发展史上的偶然事件。[29]

于是现代公司法借用契约来界定公司的边界,判断公司的内部人与外部人,确定哪些诉求和利益属于公司内部治理范围之内。例如,在 *Andy Kala Pty Ltd. v. EJ Doherty* (*Northcote*) *Pty Ltd.* [30]一案中,法院需要界定在公司章程中规定的解决有关股东之间争议的特殊方式的内容是否具有契约效力,即股东是否有义务接受通过该争议解决方式做出的处理决定。法院最后认定,公司章程中的此种内容不具有执

---

[27] (1937) 38 SR (NSW) 48,54.

[28] "具有契约的效力"这一表达首见于 1985 年,是次公司法修改对 1981 年《公司法》第 78 条进行了修正。

[29] *Bailey v. NSW Medical Defense Union Ltd.* (1995) 13 ACLC 1698, 1717.

[30] (1995) 13 ACLC 1630.

行力，理由如下：

> 并非股东之间的任何争议都由《公司法》第 140 条来规范，即便该争议涉及他们作为股东的义务……蕴涵在诸如第 140 条这样的条文中的“法定”契约，产生于且其效力也局限于与公司相关的公司与股东、股东之间的关系中。[31]

同样地，在原告起诉要求法院执行其与公司之间损害赔偿协议的 *Bailey v. New South Wales Medical Defense Union Ltd.* 案件中，高等法院对两种权利进行了区分：产生于《公司法》第 140 条所确定的“法定契约”以及产生于“法定契约”之外的损害赔偿协议。[32]

在公司语境下使用契约法原理产生了两个效果：第一，排除了所谓非契约缔约方的利益，[33]第二，排除了所谓契约缔约方的非公司性质的利益。[34] 因此，对于股东而言，章程的目的是确定其作为股东的法律地位，章程对股东的其他身份没有约束力。[35] 在契约理念之下，公司仅仅是一组被严格界定的关系。

(三)公司的经济学模型

本章引言中已经提到，经济学家也使用以契约为基础的论据来研究公司。20 世纪 90 年代以来，经济分析对澳大利亚公司法研究、公司法政策的影响十分明显(对不同国家的影响程度不同)，并在相对小的

---

[31] (1995) 13 ACLC 1635.

[32] (1995) 13 ACLC 1698.

[33] 例如，*Forbes v. NSW Trotting Club Ltd.* [1977] 2 NSWLR 515，此案判决认为，一个被排除出参与管理由公司经营的赛道的职业赌徒无权要求执行公司章程。

[34] 例如，*Eley v. Positive Government Security Life Assurance Co.* (1875) 1 Ex D 20，此案经常被引用来说明此问题。该案判决认为，股东不能依据公司章程行使其作为公司律师的权利。

[35] Bisgoal v. Henderson's Transvaal Estates Ltd. [1908] 1 Ch 743, 759 per Buckley LJ.

程度上影响了公司立法。[36] 有些时候，所谓的经济分析不过是运用了经济学上的诸如“成本收益”等基本分析方法。[37] 其他时候，也会将经济学运用到对公司法的全面深入的分析中去。[38] 大多数时候，所谓的经济分析走的是经济分析理论的中间路线，是由美国新古典法经济学学者根据各种建立在契约基础上的理论发展起来的。

有两个法经济学流派在公司和公司法学术研究领域十分盛行。[39] 其一为“代理理论”，其关注的是如何解决当股东不能有效监控他们的代理人——被任命为代表股东全体利益而行使公司权力的董事、经理——的行为时所产生的问题。[40] 另一流派即“交易成本理论”，该理论主要考察为什么在不同的场合要使用不同形式的经济组织（例如，企业而非市场）来组织生产关系。[41] 尽管两种理论的侧重点不同，但此二者是互补的。[42] 根据 Oliver Williamson 的观点，两种理论都建立在经理自治权的背景之下，都将有效缔约目标运用到经济组织中，并且

㊱ See M. Whincop, “Of Fault and Default, Contractarianism as a Theory of Anglo-Australian Law” (1997) 21 *Melbourne University Law Review* 187, 189. 一文所列举的澳大利亚的参考文献。随便翻阅一下美国公司法研究的文献即可看出，经济分析对美国公司法研究的影响更为引人注目。

㊲ 澳大利亚政府于 1997 年发起的“公司法经济改革项目”就是经济学在修辞意义上吸引公司法改革者的明显例证。该项目因为仅仅在粗浅层次上运用经济学而遭到广泛的批评。See M. Whincop, “The political Economy of Corporate Law Reform in Australia” (1999) 27 *Federal Law Review* 77. 粗浅地使用“成本收益”分析方法的一个例证就是 *Registrar-General v. Northside Developments Pty Ltd.* (1989) 7 ACLC 52, 59per Kirby P。

㊳ 例如，M. Whincop, *An Economic and Jurisprudential Genealogy of Corporate Law* (2001)。

㊴ 对于这些以及其他一些经济学理论的评论，参见 O. Hart, “An Economist's Perspective on the Theory of the Firm” (1989) 89 *Columbia Law Review* 1757。

㊵ “代理理论”的主要代表人物是 M. Jensen 和 W. Meckling，尤其是他们的论文，“Theory of the firm: Managerial Behaviour, Agency Costs and Ownership Structure” (1976) 3 *Journal of Financial Economics* 305。

㊶ “交易成本理论”的主要代表人物是 Oliver Williamson，尤其是其著作 *The Mechanics of Governance* (1996)，此文的基础是 R. Coase 的传世名篇 The nature of the Firm (1937) 4 *Economica* 386。

㊷ Williamson，同注 41，第 171 页。

都认为董事会是公司的内生机构。[43] 尽管我一直承认这两种分析方法存在一些差别,但鉴于二者有如此多的共同点,下文的分析将同时以这两种理论为基础。[44]

在经济学领域,公司是被当作一种企业形态来分析的。经济学上的"企业"概念与法学上的"公司法人"或者"公司"概念并非同义,尽管法经济学学者总是将二者混同。因为法人地位并非企业的必要特征,企业可以采用诸如合约等非法人的经济组织形式。根据企业的其中一个定义,"企业仅仅是在一个发展良好的市场上购进原材料和出售产品的一个可行的生产计划"。[45] 换言之,企业仅仅是一种组织生产的方式,它由投资者、经理、雇员、债权人以及顾客之间的一系列交易或者说合约组成。值得注意的是,此处使用"合约"一词,并不必然等同于法律意义上的契约。此处使用"合约"意在强调这些经济活动参与者之间的协议的自愿性和可选择性。

代理理论将各种契约总结为其对企业的著名描述——"契约束"(nexus of contracts),暗示企业与一般市场交易行为没有区别:企业与市场一样,"仅仅是一系列组织投入和产出的契约的象征"。[46] 交易成本理论倒是对市场与企业作了区分,此理论的一个重要观察就是:为何有的生产过程通过市场交换来完成,而其他的生产过程则是通过一个企业层级结构来实现的?因此,交易成本理论认为企业是一个层级管理结构,而不是一个契约束。[47] 尽管存在这些差别,但两种理论都认为企业是一个"契约建构",都将企业的层级结构解释成交易主体为节省交易成本的机制。[48]

---

[43] Williamson,同注 41,第 173 页。

[44] 关于二者的共同点和差别的分析讨论,参见 Williamson,同上注,第 171～179 页。

[45] R. McEwin, "Public versus Shareholder Control of Directors" (1992) 10 *Companies&Securities Law Journal* 182,185.

[46] W. Bratton,"The 'Nexus of Contracts' Corporation: A Critical Appraisal" (1989) 74 Cornell Law Review 407,420.

[47] Williamson,前注 41,第 173 页。

[48] Bratton,前注 46,第 422 页。

经济学模型推定,由于经理自治权的广泛授予导致存在这样一种风险——企业的经理[49]会寻求自身利益的最大化,但经理此举却并不必然带来企业利润的最大化。因此,企业的投资者需要确保经理——他们的代理人[50]会为最大化企业的利润而不是为其自身的利益来管理企业。投资者的问题在于如何有效地监控经理的行为。监控需要时间、知识、金钱以及投资者的协调。对于经理而言,他们希望保住自己的职位,因此他们会向投资者担保自己不会做出不当行为而导致投资者的利益面临风险。所以,经理和投资者之间的契约,除其他目的外,就在于最小化代理成本[51](换用交易成本理论的语言来说,投资者希望尽力减少经理的机会主义行为)。

然而,这些契约的缔约过程是有瑕疵的。投资者能为缔约而投入的时间、知识都是有限的(用交易成本的术语来说,投资者只有"有限理性")。[52] 更重要的是在所有权分散的企业中,投资者集体地或者说协调地参与缔约过程的机会是渺茫的。概言之,有效监控的前景是暗淡的,缔结此类契约的交易成本是昂贵的。

就公司而言,经济分析认为存在两种机制,这两种机制能降低上述交易成本并能替代投资者对经理的监督。第一个机制是指有效竞争市场的自由运行。所谓有效竞争市场,通常包含三个市场:公司证券市场(在此市场中公司的信息,包括那些约束经理的条款,能够反映到该公司的股价中去)、公司控制权市场(股价表现不佳的低效率公司会被收购,因为收购者认为该公司资产的价值高于其股价)和公司经理人市场(此市场能控制由于经理玩忽职守或滥用经理权导致的风

---

[49] 这是经济分析与法律分析在概念上的另一个区别,经济学家所指的"经理"并不局限于法律意义上的"董事"。

[50] 法学家与经济学家关于公司认识上的另一个区别在于,他们对公司内部关系范围的理解是不同的。董事在法律上并没有被严格界定为股东的代理人,董事的受托人地位是独特的,在有些方面他们类似于代理人,在另一些方面则不是。

[51] Jensen and Meckling,前注 40。

[52] O. Williamson, "Transaction Cost Economics", reprinted in R. Romano (eds.), *Foundations of Corporate Law*(1993)13.

险)。这些竞争市场的有效运行能为投资者提供公司的信息,并且能抑制私人经济权力的滥用。[53]

公司法体系提供了第二个机制。根据 Easterbrook 和 Fischel 的观点:

> 公司法是一套不用经过协商就可使用的协议条款,因此公司事业的参与者能够节省缔约成本……公司法典和现行的司法判决"免费"提供这些条款给所有的公司,以使得参与者能够专注于其事业的特殊问题……公司法——尤其是能被法院执行的信义规则——填补了公司事业参与者之间协议的空白和漏洞。这些空白和漏洞之所以存在,是因为参与者没有预见到可能出现的问题。如果参与者在缔约时能够预见到可能出现的问题,并能不费代价地将其规定在契约中,他们将会就这些问题进行协商,空白和漏洞就不会存在。就此而言,公司法能够补充但永远不能替代协商过程。[54]

这段话强调了在经济学模型下公司关系的私人和自愿属性。尽管从很重要或者说根本性意义上而言公司是国家的创造,但人们并不这么认为。[55] 此种观点必然带来这样的结论:公司法规则应当被认定为"默认条款",公司可"量身定做"符合该公司实际的契约条款来取

---

[53] See M. Stokes, "Company Law and Legal Theory", in W. Twining (eds.), *Legal Theory and Common Law* (1986) 157.

[54] F. Easterbrook and D. Fischel, *The Economic Structure of Corporate Law* (1991) 34. 也有论者认为信义义务不能被当作默认的契约条款,参见 D. DeMott, "Beyond Metaphor: An analysis of Fiduciary Obligation" [1988] *Duke Law Journal* 879。

[55] R. Clark, "Contracts, Elites, and Traditions in the Making of Corporate Law" (1989) 89 *Columbia Law Review* 1703, 1706.

代公司法的“默认条款”。[56] 公司参与者应当能够自由地排除成文法规则或者司法规则,来设计他们自身的契约条款。也有一些法学家和经济学家的观点没有如此武断,他们认为公司法中应当存在一些强制性规则,并强加一些义务和责任,以便纠正那些潜藏于代理关系中的问题。[57]

三、对契约主义的批评

上文谈及的法律模型和经济学模型承诺能够“阐明企业的内部运作”,[58]但它们未能完整地践行这一承诺。从不同的角度来看,这两种模型的缺陷都能追溯至其契约主义的基础。下文我将列举,由于先入为主地采用契约范式进行研究而导致的公司法与公司理论的四个局限或者说问题。请注意我使用的是“局限”,所以我并不认为我们应当抛弃以契约为基础的研究方法。当我们透过契约镜头来观察公司和公司法时,我们能对有些事情有较清楚的认识,如公司的各个参与者在公司中所扮演的角色,就市场力量和法律规则对公司产生的不同程度的影响进行评价的必要性。[59] 但是,同样是透过契约的镜头,有些问题却被曲解了。例如,有一种观点认为,相对于强制性规则,市场是一种更可取的规范形式,[60]我们也将因此而忽视其他值得关注的问题。例如,如何认定公司利益或者集体利益,或者股东非为公司利益而行

---

[56] 这一论点存在不同版本,如 Coffee 认为默认条款只能被经过仔细的司法审查后的替代条款排除。See J. Coffee, “The Mandatory/Enabling Balance in Corporate Law: An essay on the judicial Role” (1989) 89 *Columbia Law Review* 1618。

[57] For example, C. Riley, “Constructing Out of Company Law: Sections 459 of the Companies Act 1985 and the Role of the Courts” (1992) *Modern Law Review* 782.

[58] V. Brudney, “Corporate Governance, Agency Costs, and the Rhetoric of Contract” (1985) 85 *Columbia Law Review* 1403.

[59] Brudney 也承认这一点。同注 58,第 1404 页。

[60] M. Eisenberg, “Bad arguments in Corporate Law” (1990) *Georgetown Law Journal* 1551.

事的可能。

第一个局限在于契约范式倾向于将许多人之间的复杂关系简化为单个的法律主体或者说经济主体之间的双方协议。于是公司给人一种竞技场的印象——在这个竞技场上股东和经理作为个人自身利益的代表为了实现各自的个人目标而进行一对一的竞技。这一局限在经济学契约模型上反映得尤为明显,因为该模型的哲学基础是方法论个人主义(methodological individualism)。方法论个人主义强调在解释社会经济现象时,只有个人的行为才是相关的:“方法论上的个人主义认为只有个人才能承担责任,因此所谓的公司行为或者公司责任不过是个人行为或者个人责任的集合”。[61] 在这里,公司本身实际上已经被弱化为一个抽象概念,公司并非一个事实存在,至多是为了方便而被使用。[62] 从这个角度来看,公司不过是个人活动的集合,这些活动的目的只是为了最大化个人投资者的投资回报。公司因此被认为是多个双方协议的集合;公司是一个“契约束”。[63] 学者因此将公司与个体商人放在相同维度进行分析,公司仅仅是一种不同的组织生产的方式。

法律模型承诺:通过将公司看作一个独立的缔约主体,能在一定程度上将公司从上述单维形象中拯救出来。然而在法律模型下,公司仍只是一系列的个人契约,即规定在《公司法》第140条中的公司自身与各个董事、各个股东之间的契约。Brennan和Buchanan关于经济分析的一个评论是:“‘2’是一个具有魔力的数字。”这一评论也同样适用于法律模型。[64] 而且,公司作为缔约方的地位和性质也不明确,于是

---

[61] B. Fisse and J. Braithwaite, Corporations, Crime, and Accountability (1993) 18. See also S. Lukes, Essays in Social Theory (1977) chapter 9.

[62] Easterbrook and Fischel,前注54,第12页;Whincop described the idea as “a pragmatic compromise”,前注37,第45~47页。

[63] 下文我将讨论契约理论的另一流派,该流派通过“关系契约理论”来避免契约理论的这一局限。参见下注74及相关正文。

[64] G. Brennan and J. Buchanan, *The Reason of Rules: Constitutional Political Economy* (1985) 28.

展现我们眼前的是一堆不连贯的规则，甚至有时公司被认为仅仅是一个法律工具（出于承担责任的目的将公司归到“法人”一类），但在其他时候公司又会被描述成股东大会上多数决所形成的决议，或者说“股东整体的利益”，又或者说“一个法律实体，且其利益超越股东和董事的眼前利益”。

毫无疑问，大多数公司的成立目的就是促进私人权利和利益，[65]但没有必要仅仅从个人角度来看待私人权利和利益。法律模型和经济学模型都没有将公司作为一个组织来研究。然而，正如 William Bratton 所提醒的，“在我们关于公司的感受中，‘组织’处于中心地位”。[66] 作为组织的公司并不是公司内部人个人行为的集合。[67] 个人作为公司股东和董事的行为涉及许多因素的相互作用，包括权力关系、层级结构、董事对公司忠诚度以及控制体系。而控制体系还会随着时间的变化而变化，并且在不同的决策机构之间发生转移。Ewick 强调道：

> 虽然组织不同于其成员（或者说他们的利益和目标不同），但他们也不是完全区分开的……他们之间的关系是辩证的。成员个人不能脱离其组织关系，组织同样也不能从其成员中抽象出来。[68]

有人反对上述“组织从属”（organisational affiliations）观点，认为

---

[65] 有观点认为，这并不是公司唯一的合法目的，公司同样必须考虑社会和公共利益。关于此点的详细论述参见 J. Parkinson, *Corporate Power and Responsibility*（1993）。

[66] W. Bratton, "The Economic Structure of the Post-Contractual Corporation"（1992）87 *Northwestern University Law Review* 180，209.

[67] P. Selzinck, *The Moral Commonwealth: Social Theory and the Promise of Community*（1992）242. 社会学研究也揭示了这一点，参见 R. Jackall, *Moral Mazes: The world of Corporate Managers*（1988）。

[68] P. Ewick, "'In the Belly of the Beast': Rethinking Rights, Persons and Organisations"（1988）13 *Law and Social inquiry* 175，179 and 181.

用组织从属关系来描述典型的投资者与现代公司之间的关系并不恰当。当然,可以这么说,股东更关心的是公司的股价而不是公司本身。换言之,如果股东选择为短期的个人财富最大化而行事,那么用契约来分析其行为不正合适吗？本书经过论证得出的答案是——不错,有些股东会如此行事,但并非所有的股东都会如此。而且也不能将这一假设作为公司治理万全模型的基础。契约基础上的模型仅凭自身并不能充分应对个人与公司组织之间关系的复杂性、多样性以及变动性,也不能充分应对由这些关系导致的多样化的组织结构。

第二个局限在于,契约模型普遍倾向于排他性地使用经济分析方法来研究公司治理问题。这并不奇怪,契约主要关注如何在缔约方之间进行有效的交换。契约就是经济分析的范式。由此视角观之,经济分析方法对公司的评价标准,仅仅在于是否实现了其所设定的经济目标。我在第一章中已经指出,由于仅仅采用经济分析方法而被忽略的一个视角就是"政治理论"。

此处是在最广意义上使用"政治理论"这一范畴。Kukathas 和 Pettit 简明扼要地解释了经济视角与政治视角的区别:

> 当两个或者更多的人试图达成一个协议时,由于协议对各方利益的影响不同,因而缔约方都希望选择一个与他方不同的方案。此时无非通过两种方法来达成协议:一种我们称之为经济的,另一种我们称之为政治的。所谓经济方法是指:各方都计算出何种方案对自己的利益最为有利并尽力将其写进协议,即通过和他方协商,在做最小让步的情况下尽可能地争取最大利益。所谓的政治方法是指:缔约方将各自的特殊利益放到一边,讨论各方都认为与之相关的利益——从某种意义上讲,通常与缔约方的共同利益有关,最后商讨出一个最满足这些利益诉求的方案。经济方法制度化于市场协商过程中;政治方法——至少理想上——制度化于公众

讨论场合，在这样的场合中参与讨论的各方都不能主张与公共利益无关的自身利益，除非社会上的对立方允许。[69]

采用经济方法而非政治方法的结果，股东被认为是（股东也将自己认为是）投资者而不是公司成员（尽管公司法一直使用“成员”这一字眼）。于是我们更关注股东资本提供者的角色，对股东的另一角色——作为一个企业的权利享有者和义务承担者——则关注甚少。

第三个局限也由此而生。契约模型以结果为导向。换用哲学的语言，即这些模型趋向于目的论（teleological）而不是**道义论**（deontological）。对体现在标准契约范式中的合意性和自愿性持自由主义态度的人们认可这种导向。经典自由主义理论认为，个人自由应尽可能地不受他人的干涉和限制，但如果个人同意，这种干涉也是正当的。在公司语境中，潜在的干涉自由的行为——如董事（或者大多数股东）行使权力或者分配、转移公司权利和利益——只要得到每个股东自愿和知情的同意后就是合法的——这种同意被推定为体现在公司的设立协议中。正是“股东最初的同意合法化了之后管理层行使权力的行为。”[70]这导致的结果是：只要公司的行为和决议符合公司设立协议，我们就根据“是否实现了预期目的”而不是“对牵涉公司中的人的权利和利益的影响”来评判公司行为和公司决议。

第四个也是最后一个局限是，在契约模型下我们倾向于将公司和公司所为在本质上认定成私人现象。契约法起源于促进私人经济利益的交换，尽管契约也被运用到对公权力行使的分析中，但运用到公司和公司法中的契约分析方法绝对是私人导向的。公司法通常被认为是一套促使自愿的个人协议达成的规则。其结果是，立法者、法官、

---

[69] C. Kukathas and P. Pettit, *Rawls—A Theory of Justivce and Its Critics*(1990) 32 -33.

[70] S. Wolin, "Collective Identity and Constitutional Power", in G. Bryner and D. Thompson(eds.), *The Constitution and the Regulation of Society*(1988)97.

执法者被迫承担起对为什么公司的行为需要外部监管、为什么不能让其市场自由运行的解释责任。同样地,人们也用怀疑的眼光来评价侵入公司法领域的诸种公法概念,如自然正义、程序正义、机会平等。[71]当然,将公司法完全认定为私人性质的说法显然是一种夸大。和某些经济学家的断言不同,市场并没有完全成功地控制经理人的行为。[72]因为这些被指责的(有时是显而易见的)缺陷的存在,国家对公司的干预没有消失,也不能仅仅以过时为由取消国家干预。[73]

综上所述,将建立在契约范式的分析方法运用到公司治理研究中是存在局限的,因为这些方法从本质上看是个体的、经济的、目的论的和私人的。再次强调,尽管列举了上述诸种局限,我并不认为契约对于分析公司治理和公司规则毫无作用。我的批评指向该理论中存在的这样一种倾向——排他地适用契约分析方法,或者说将契约当作分析公司法的默认背景。而且我认为在契约范式的分析方法下很难解决这些局限,我们需要一个建立在其他范式上的且与契约模型互补的模型。研究契约的学者做了一个拓宽契约分析思路的尝试,在我们探索其他范式的细节之前,考察一下他们的尝试自然不无价值。

回应:公司作为关系契约?

为回应经典法经济学契约模型的一些局限,契约理论的另一分支流派发展起来了。与经典契约理论不同,关系契约理论承认:许多契约涉及缔约方之间复杂的、往往长期性的关系,这些契约并非零散的

---

[71] See L. Griggs and R. Snell, " Nature Justice-An alternative Ground for Intervention in Corporate Decision-making?" (1994) 10 *QueenslandUniversity of Technology Law Journal* 22.

[72] W. Bratton, "Public Values and Corporate Fiduciary Law" (1992) 44 *Rutgers Law Review* 675,682.

[73] 同样的观点参见,K. Greenfield, "From Rights to Regulation in Corporate Law", in F. Macmillan Patfield(ed.), *Perspectives on Company Law*: 2(1997)1,21。

交易。[74]

尽管单纯交易契约(例如,一个简单的买卖契约)与关系契约都包含经济利益的交换,但关系契约被认为包含了重大的个人非经济因素在其中。[75] 由于这些交换的复杂性和关系性,缔约各方很难预先确定协议的所有具体内容。此外,这些关系的特征就在于缔约方对未来的履约条件是不确定的,并且为应对此种变化之需,缔约各方也很难预先确定未来将会对该契约进行何种调整。[76] 因此,关系契约理论认为在契约中规定灵活的一般义务是十分重要的。例如,要求"一方应尽自己的最大努力去满足对方的期待"。同样地,缔约各方也可以在契约中约定某些程序和安排,便于将来对契约进行调整以及缔约方的协商。该理论也承认,与关系自身一样,契约义务也会演化。同时,关系契约理论认为存在多方协议,多方协议能在所有参与者中创造出一个集体身份,因此改变了受到经典契约理论所青睐的双方模型。[77]

对于理解公司、股东以及董事之间的关系,关系契约理论被认为比作为代理理论基础的经典契约理论更合适的模型。[78] 当然,股东与公司的关系,在更多方面能够吻合关系契约理论对契约复杂性、不确定性以及在确定契约细节时的困难性的描述。要求董事善意地履行信义义务可以被解读成对上述问题的回应,其使将来对契约义务进行

---

[74] 关系契约理论的代表人物是 Ian Macneil,例如,"Contracts: Adjustment of Long-Term Economic Relations Under Classical, Neoclassical and Relational Contract Law" (1977 -78) 78 *Northwestern University Law Review* 854。虽然不是全部,但许多关系契约学说采纳了与法经济学相同的观点,参见 A. Schwartz, "Relational Contracts in the Courts: An analysis of Incomplete Agreements and Judicial Strategies" (1992) 21 *Journal of Legal Studies* 271, 275 -276。

[75] I. Macneil, "The Many Futures of Contracts" (1974) 47 *Southern California Law Review* 691, 723.

[76] C. Goetz and R. Scott, "Principles of Relational Contracts" (1981) 67 *Virginia Law Review* 1089, 1090 -1091.

[77] Macneil,前注 75,第 748、792 ~793 页。

[78] Bratton,前注 46;另参见 M. Whincop, "A Relational and Doctrinal Critique of Shareholders' Special Contracts" (1997) 19 *Sydney Law Review* 314。

调整成为可能。同样,“诸如股东大会和其他一些股东能参与公司治理进程的机制,使股东有权促成对契约进行调整”。[79] 关系契约理论强调公司缔约方之间关系的重要性,而不是将其关注点放在这些关系所意欲达成的结果上,因此,这一理论相对于经典的契约分析方法具有概念上的优势。[80]

显然,关系契约理论超越了经典契约理论的某些局限,并且其对于分析公司内部关系的复杂性和不确定性确有吸引力。此外再次强调,关系契约理论相对于经典的契约分析方法具有概念上的优势,其似乎更强调公司缔约方之间关系的重要性,而不只是关注缔约各方所意欲达成的结果上。[81] 尽管如此,下文将会解释,本书没有采用此理论不甚严密的契约模型,而是选择了宪法的观察视角。个中原因就是,作为关系契约理论核心的这类型关系——所谓的基础关系,如婚姻关系或雇佣关系[82]——被用来类比公司关系,即股东相互之间或者公司与股东之间的关系,未必具有说服力。更重要的是,即便采用关系契约理论,契约的基本理念仍然影响着分析公司治理问题的方向。尽管关系主义认为缔约方在初次交换承诺后的相互配合是有必要的,但其最关注者仍然是作为缔约相对方的交换行为而非作为公司成员的协作行为。[83] 坦白地讲,关系契约理论或许能够规避经典契约理论的某些局限,但其关注的焦点从本质上看仍然是经济的、个体的和私人的。宪法或者说政治视角的吸引力就在于它开拓了新的分析方向,即便是广义的契约视角也不能做到此点,如从公、私两个维度来分析公司的运作。

---

[79] Whincop,前注 78,第 331 页。

[80] 同上注,第 328 页。

[81] 同上注。

[82] 例如, Macneil,前注 75,第 720、795 ~796 页。

[83] See Russell Hardin, “Why a Constitution?”, in B. Grofman and D. Wittman (eds.), *The Federalist Papers and the New Institutionalism*(1989)101.

四、政治理论和宪治主义

> 民主理论建构了现代社会公民与国家之间的关系，在此观察公司的不同视角就以此民主理论为基础。民主理论认为，在我们的社会中，那些权利受到政治和社会机构决策影响的人们，应当参与制定决策。[84]

在这一部分中，我将开始在“公司宪治论”的旗帜下发展一个观察公司的不同视角。首先我将解释政治理论与公司的相关性，然后在简要介绍其他两个政治理论之后，再解释为什么我会选择一个建立在宪治主义上的模型。

（一）公司和政治理论

我在第一章中已经论及，采用宪治主义视角意味着将政治考虑带进对公司制度的分析中。[85] 在此，有必要详细解释一下两个问题：为什么宪法理论是一个对评价公司问题有帮助的视角，以及宪治主义视角提供了哪些契约模型所不能提供的。

政治理论有广义和狭义之分。为了建构一个适合于公司的宪治主义模型，我将从 Philip Pettit 的定义开始：

> 政治理论是一个规范学科，其目的在于评价而非解释。从这一点上看，它十分类似于道德理论或者说伦理理论。其与道德或者说伦理理论的不同之处，在于它主要是用来评价政府的。我们需要确定政府的目的，或者严格地说是政府的

---

[84] Stokes，前注 53，第 180 页。

[85] 公司与宪治主义的一个早期观点，参见 R. Eells，*The Government of Corporations*（1962）。

> 合理目的。这样我们才能决定采用什么形式的政府:制定何种宪法以及采用何种程序来管理社会日常事务。[86]

Pettit 识别了创立政治理论学说的三个主要步骤。第一,契约步骤,其拷问的是,如果人们能作出合理的选择,他们会选择何种社会组织。[87] 第二,价值中心步骤,其关注的是组织应当实现何种利益或者说权利来支撑公认的政治价值。第三,组织中心步骤,其考察的是不同价值的组织可行性。[88] 为完成这些步骤,政治理论的学说借用了很多学科的理念,包括法学、哲学、政治学以及经济学。我无意冒犯 Kukathas 和 Pettit,但在总结了所有被应用到分析公司的政治理论后,我们需要思考这样的问题:公司的目的是什么,应当如何组织公司,以及公司对其成员有何要求。[89]

用政治理论来评价公司的最直观简洁的理由是,公司是政治实体。这一理由从两个互补的角度上看是正确的。第一个角度尽管重要,但不是本书的主要关注点。公司,尤其是大的上市公司,是公共生活突出且强大的参与者。第一章已经提及,公司是主要的雇主和纳税人。公司的活动,不论是集体的还是个体的,都对我们的社会经济结构和环境有着相当大的影响。实际上,公司频繁地作为管理机构,执行着政府政策和调整性命令。[90] 因此作为政治组织的公司,其无论是作为私人参与者还是公众参与者都意义重大。

虽然法律分析在很大程度上没有承认这一点,但这并非一个新的或者说惊人的观察。长期以来,许多评论家从各种不同的角度得出了

---

[86] Philip Pettit, The Common Mind: *An Essay on Psychology*, *Society and Politics* (1993) 284 (references omitted).

[87] 可以参见 J. Rawls, *A Theory of Justice*(1971)。

[88] Pettit,前注 86,第 222、284 页。

[89] See Kukathas and Pettit,前注 69,第 1 页。

[90] J. Freeman, "The Private Role in Public Governance" (2000) 75 *New York University Law Review* 543,547.

这一结论。[91] Maitland 将公司与国家描述成一个由单个成员组成的几乎不变的组织体所形成的种属内的两个物种，他们是承担成员的行动、目的、荣耀以及过错的组织单位。[92] 近来，一个重要的法律学者 Roberto Unger 也作出了同样的观察，他认为现代社会更像是一个政府的集合，而不是在单一政府之下的个人的集合。[93]

Unger 的观察把我们引向了将公司看作政治实体的另一个角度。这一角度是本书的主要关注点。公司是政治的，不仅因为它是社会权力关系的主要参与者，同时它本身就是一个竞技场——权力与权威、权利与义务、责任与期待、利益与不利益，积极地或消极地、集体地或个体地，在以冲突、控制、竞争和合作为特征的关系中被分配或行使。简而言之，每个公司都是一个政治体，一个管理体系。这一点对于大型的公众公司和非公众公司而言都是正确的，尽管是从不同的角度。再次强调，这并不是我个人的新观点。许多学者，如 Thomas Hobbes，C. Wright Mills，以及 Adolf Berle Jnr 都有过同样的观点。[94] 并且，这也不是公司一个偶然发生的或者说没有价值的特征。尽管我们可能认为有些公司相对于其他公司更政治——可能因为他们经常陷于关于其结构和治理的争议之中，但所有的公司都既是政治实体也是经济

---

[91] 可以参见 P. Blumberg，"The Politicalization of the Corporation" [1971] *The Business Lawyer* 1551；R. Stevenson Jr，"The Corporation as a Political Institution" (1979) 8 *Hofstra Law Review* 39。

[92] F. W. Maitland，"Introduction" to Otto von Gierke，*Political Theories of the Middle Age* (1938) ix.

[93] R. M. Unger，*Law in Modern Society – Toward a Criticism of Social Theory* (1976) 193.

[94] E. Latham 注意到了这一点，参见"The Body Politic of the Corporation"，in E. Mason (eds.)，*The Corporation in Modern Society* (1960) 218，219. See also Eells，above n85，10；*A. Fraser*，*Reinventing Aristocracy*：*The Constitutional Reformation of Corporate Governance* (1998)；J. Pound，"The Rise of the Political Model of Corporate Governance and Corporate Control" (1993) 68 *New York University Law Review* 1003。有时，会将公司描述成私有政府来表达这个观点，如 A. S. Miller，"Private Governments and the Constitution"，in A Hacker (eds.)，*The Corporation Takeover* (1965) 117。

实体。[95]

将公司作为政治实体进行思考并不意味着将公司看作政府议会体系的同类。尽管他们存在表面上的相似性——选民选出决策机构，日常的政策执行委托给非由选举产生的官僚机构——公司与政府机构在许多重大方面存在区别。例如，与议会不同，董事会并非代议机构，至少在这个意义上是不同的，即并非每个董事都代表特定选民的利益，董事必须为整个公司的利益考虑。[96] 更重要的是，董事并不必然要从股东中选举出来。还有其他一些明显的区别：不存在体制化的反对派来挑战选举出来的董事的观点；公司的选举权附属于股份而非股东，因此也不存在“一人一票”这个基本理念；股东接触公司信息的权利非常有限。[97] 然而这些都没有削弱将公司看成“政治体”——能用分析政府机构的方法来对其进行分析——的价值。Pound 注意到，研究公司治理的政治方法强调正当程序、实际辩论以及正式投票，这与“如何控制我们社会中的大型机构”的理念是一致的。[98]

研究公司治理的政治理论并不必然支持“董事、经理对非股东利益相关者（其他选民）负有义务”的主张，虽然它也不排斥这种主张。而且它也没有将代议民主或者参与民主的理念强制适用于公司。用政治理论来研究公司治理仅仅意味着，与经济标准一样，政治标准也能用来评价现存的公司治理结构和模式。亦即评价公司的运作过程，

---

[95] Stevenson，前注 91，第 40 页。所引用的文字被用于 NRMA Ltd.，in *NRMA Ltd.*，*v. Snodgrass*（2001）19 ACLC 1675 by Mason P。

[96] 被指派的董事是个例外。英国的权威观点认为这样的董事只能考虑整个公司的利益，但澳大利亚的判决给被指派的董事为其指派人的利益考虑留下了更大的空间。比较这两个案件：*Scottish Co-operative Wholesale Society Ltd. v. Meyer*［1959］AC 324 with *Levin v. Clark*［1962］NSWR 686；*Re Broadcasting Station 2GB Pty Ltd.*［1964 -5］NSWR 1648。

[97] 对于公司股东而言，不存在类似的“信息自由”立法。

[98] Pound，前注 94，第 1009 页。关于这一问题 Frug 认为，合法和私法是同一故事的两个视角，参见 G. Frug，“The Ideology of Bureaucracy in American Law”（1984）97 *Harvard Law Review* 1276。

思考应当保护与增强什么价值,而不是排他性地只关注公司的结果。[99]

数位学者曾经都探索过介于公司治理的公众政治理论与广泛使用于公司法的经济分析理论之间的中间理论。例如,Lynne Dallas 主张与“效率模式”(存在于前文描述的经济－契约主义模型中)相对的“权力模式”理论。[100] “权力模式”理论以组织理论和管理理论为基础,关注大型公司决策制定的政治性质,并且将企业看作拥有自己的影响企业控制的内部结构和程序的组织机构。[101] 重要的是,Dallas 认为经理不仅仅是股东的代理人,管理层在企业的权力体系中具有战略地位。另一方面,相对于“政治模式”,Mel Eisenberg 更青睐对于大型公众公司适用他所谓的经济模式。[102] 如他所描绘的,政治模式将公司设想为本质上的政治机构,这个机构的合法性取决于它在多大程度上按照民主国家的原则进行治理。[103] 根据 Eisenberg 的观点,民主国家的原则要求一个代议制政府体系,公司的各种股东都能参与公司的决策制定。Eisenberg 质疑这种模式能否适用于大规模公司。在他的评价中,经济模式更好地反映了公认的“组织职权”和“组织合法性”概念以及大型公众公司的功能性特征。[104]

本书的观点与上述观点在两个方面存在区别:首先,不同于 Dallas 和 Eisenberg,我不认为排他性地倡导一种模型或框架是有帮助的。尽管我赞成一个广义的政治模型,但我意图将其作为经济分析之外的一个可行选择,而不是用它取代经济分析。因为公司既能被归类为政治组织同样也能被归类为经济组织,所以既能用经济分析方法也能用政治分析方法来研究他们。Gareth Morgan 提醒我们,公司在同一时间

---

[99] 参见 Selznick,前注 67,第 351 页。

[100] L. Dallas, “Two Models of Corporate Governance: Beyond Berle and Means” (1988) 22 *University of Michigan Journal of Law Reform* 19.

[101] 同上注,第 25～26 页。

[102] M. Eisenberg, “Corporate Legitimacy, Conduct and Governance-Two Models of the Corporation” (1983) 17 *Creighton Law Review* 1.

[103] 同上注,第 2 页。

[104] 同上注,第 17 页。

具备多种属性，因而对于研究公司组织的复杂性来说，不存在一个优先的或者说最终的分析模型。[105] 不同的理论模型揭示的是公司及其内部组织的不同侧面。当我们分析一个公司的治理情形或者说治理问题时（不论其是股份重组、收购防御，抑或公司决议的有效性），第一步就是通过参考不同的模型以及不同模型对此问题的不同侧面的强调，来判断此问题的性质。下一步就是审慎而批判性地评价这些模型对此问题的解释，并思考这些解释是否同等有用，彼此是否相容，以及各种模型会将我们引向何处。[106] 尤其是，这个两步程序要求我们对诸如效率等经济标准以及诸如参与等政治标准进行比较评价。

其次，在对公司及其规则进行研究时，不能直接适用政治理论，而必须对其进行调整。显然，Eisenberg 是从公共（如国家）政治的角度来理解所有的政治理论的，这导致他认为政治理论不适于研究公司而摒弃其使用。[107] 在 Eisenberg 看来，那种认为“所有的政治机构都应当用政治原则来管理，其决策会对社会产生重大影响的机构都是政治机构”的观点[108]忽略了国家与公司之间的关键区别。我在前文中已经提到，这些区别是重要的，但承认这些区别并不必然要求我们放弃解决这些较为复杂的问题——政治理论应当通过什么方式、在多大程度上影响公司。我们需要一个为公司量身打造的政治理论，这就是我采取公司宪治论的意图之所在。

说明政治方法和公司与公司法研究的相关性并不是很困难。较为困难的一步是在政治理论的广义领域内决定一个具体的研究方法。下文中，我会考虑可能将政治学运用到公司研究的三种理论，虽然它们是通过不同的方式被运用到公司研究中，包括特许理论、社会契约

---

[105] G. Morgan, *Images of Organisation* (1986) p. 321.

[106] 这个两步分析法来源于前引 Morgan 的书，第 105、322 页。必须强调的是，并不存在也不应当存在一个“前规则”来决定何时适用何种特定模型。

[107] 这是一个很普遍的观点，可参见 R. Austin, “Company on Hill”, in R Grantham and C Rickett (eds.), ” *Corporate Personality in the* 20th *Century* (1998) 211。

[108] Eisenberg，前注 102，第 4 页。

论以及宪法理论。当然，这三种理论并没有穷尽政治理论的整个领域。之所以选择前两个理论是因为它们已经被公司治理的研究所承认，选择第三个理论的原因已贯穿于全书之中。

(二)特许理论[109]

之所以将特许理论归类为政治理论，是因为它试图将每个公司都与一个公共规范体系相联系。特许理论包含相互关联的两个主张，每个主张都有一强一弱两个版本。[110] 第一个主张——我称之为"身份主张"——认为，公司的设立以及与公司设立相关的法律事件(如独立的法律地位、永久存续以及股东有限责任)都是国家授予的许可。换言之，将国家对公司独立人格的授予看成一个特权，因而强调国家控制公司的设立过程以及公司设立后的行为。新西兰上诉法院在 *Nicholson v. Permakraft Ltd.* 一案的判决中阐释了这个观点及其效果，Cooke 法官陈述道：

> 有限责任是一个特权。当这个特权被用于发现机遇扩展商业活动时是有利的，但它也可能被滥用。不负责任的公司结构变动——包括不利于债权人的公司设立、公司解散以及公司类型变更——是一个错误，于此法院应当介入进行纠正。[111]

---

[109] 下文的讨论引自 S. Bottomley, "The Birds, the Beasts, and the Bat: Developing a Constitutionalist Theory of Corporate Regulation" (1999) 27 *Federal Law Review* 243。

[110] William Bratton 也对强弱版本进行了区别，尽管他是以一个些许不同的方式进行的分类。参见"The New Economic Theory of the Firm: Critical Perspectives from History" (1989) 41 *Stanford Law Review* 1471, 1475。

[111] (1985) 3 ACLC 453, 459. 其他的例子见于澳大利亚高等法院在下列案件中的判决，参见 *Northside Developments Pty Ltd. v. Registrar-General* (1990) 8 ACLC 611 (per Brennan J), *Salomon v. Salomon &Co. Ltd.* [1897] AC 22, 29 and 51。特许理论对美国早期的公司法理亦有影响。参见 *Trustees of Dartmouth College v. Woodward* (1819) 17 US 518, 636 per Chief Justice Marshall。

"身份主张"有两个版本。弱版本仅限于主张公司在法律上的存在及其权力源自国家对公司身份的授予。因而,弱版本试图通过将其限制在公司身份的法律方面来回避诸如"什么是公司"这类形而上学的问题。强版本则主张公司是一个人造的实体,其存在本身都应该归之于国家的创造,因而引起了一个关于国家机构对公司进行规范的合法性的更广泛的争论。

第二个主张("管制主张")可以被这样解读:国家对公司的管制是用国家授予公司法人地位来交换的。特许理论认为,国家创造公司的后果就是,推定国家对公司设立后活动有权进行管理。[112] 此推定意在使国家既能控制公司权利能力的范围,又能控制权利能力的行使。[113] 这是弱版本的"管制主张"。有时此主张会使用更强烈的措辞,不仅要求公司遵守公共规则,同时给公司附加一个积极义务——为公共利益行事或者说以一种承担社会责任的方式行事。[114] 曾经,公司设立许可只授予那些能证明其是为承担某种公共目的或者发展某种公共事业(例如,发展贸易或者铁路建设)[115]的企业。公司应当为公共利益行事的理念也就发轫于这个时代。现代公司法研究似乎普遍接受了"管制主张的强版本是引入一般公司法时一个早期的意外产物"这样一个观点。然而强版本的残余以有关"企业社会责任"的争论和有关公司应当从本质上被认定为社会企业的理论形式延续至今。[116]

---

[112] Roberta Romano 认为这两个主张没有必然的联系。既然创立了一个新的法律主体,国家当然可以授予它不受侵犯的权利。参见 R. Romano, "Metapolitics and Corporate Law Reform" (1984) 36 *Stanford Law Review* 923, 933。

[113] A. S. Dewing, *The Financial Policy of Corporations* (5th ed. 1953) Vol. 1, 12.

[114] Parkinson,前注 65,第 26 页。Parkinson 质疑这个主张,认为公司社会责任起源于一个关于私人权利合法性的政治理论,而不是起源于关于国家在公司创造中的角色的理论。参见第三章脚注 15 及其相关正文。

[115] 同上注,第 28 ~29 页。又见 C. A. Cooke, *Corporations, Trust and Company* (1950) 102。除了设立公司,另一个选择是组建一个在合股基础之上的非法人组织。美国关于类似情形的讨论,参见 J. Hurst, *The Legitimacy of the Business Corporation in the Law of the United States* 1780 -1970 (1970) 33 -47。

[116] 参见 Parkinson,前注 65,第 22 ~23 页,以及 Greenfield,前注 73。

尽管特许理论的起源可以追溯至古罗马时代，但盛行于19世纪早期英国和美国关于公司规制的讨论中。[117] 例如，Blackstone 在1756年的一段论述：和我们一样，在英国，国王的同意，不论明示的还是默示的，是早期设立公司的绝对必要的条件。[118] 此后，这一理论似乎起到了其他两个作用：随着民族国家的建立，这一理论被用于强化国家对抗其他权力组织（包括商事组织）的力量；[119]然后随着19世纪早期经济活动对公司形式依赖的日益增强，组织化的私人权力中心有可能利用设立公司及公司的法人地位对与公司进行交易的个人（包括公司的股东）产生危害。于是这一理论被用于证明国家规制公司活动的正当性，即国家为了维护个人的利益而在公司与个人的交易中规制公司活动。[120]

对特许理论的批评大都来自建立在契约基础之上的理论的追随者（尤其是新古典经济学理论）。[121] 这两种理论站在完全对立的立场进行辩论：特许理论与支持公共规范的论点，甚至与有机的或完全的社区理论结盟，[122]而新古典经济学理论则倡导由个人管理私人事务。

以契约主义为基础的理论对许可主义展开的批评包含了许多主张，这些主张都试图最小化国家在公司设立与公司管理中所起的作用。其中一个主张是实证的：特许理论并不符合现代公司的实际生存情况。在公司的法人身份只能由特别许可证或议会的特别法案授予

---

[117] 上文已经提及，这个观点在整个20世纪一直被司法判决所引用。

[118] 引自 Dewing，前注113，第11页，也可以参见 Cooke，前注115，第78页。

[119] J. Dewey, "The Historic Background of Corporate Legal Personality" (1926) 35 *Yale Law Journal* 655, 666 -667.

[120] 关于公司法原则在缺失了许可论时如何继续回应个人主义的担忧，参见 Bratton，前注110，第1486～1489页。

[121] 这只是一个普遍倾向，并非所有的批判者都认为自己的理论是建立在契约基础上的。例如，参见 Parkinson，前注64。有人暗示，新古典经济学的倡导者复活特许理论仅仅是为了将其作为新古典经济学理论的陪衬。参见 Bratton，前注46，第433～434页。

[122] Romano，前注112，第933～934页。

的时代特许理论可能是有意义的，但是19世纪晚期一般法人法的出现、上议院在 *Salomon* 案件[123]中对法人广泛使用的批准以及标准化公司结构的推广，都意味着特许理论从此失去了存在的基础。正如 Bratton 所指出的，一旦平等且实质自由地采用公司形式成为标准时，“许可”的理念就不再能用来描绘公司的实际情况了。[124] 大部分论者，无论是否持契约主义，在这一点上都同意公司规范的特许理论不再具有理论价值。[125] 另一套主张站在支持私人管理的立场，Butler 和 Ribstein 的观点就是一个很好的例子：

> 因为公司并非国家的监护对象，而且规范公司契约的资本市场相比于其他市场并不需要更多的法律干预契约，所以采用比约束其他契约更高强度的规范来约束公司事务是没有正当理由的。[126]

Hessen 采用了类似的方法论，认为与公司相联系的最普遍的三个特征——独立的法律地位、永久存续以及有限责任——每个都能通过普通契约或者信托协议来实现，因此国家在公司的设立及其后续运作的规范中并不扮演特殊角色。[127] 换言之，国家对公司这些特征的赋予只是一种为设立人节省成本的方式，这样设立人就不用费力通过私人之间的协商来确保这些优势。Hessen 的观点并不具有说服力。John

---

[123] *Salomon v. Salomon & Co. Ltd.* [1897] AC 22.

[124] Bratton 前注 46，第 435 页（被省略的脚注）；又见 M. Horwitz，“Santa Clara Revisited: The Development of Corporate History”（1985）88 *West Virginia Law Review* 173，181－183。

[125] 除了前引 Bratton，前注 46 和 Horwitz，上注之外，又见 Parkinson，前注 65，第 25～32 页。

[126] H. N. Butler and L. E. Ribstein, *The Corporation and the Constitution* (1995) 2.

[127] R. Hseesn, *In Defense of the Corporation* (1979) Chapter 2. 也可以参见 G. M. Anderson and R. D. Tollison, “The Myth of the Corporation as a creation of the State” (1983) 3 *International Review of Law and Economics* 107.

Parkinson 指出,考虑到所有的实际条件,这些国家赋予的特征是无法通过私人协议来实现的。[128]

这些批评形成了一个错误的对立,公司不是被归类为"国家的监护对象"就是被归类为"自由订立的私人协议的产物"(这一观点更受青睐)。这样一来,新古典契约主义批评家将特许理论的命运系于国家对公司的规制的命运之上。[129] 本书所发展的公司宪治论理论努力做到与这两个观点不同。它既承认国家在管制公司中扮演着重要角色,也承认特许理论过分强调国家控制公司的责任进而会导致的不恰当命令——控制型的公司法律法规,对私人利益及其诉求在设立和管理公司中的重要性关注不足。

(三)社会契约论

既然以契约为基础的模型对研究公司法的法经济学分析方法如此具有吸引力,那么很显然我们应当思考,将公司作为政治组织进行研究时能否使用同样的模型。契约基础上的政治理论研究源远流长,常常是以公民与国家之间的社会契约的概念为基础。法院偶尔也会将公司章程描绘成一个社会契约,尽管并没有解释这种语境下的社会契约的含义。[130]

Tom Campbell 关于社会契约概念的整体描述很有帮助:

> 社会契约……是潜在的公民之间(或者是这样的人与一个潜在的统治者或者统治者们之间)关于缔结社会或政治关

---

[128] Parkinson,前注 65,第 32 页。

[129] M. Whincop 和 M. Keyes 也注意到了这一点,参见"Corporation, Contract, Community: An Analysis of Governance in the Privatisation of Public Enterprise and the Publicisation of Private Corporate Law"(1997)25 *Federal Law Review* 51-67。

[130] 例如,Isaacs 法官的这些案件中的判决:*Ardlethan Options Ltd. v. Easdown* (1915) 20 CLR 285-294; *Dutton v. Gordon* (1917) 23 CLR 362,395; *Wood v. W&G Wood Pty Ltd.* (1929) 43 CLR 77,87。

> 系的协议。社会契约论假定存在谓之“自然状态”这样一个情形,在此情形之下人们没有达成关于既存的社会(或者政治)权利和义务的协议(通常是一致同意),而这个协议将是它们建立一个社会或政治体系的基础。在该社会或政治体系中人们有公认的权利和义务,包括遵守已达成的协议、尊重其他公民的权利以及服从指定的统治者等义务。社会契约论既被用来解释公民遵守法律的一般义务(以及此义务的可能界限),同时也提供了一个确定公民政治社会成员的权利和义务的合理内容的方式。因此,社会契约论既有助于确定社会、政治以及法律义务的基础,也有助于证明某种确定的社会规范和政治规范的合理性。[131]

所有公民自愿达成的社会契约都被认为公民相互之间以及公民对国家的社会和政治义务的基础,同时它合法化了国家对个人自由的干涉和限制。[132] 正如 Campbell 所解释的,许多政治理论家,如霍布斯、洛克,卢梭以及罗尔斯都从不同的角度构想了社会契约的细节。[133] 我不宜在此对这些不同观点作一个详细的描述,但强调社会契约理论的三个原理是有帮助的。

第一个原理是指,体现在社会契约中的这个协议的目的是界定、保护和促进公民个人的利益和需求。与其他形式的以契约为基础的论点一样,社会契约论也试图将政府机构和政府过程合法化于个人同意的基础上。社会契约论是一个公民如何在社会中生存的理论,而不是一个关于社会自身的理论。

第二个原理涉及这个社会契约的性质。公民如何表达它们服从

---

[131] T. Campbell, *Justice*(2nd ed., 2001) 92 -93.

[132] K. Scheppele and J. Waldron, “Contractraian Methods in Political and Legal Evaluation”(1991)3 *Yale Journal of Law and the Humanities* 195, 200 -201.

[133] 也可参见 D. Held, *Models of Democracy*(1987)。

统治者的同意？社会契约论提供了三种答案。最无力的答案是：公民表达了他们对此问题的意见，然后订立协议，这个实实在在的协议就是社会契约。这个论点明显存在实证上的问题——几乎没有，即便有也是很少的证据能够证明现代社会的人们参加过这个缔约过程。较为有力的答案认为公民通过默示的方式给出同意。例如，在选举中投票或仅仅是选择继续留在这个政治组织之内。这一论点的问题在于，如何识别构成默示同意的行为以及确定默示同意能支撑的义务的范围。[134] 第三种答案是，这些协议是假定的。这一答案认为：

> 为了解决一个关于政治或法律问题的规范性分歧，询问一下参与这个争论的人们的意见是有帮助的：如果他们在实际的分歧发生之前考虑到了分歧发生的可能性，他们会在这个问题上达成什么协议。[135]

类似于新古典经济学家的"理性经济人"模型，假定契约的理念确立了一个评价事实上的政治协议以及决定它们的合法性的基准。

第三个原理主要关注协议的内容：公民根据什么将权力转移给统治者？一般来说，存在两种解释。第一种解释最早由霍布斯提出，认为服从统治者的协议意味着将权力和主权完全交给统治者。第二种解释由洛克提出，没有第一种解释那么独断而被更广泛地接受。洛克认为，人们将权力"借"给统治者是以将来如果愿意能随时收回权力为

---

[134] 参见 J. Hampton, "Contract and Consent", in R. Goodin and P. Pettit (eds.), *A companion to Contemporary Political Philosophy* (1993) 379 –381. 另一观点认为，每个人如果愿意都能自由退出协议，由此可以推定同意的存在，参见 R. Hills Jr, "The Constitutional Rights of Private Governments" (2003) 78 *New York University Law Review* 144。

[135] Scheppele and Waldron，前注 132，第 196 页。约翰·罗尔斯的《正义论》可能是假定契约理论最著名的现代例子。参见 J. Rawls, *A Theory of Justice* (1971)。

条件的。在这个社会契约论的“代理”模式中,人们保留着最终的主权。[136]

社会契约论对于发展一个研究现代公司治理的政治理论而言,存在局限和缺陷。由于社会契约论建立在默示个人协议和基于代理的授权等理念的基础之上,前文所述的对于经济学契约模型之局限的批评同样适用于社会契约论。[137] 对个人权利及其保护的强调,给缔约方撇开各自的特殊利益而就大家的“共同利益”进行讨论所提供的空间有限。[138] 社会契约论的独特问题在于,社会契约论是建立在“对公民行使权力的行为只有在每一个公民都同意后才是合法的”这样的理念基础之上的。这与“多数决”的理念是相悖的,在多数决的理念之下,少数派的不同意是被忽略的。[139] 公司法推定公司以多数决的方式进行决策。[140] 因而,不能容纳这种决策方式的政治理论在公司语境下作用有限。

(四)宪法理论[141]

宪法理论,是我认为最适合提供给公司法的政治理论。“宪法理论”一词多少会产生一点儿误导——因为许多具体的理论都能被归入“宪法理论”。我在这里将会从广义上介绍宪法理论的几个基本概念。

---

[136] Hampton,前注 134,第 380 页。上文关于霍布斯和洛克的观点总结,引自 Hampton 的评论。

[137] 也可参见 Hardin,前注 83,Hardin 在此文中批评了社会契约论以及将协议作为组织规则之基础的观点。

[138] 参见 Kukathas and Pettit,前注 69。

[139] Scheppele and Waldron,前注 132,第 198、221 页。同样指出,尽管契约允许某些事项可以由多数人决定,但契约理论仍然要求预先协商一致来确定哪些事项可由多数人决定。

[140] 值得注意的是,公司语境下的多数决既可能指股东多数决也可能指股份多数决。换言之,拥有多数可投票股份的少数股东能在公司会议上控制公司的决策。

[141] 下文的讨论发展了此书中的某些观点,参见 S. Bottomley, “From Contractualism to Constitutionalism: A Framework for Corporate Governance” (1997) 19 *Sydney Law Review* 277, 293ff。

在下一章中,我会在一个公司宪治论的背景下将这些概念“公司化”。

诸如“宪法”“宪治主义”等概念的界定和使用是多种多样的。出于本书的目的,我将从广义上选取使用这些概念的两种方式并进行对比。第一种方式将宪法归类为协议,第二种方式将宪法认定为是达成协议的组织结构。[142]

在第一种方式中,宪法被认定成,为实现和服务于某些实体性的目标和利益而达成的协议。这些目标和利益先于宪法的制定而存在。在公司语境下,这样的目标可能是有效使用公司资本。因而这样一部宪法的目的仅仅是允许这些预先确定的目标和利益的实现。不难看出,经典的以契约为基础的观点在这种方式中也适用。[143]

在宪法经济学中可以找到这种方式的例子。[144] 经济学的这一分支流派主要关注理性经济人参与集体决策而面临选择的情形。宪法经济学认为,在此背景下个人的行动取决于管理集体决议的规则——例如,决议的通过是要求简单多数、特殊多数还是一致同意。宪法的作用就是确定这些规则,而研究宪法的目的就在于确定什么是最优规则。这一理论主要关注两个问题:为减少集体决策成本而制定法律法规是否必要,以及为保护个人利益而对集体的行为附加限制是否必要。因此尽管这个理论非常认真地对待集体决议,但其视角却是个人的。宪法于是被看作一个框架性协议,每个成员都同意这个协议之下

---

[142] 这一分析由这些学者首倡,但与他们的观点并不必然一致。参见 S. L. Elkin, “Constitutionalism: Old and New”, in S. L. Elkin and K. E. Soltan (eds.), A New constitutionalism: *Designing political Institutions for a Good Society* (1993) 20, 以及 R. Beellamy and D. Castiglione, “Constitutionalism and Democracy—Political Theory and the American Constituion” (1997) 27 *British Journal of Political Science* 595。

[143] W. J. Stankiewicz, *Aspects of Political Theory: Classical Concepts in an Age of Relativism* (1976) 12 – 14.

[144] See J. Buchanan and G. Tullock, *The Calculus of Consent: Logical Foundations of Constitutional Democracy* (1965), 以及 G. Brennan and J. Buchanan, *The Reason of Rules: Constitutional Political Economy* (1985). 关于适用到公司决策中的例子, See M. Whincop, “The Role of the shareholder in Corporate Governance: A Theoretical Approach” (2001) 25 *Melbourne University Law Review* 418。

的管理集体决策的具体规则。换言之,宪法经济学主要关注集体决策是如何做出的,而非做出这些决议的机构是如何组成的。并且,宪法经济学回避了诸如“共同利益”“公共利益”等概念。

在第二种方式中,宪法被认定为一个组织结构,在此结构中组织成员能识别或规划出一些值得优先考虑的事项并对此做出决议。这一方式也是建立在既定目标的基础之上的,但此方式下的目标和利益主要不是实体性的,相反,它们主要是关于结构和程序的问题,或者被有些评论家称为“制度设计的问题”。[145] 这些问题是自由民主理论的核心,而自由民主理论已经影响了诸如澳大利亚等国家的现代宪法理念。

自由民主的宪治主义理论主要关注三个问题。[146] 自由民主理论以下述理念为基础:在现代大规模社会中,公民直接管理或者自我管理的制度体系不具有可行性,与此同时,又应尽可能地坚持让公民参与社会决策过程。因此,我们需要一个代议制政府体系,在这个体系中,由一小部分选举出的个人行使国家职能并做出对全社会具有约束力的决议。[147] 然而,代议制政府并不能保证不存在专制。选举出的管理者总是有可能利用自己的职权,不顾代表机构的授权而只为多数人的利益服务(“多数人暴政”)或者只为一小部分精英的利益服务。因此,与宪法经济学一样,自由民主的宪法理论也关注对公权力行使的限制以及为了公民个人的利益去创立相应的组织结构来实施这些限制。在自由理论中,宪治主义界定并试图维持“公”与“私”之间的区

---

[145] Bellamy and Castiglione,前注 142,第 602 页。Branson 也强调公司法中结构和程序的重要性,参见 D. Branson,“The Death of Contractarianism and the Vindication of Structure and Authority in Corporate Governance and Corporate Law”, in L. E. Mitchell (eds.), *Progressive Corporate Law*(1995) 92。

[146] 此处我融合了许多学者的理论,包括 Hobbes, Locke, Madison, Bentham 及 J. S. Mill。但他们并非都论及了我在文中提到的三个问题。

[147] 当然,不同的理论家对于为何以及如何运行这个代议制体系,以及选出的代表与其所代表公民之间的关系的性质有不同的解释。这些观点在诸如多数决规则及选举权的分配等问题上,在立场上相互竞争。

分。减少权力滥用可能的一个途径就是打破政府权力的集中并使政府权力在一个制衡的制度体系下行使。"三权分立"的理论总结了这些目标。[148] 具体而言,制定规则的权力(立法权)应当与实施这些规则的权力(行政权)分开,并且在关于规则的效力和适用的争议中,这两者都不得干预司法权的独立行使。对宪法基本权利和自由的肯定强化了三权分立。如果这些保障措施都失效了,就可能需要超越单纯选举程序的其他政治参与途径。

自由民主的宪法理论与法律理论联系紧密。在关于法律的著述中,宪治主义与法治原则被结合使用,并且经常被当作法治原则的同义语。不论二者联系得紧密与否,有一点是相同的——宪治主义经常是从程序角度和结构角度被界定的。例如,宪治主义被认为指代这些内容:

> 具体的宪法机制和程序,如立法权、行政权与司法权之间的三权分立,司法独立,对刑事被告人的正当程序和公正审判,尊重个人权利,它们在一定程度上是自由民主政府体系的组成部分。[149]

"将宪法看成协议"与"将宪法看成组织结构"这两种方式之间的区分并不清晰。许多宪法——包括公司章程——同时包含了这两者的元素。然而,强调这两者区别的目的在于使分析方法远离那种将宪法仅仅看成一种规则的思路,这样的思路有时会出现在经济分析或法律分析中。Schochet 注意到,很多时候宪治主义支持那种维持现状、不允许行政自由裁量的规则形式主义。这种形式主义不能果断地应

---

[148] 一般认为这一理论起源于孟德斯鸠《论法的精神》一书,参见 Montesquieu's *The Spirit of Laws*, published in 1748。

[149] C. Ten, "Constitutionalism and the Rule of Law", in Goodin and Pettit,同前注134,第 394 页。

对紧急突发事件和全新的形势,而且对于政治的实质内容漠不关心。[150]

前已述及,宪法理论有不同的流派。本书所发展的宪法理论建立在共和理论和协商理论这两个流派的基础之上,[151]并且其主要目的在于让大家关注公司的决策过程和决策结构。出于本书的目的,采用宪治主义视角意味着承认宪法创立和界定了公共组织的主要治理结构和治理程序。尽管拥有宪法并不必然意味着宪法确立的结构和程序会被适用,但宪法能给权力行使设定一些限制。这是因为宪法建立在一套原则和价值的基础之上,这些原则和价值并不一定被明确地写进宪法,但它们制约着组织体内权力和职权的行使。[152]

于是,宪法帮助界定了组织本身。也就是说,宪法认可并加强了组织内个人(或者说选民)的地位,同时宪法也将这些个人组成了一个团体或社会。不同的组织用不同的方式组成;并不存在一个单一的宪法组织模型。Schochet 指出,"宪治主义并不要求所有的组织都采用同一套政治安排"。[153] 这不仅适用于公司与国家之间的比较,也适用于不同种类的公司之间的比较。因此,不同类型的政治组织要求适用不同的政治理论、不同的民主机构、民主程序以及不同的政治标准(如投票参与率)。

因此,宪法理论能让我们关注是什么将组织内的个人结合在一起,而不是什么将他们分开。它要求我们思考组织与构成组织的个人之间的关系。换言之,宪法扮演着融合的角色。Sheldon Wolin 这样表

---

[150] G. Schochet, "Introduction: Constitutionalism, Liberalism, and the Study of Politics", in J. R. Pennock and J. W. Chapman (eds.), *Nomos XX: Constitutionalism* (1979)8.

[151] 在自由理论、协商理论和共和理论之间并不存在一个公认的界限,并且我也无意于将此书归为某一特定的理论。但我确想区分宪法方法与契约方法,出于这一目的我更倾向于运用共和理论以及协商理论。

[152] 参见 M. Perry, "What is 'the Constitution'? (and Other Fundamental Questions)" in L. Alexander (eds.), *Constitutionalism: Philosophical Foundations* (1998)。

[153] Schochet,前注 150,第 11 页。

述宪法：

> 宪法的重要性在于它不仅组建了一个权力和职权结构，同时还将一定的人组织起来。它提出了一个新的身份，并且预设了个人以新的集体身份参与政治的模型。[154]

他同时提出：

> 宪法是创立集体身份的过程中的一个试验。这个集体的身份，它是什么以及它在政治上代表什么，将通过行政官员合宪的批准行为以及集体对此批准行为的回应（或者不回应）来公之于众。因此，宪法具有循环性质：它由集体组成……反过来全体成员在集体中的行为又组成了集体。[155]

宪法模型允许我们考虑成员个人与整个组织之间关系的不断变化的复杂性。它也允许我们承认这个关系涉及一个协商并根据公认的程序重新界定权力关系的连续过程，而且它不要求适用关于这些关系应当是什么的既定概念。

当然，这些将是困难的抉择。确定何为集体利益以及何为合法的个人利益，然后在这二者之间协调，这些都是存在疑问的。很大程度上，这是因为我们并不总是能简洁明了地区分二者。[156] 组织与个人的关系源自一个协商并重新界定权力关系的连续过程。宪治主义模型不仅有助于认清组织与个人之间关系的复杂性，而且有助于理解个人作为“公民”或“成员”的角色。亦即，个人存在于社会中的“公”和“私”两方面都得到了承认。这一对公民身份的承认有两个侧面：对公

---

[154] Wolin，前注70，第94页。
[155] 同上注，第98页。
[156] 参见前注68的正文。

民权利的承认以及对公民责任的承认。

五、结论

在本章中我描绘了一条路线，它使我们远离那种将契约作为分析公司的唯一组织模型的理念，并引领我们走向宪法理念。我认为契约与宪法存在质的差别。当然在公司语境下，契约与宪法之间的差别并不总是那么突出。的确，相对于国家的宪法，公司章程有更多类似于契约的特征。尽管如此，即便在公司语境下，公司章程与契约还是存在重大差别。我在本章中已经论及，一方面，契约主要关注如何在个人缔约方之间达成一个交换；另一方面，宪法主要关注成员之间的合作协调关系。

我这样总结，本章是在修辞、方法论以及规范等三个意义上使用"宪治主义"这一概念。之所以在修辞意义上使用，是因为我用它来将政治理论引入对公司治理的讨论之中；之所以在方法论意义上使用，是因为"宪治主义"的假定要讨论社会中的个人必须先考察他们所在的社会和他们的社会关系；[157]之所以在规范意义上使用，是因为"宪治主义"提供了一个评价特定治理体系的结构与程序的标准。下一步，就是将这些宪法理念运用到公司中，发展出公司宪治论理念。这就是下一章的任务。

---

[157] S. Avineri and A. De-Shalit (eds.), *Communitariianism and Individualism* (1992) 2. 这与方法论上的个人主义形成鲜明对照。我在前注 61 中已有论述。

第三章　公司宪治论

一、引言

在前面一章中，我介绍了研究公司治理的两种方法。一种方法，是基于法律目的的主流方法，即建立在契约的基础上并倾向于采用经济标准来评价公司治理相关事宜；另一种方法，则以宪治理念为基础，主要从政治视角来理解与研究公司事务。本章将承接前一章的结论，更加详细地呈现公司宪治论的理论架构。前章已提过，[①]公司是一种不同于公共治理机构的政治机构，因此我们不能简单地直接采纳宪治主义理论，而必须以公司为背景经过一定的调整进而引入该理论。

前章已将公司背景下的宪治理念与国家宪法作了比较。两者有很多不同之处。例如，由于外部法律与监管系统对公司章程作出了限制和强制性条款的规制，公司设立人对公司章程的内容的自由选择余地较少，这就涉及如何识别公司章程的问题，后文将对此作出解释。另一个不同之处是，较

---

① 参见第二章，注94。

之国家宪法,公司章程更易于变更、修改,这体现了公司章程的灵活性。但同时也可能导致公司操纵与权力滥用。在本章中,我将提出公司宪治论的一些主要原则,以有效防止可能产生的问题,也即防患于未然。值得一提的最后一个不同之处是(尽管两者的区别远不止这些),在公众公司中,当公司决议不一致或股东对公司决议有异议时,股东通常通过转移自己所持股份离开公司的方式来解决问题,而不是留下来争论、解决问题。也就是说,在公司背景下,股东更倾向于选择"退出"而不是"主张权利"。[②] 但这并不是说,股东的异议主张因此就应该被忽视,本章提出的争议原则将进一步阐述此问题。

认识到这些不同之处并在公司背景下再引入宪治理念,将不再如第一次所见那样奇怪了。历史和实践证明,公司法已经含纳一些宪治语言和理念。Harold Berman 认为,从历史的角度来看,在 11 世纪末至 12 世纪期间,早期的社团法在欧洲教会的宪治结构的发展过程中发挥了重要作用。Berman 指出:

> 教会,作为一个社团法律实体,赋予作为个人的教会官员(教皇、主教以及修道院院长等)以司法审判权,而对该被赋予的司法审判权的性质的确定和限制,是由社团法来规范的。[③]

现在,"宪法"一词被普遍地适用在公司管理领域,以规定公司内部管理的各种规章制度。澳大利亚《公司法》[④]进一步强调了宪法概念,但其意义远不止于字面含义。Eisenberg 强调了公司与宪法理念之

---

② 主张权利或退出的观点,可参见 Albert O. Hirschman, *Exit, Voice, and Loyalty, Responses to Decline in Firms, Organizations and States*(1970)。

③ H. Berman, *Law and Revolution: The Formation of the Legal Tradtion*(1983) 215.

④ 澳大利亚 2001 年《公司法》第 136 条规定:公司可以通过制定公司章程进而替代或补充法律中的任意性规定。

间的联系，并指出：

> 公司法属于宪法部门，因为它的主要功能是规制公司组织方式，确定公司参与人相关权利义务，以及限定公司机构的权力及其在社会中的角色。[5]

Eisenberg 的观点强调了一点，即从广义上讲，宪治主义致力于协调社会和政治生活中公共与私人之间的各个方面。而在公司背景下，宪治结构应该发挥同样的作用。透过 Eisenberg 的观点，笔者认为公司是一个既包含公共利益和价值又包含私人利益与价值的机构。从这一点出发，“公司宪治论”理念含有两层意义。第一，对内而言，公司宪治论被用于处理特定的公司内部关系，[6]即公司是一个表达个人选择和做出集体决议的宪治机构。第二，对外而言，国家被赋予涉及公民个人、团体和组织的职责与权力，而公司恰是在这种更加广泛的宪治背景下运作的，因此，公司宪治论外部含义即是处理公司与国家和社会之间的关系。

本章将更详细地论述这两个方面。首先，本章研究了公司宪治论的外在方面，解释了公司章程如何协调公共与私人之间的关系，同时，还研究了公司章程的形式与内容。然后论述公司宪治论的内在方面，研究了公司章程在公司成员和董事之间关系形成过程中所发挥的作用。本章仅对作为这些关系的基础的主要宪治理念作总结性讨论，这些理念将在以后各章中具体展开论述。

在本章的结论中，我们将会很清晰地看到，公司宪治论理念吸收了许多其他流派思想，特别是自由宪治主义（以个人权利与利益为中

---

⑤ M. Eiseberg, "TheLegal Roles of Shareholders and Managerment in Modern Corporate Decisionmaking" (1969) 57 *California Law Review* 1,4.

⑥ 关于公司对内与对外两方面意义的讨论可参见 D. Millon, "Theories of the corportion" (1990) *Duke Law* Journal 201,201 -202; W. Bratton, "Pblic Values and Corporate Fiuciary Law" (1992) 44 *Rutgers Law Review* 675, 690 -691。

心）、社群主义（此观念认为，除了需要关注成员个人外，还需要关注团体利益）以及共和主义（特别强调为了维护共同利益而进行治理的观念）。

二、公司章程的外在方面

一个公司的宪治框架蕴含关于公司的政治和法律地位的观点，同时该地位也是规制公司行为的相关规则的效力来源，⑦从而进一步引导我们理解公司章程（corporate constitutions）的形式。在本小节中，笔者将论述公司政治和法律地位，在下一个小节中，笔者将研究公司章程的形式。

在第二章中，关于公司管理的争论往往倾向于一边倒，即或以公共理论为基础，或以私人利益为基础。例如，特许理论（concession theory）的主要观点是，公司须有国家授权方可具有法律地位，这就为对公司活动进行公共规制提供了正当性。相反地，许多经济理论认为公司首先是一个私人组织，因此公共规制应被限制在最小范围内。这些一边倒的理论的局限性是显而易见的：他们都没有看到这样一种事实，即公司以及公司管理体现着对公司事务进行公共规制与公司自我约束之间的一种复杂的相互关系。正如 Bratton 所言，公司法是公法与私法的统一体，尽管它具有更多的私法属性，但是，私人属性不是它的唯一属性。⑧ 公司是一种由个人行使权力的组织，而该权力的产生可能基于私人授权，也可能基于国家认可。Richard Eells 这样描述公司：

> 本质上，公司的治理体系的建立，从根本上而言，离不开

⑦ 从另一个不同的角度，经济契约理论也同意此观点，即公司的私人经济体的法律地位决定了其内部关系的契约性质。

⑧ Brantton，前注 6，第 196 页。

> 国家通过实施立法、行政裁定及对宪章与一般公司法司法解释等公法行为而给予的授权许可。[9]

公司宪治论为我们理解国家与公司法对公司进行内外治理中的相互作用提供一个框架。首先,我们来谈一下国家干预以及国家规制的作用。从公司宪治论角度出发,国家可以通过法律体系以合理成本对公司活动进行正当的限制。这种主张主要来自最近的共和主义理论对国家角色的论述。根据共和主义政治理论,国家在保护和引导公共价值观中发挥着独特的作用。公共价值观根源于个人关于"公共利益"和"善良风俗"的观念。Seidenfeld 解释说:

> 每一个个人对善良风俗都有自己的主观理解。这种理解体现着同一社区中大家共同的公共价值观。公民共和主义(civic republicanism)主张政府行动应以公共价值观为基础,而不是以个人政见所体现的私人需求为基础。[10]

在特定问题上定义善良风俗要求政府和立法者作出公正的判断而不能偏向特定个人或集团利益。[11] 除此之外,国家有权力防止或限制危害公共标准和价值观的行为。而这些国家行为如果不是恣意妄为毫无根据的,那么我们不能将其视为对个人自由的有意冒犯。[12] 这并不是说国家规制有利无弊——国家机关、法律以及法律执行机关可

---

⑨ R. Eells, The Government of Corporations (1962) 67 (emphasis in Original), 因为公司在成立后可以修改公司章程,所以 Eells 强调这些行为的许可性质。

⑩ M. Seidenfeld, "A Civic Republican Justification for the Bureaucratic State" (1992) 105 *Harvard Law Review* 1512, 1536 - 1537; C. Sunstein, "Beyond the Republican Revival" (1988) 97 *Yale Law Journal* 1539,1574.

⑪ M. Sellers, *Republican Legal Theory: The History, Constitution and Purposes of Law in a Free State* (2003) 32, 当然,对善良风俗的定义过程通常是复杂而且困难的。

⑫ P. Pettit, Republicanism: *A Theory of Freedom and Government* (1997) 148 - 150.

能会产生压制和不公平,因此,我们需要有法律程序和法律体系来防止国家的专断行为与越权行为。但是,共和主义理论认为,国家规制应当并能够有益于整个社会。

国家应特别关注的一个问题是,私人组织集中行使权力而对个人自由产生的潜在威胁。正如第一章中已经指出的,公司行为往往对公共以及个人都产生重要影响。公司成为在公民与国家之间起举足轻重作用的中间组织。因此,政府与法院所要扮演的角色就是在不影响其持续有效存在的前提下适当限制此类私人组织的权力。⑬ 共和主义理论认为,我们可以善意地理解一个政府的作用,即授予法律和政府在一定范围内管制公司的职责,以防止公司权力的无限集中和滥用。⑭这种主张的内在含义是,公司并非完全的私人组织。John Parkinson认为,他们同时也是社会企业:

> 公司作出的决定尽管为私人性质,但它可以对社会产生重要影响,并能产生公共结果。正是基于这种特征,公司行为必须具有正当性,且在其行为时必须考虑公共利益。⑮

Parkinson 进一步阐述,这种主张的现实意义,是支持国家有权规定公司权力的取得和行使方式。⑯ 换言之,国家能够作为公司的管理者,并不是因为它授予公司以权力和法律地位(正如特许主义主张的那样),而是基于由公司权力和法律地位产生私人权力集中的潜在危险。Parkinson 解释道:(国家对公司进行)干预的正当性,并不是源于公司的有限责任或独立人格等自身属性,而是基于它们的存在而可能

---

⑬ Sunstein,前注 10,第 1574 页。

⑭ Pettit,前注 12,第 150 页。

⑮ J. Parkinson, *Corporate Power and Responsibility: Issues in the Theory of Company Law* (1993) 10.

⑯ 同上注。

导致权力在私人手中的集中。[17]

结合共和主义观点,我们可以得出结论,在国家规制方面,为了更好地实现私人利益,公司法必须致力于促进公共价值,包括防止压迫行为、不公正行为,在衡量公司行为时应适用客观标准而非纯主观标准,以及重视公司对内对外行使权力时的责任承担问题。这些价值观念在当代公司法理中已占据显著地位,例如,不论是立法上(澳大利亚《公司法》[18]第 232 条规定)还是学理上(一个典型的例子就是澳大利亚高等法院对 *Gambotto v. WCP Ltd.* 的判决)[19],都体现了对公司压迫行为、不公正行为的关注。再如,就董事忠实义务问题,在最近的司法判决中普通法和制定法都比较倾向于采用客观标准。[20] 且在金融和管理决策中对责任机制的需求都说明了现代公司法监管体系的重要性。[21]

现在,我们将论题由国家规制转移到私人治理上,开始讨论第二章中提出的公司是为自身谋利益的政治体这一论题。公司宪治论认为,具有法律主体地位的公司依赖于国家行为。这并不是说国家是公司治理规则的唯一来源。这就涉及由公司成员和董事的私人管制(private ordering)所构成的治理与规制框架的第二个方面。[22] 公司并

---

⑰ 同上注,第 30 页。因此该观点不同于第二章所述的许可理论,因为许可理论主张政府因授予公司以法律地位,因而获得了规制公司的权力。

⑱ 英国 1989 年公司法也做出了类似规定,提出不公正的损害行为。当然,这种类似的规定也产生了相当多的争论,如该行为的范围,含义以及具体应用。

⑲ (1995) 13 ACLC 342.

⑳ 参见 *Permanent Building Society (in liq) v. Wheeler* (1994) 12 ACLC 674 (能够被客观地判定的正当目的);R. v. Hopwood (1995) 13 ACLC 1488(对公司法第 182、183 条中不正当的判断应该采客观标准)。

㉑ 总之,这些观点都与 Philip Pettie 的自由观点相一致,即不被支配的自由,个人选择不受任意无约束的干涉的自由(参见注 12);John Coffee 同时也强调了法院在确认信义义务或去除不合理条款等法定底限义务标准中的角色:J. Coffee, "The Mandatory Enabling Balance in Corporate Law: An Essay on the Judicial Role" (1989) *Columbia Law Review* 1617,1623。

㉒ C. Shearing, "A Constitutive Concept of Regulation' in P. rabosky and J. Braithwaite(eds.)", *Business Regulation and Australia's Future*(1993) 73.

不只是社会的缩影,它有自己的价值体系以构建公司的内部和外部关系。[23] 也许这就是前文所提过的 Eells 认定的"国家许可行为"(the permissive action)。[24] Eells 强调该行为的许可本质,因为公司成员在公司成立后能够通过修改公司章程而参与私人宪治管制。如果将公司视为政治体,那么我们就很容易明白为什么公司设立人应该有一些空间去决定和追求公司利益最大化。

在公司宪治论框架下,认清国家规制与私人治理之间的关系是非常重要的。不同于规章的"命令—控制"这种规制模式,国家在该规制模式中并不占据中心地位;相反地,引用 Clifford Shearing 的话,国家角色是边缘化的。[25] 同时,不能认为国家规制高于私人治理,或对私人治理有自动优先权。再次引用 Shearing 的话:在一个私人管理者充当代理人角色的公司管理等级中,国家主张占据最高地位是毫无根据的。[26] 同样,私人治理也并没有优先地位:这个框架不同于契约理论,其中,私人治理既不是对国家规制的补充,也不是当然具有优先地位的选择。国家规制与私人治理相辅相成、缺一不可。

三、公司章程的形式与内容

研究公司章程的形式与内容,是论述公司宪章的另一种途径。一个公司宪章由什么构成?当要识别一个公司的决策结构和程序时,我们要考虑哪些因素?这些都是必须直面的问题。因为,如前文所述,我认为一个公司章程包含内部和外部两个方面:对内,它设置了公司权力的分配;对外,它将公司组织为一个经济、社会和政治实体。如果将公司章程定义得过于狭隘或过于宽泛,我们都可能产生对公司内部

㉓ Bratton,前注 6,第 695 页。

㉔ 同注 9。

㉕ 同注 22,第 73 页。

㉖ 同上注。

权力关系以及公司本质属性的曲解。

根据一般宪法理论，并没有判断什么是宪法什么不是宪法的统一模式。[27] 如前章所述，宪法的两个主要特征，一是它构成一个政治体系，二是它规定了决策权力在该政治体中的分配（或者该分配决定如何做出）。宪法涉及结构与程序的问题，[28]它可以规定做出正当决策所必须进行的程序，同时它还可以规定成员和管理人员关于权利义务、权力职责的享有和承担。基于这一广义的理解，我们可以大致认定构成宪法的一些特定因素。

公司法学家通常将公司的"内部规则"称为公司章程（过去称为合作协议）。[29] 澳大利亚《公司法》第 136 条体现了这一点。该条允许公司订立公司章程管理公司内部事务，作为对制定法规定的"选择性规则"的替换或补充。这种理解比较狭隘，它通常将"章程"理解为"协议"或"契约"的同义词。[30] 而笔者所论述的公司章程的意义要比这更宽泛。

Wilcox v. Kogarah Golf Club Ltd. 一案说明了将章程视为契约的局限性。[31] 一个已成立的俱乐部章程规定，董事会有权制定涉及会员权利与义务的规则和章程细则，如规定会员费、会员的停职或开除等问题。争议由此产生。原告诉称其基于章程细则所取得的权利被侵

---

[27] W. F. Murphy, "Constituions, Constitutionalism, and Democracy", in D. Greenberg et al. (eds.), *Constitutionalism an Democracy: Transtitions in the Contemporary World* (1993) 3.

[28] D. Branson, "The Death of Contractarianism and the Vindication of Structure and Authority in Corporate Governance and Corporate Law", in Lmitchell (eds.), *Progressive Corporate Law* (1995) 99，主张现代公司法已经不再关注具体的详细规则，而是更加注重对结构和程序的规制。

[29] 英国的相关规制可参见 P. Davies, *Gower and Davies' Principles of Modern Company Law* (7th ed., 2003) 55。1998 年澳大利亚不再区分公司的章程和组织大纲 (Corporation's Memorandum and Articles of Association)，而用仅用"公司章程"一词代替。

[30] R. Hardin, "Why a Constitution?", in B. Grofman and Dwittman (eds.), T*he Federalist Papers ad the New Institutionalism* (1989)，主张公司章程是完全区别于协议或契约的。

[31] (1996) 14 ACLC 421.

犯了。Young 法官面对的难题是,会员可否依据澳大利亚《公司法》第140 条规定的“公司章程应视为股东与公司间的法定契约”来要求执行章程细则。[32] 法官对此作出了否定回答,他认为章程细则仅仅是会员之间的“意思表示一致的契约”,依其性质,除个别情况外,成员不能要求强制执行章程细则。章程细则不是法律创制的“法定契约”的一部分,因此不具有强制执行性。[33] Young 法官认为:

> 一个委员会根据在政府机关登记的章程规定,享有制定章程细则的权力,并不意味着会章细则因此而成为公司章程的一部分或者具有与章程同样的法律地位。[34]

Young 法官对公司章程(Corporation's Memorandum)与组织大纲(Articles of Association)以及章程细则(By laws)作出了严格的区分,他认为前两者是可以强制执行的契约,而后者的效力相对较弱,不具有强制执行性。本案依据现行澳大利亚《公司法》第 140 条规定的内容作出判决,但即使在以契约为基础的框架下,彻底划分这两者之间的区别也是非常困难的。[35] Young 法官也承认,在公司成员被开除、受薪管理人员获取薪水的能力被妨碍,或在只有法院介入才能解决公司困局等情形下,章程细则也是可以被强制执行的。从宪治主义角度出发,我们很难理解在涉及成员的基本权利时,章程细则为什么不能成为公司章程的一部分。

事实上,公司宪治论的概念不仅限于一些规范性法律文件。如前所述,章程规定了公司成员在公司中的地位——它是成员取得其身份的依据。更具体而言,公司章程的功能之一就是限定哪些主体可以成

---

[32] 法定契约的观点在第二章注 13 以及相关段落中进行过阐述。

[33] 同注 31。该判决没有具体解释合为“意思一致的协议”(consensual compact)。

[34] 同上注,第 425 页。

[35] 不仅仅是因为在本案中,章程(article of association)中明确提到了章程细则(by-law)。

为公司成员,以及保护成员的哪些利益。我们发现,长期以来判例法存在同样的问题,即将非成员利益和成员的非身份利益排除在公司章程规范的范围之外。[36] 判例法在法定宪治文件与所谓的特殊契约之间作出明确划分。同时,判定公司成员利益的界限和范围有时是很困难的,因为它因公司不同而不同。[37] 我认为法院不能过早地排除对价文件,因为对价文件在限定成员身份及其利益、作出公司决策过程中发挥重要作用。*Kogarah Golf Club Ltd.* 一案说明,在公司中存在产生或影响权力关系结构的其他途径,即并非通过在公司章程中作出规定的明示方式,而是通过一种默示的方式。公司正式的内部规则虽然重要,但是,内部规则不可能揭示"公司权力的范围与本质的真正基础规则"的一切内容,[38]因此,必须在这些内部规则之外的其他来源,或者在此背景中解读和理解公司章程。

在某些情况下,公司章程的内容更宽泛一些,包括股东协议。股东协议是个体股东之间就表决权的行使、出现争议时股东的退出机制以及股份的转移限制等问题所达成的约束各方当事人的契约安排。这种协议在小型私有公司[39]和合资公司非常典型。它通常(虽不必然)对公司的所有股东都有约束力。后文将展开论述,股东协议可以作为公司章程的一部分用以影响或限定公司决策的产生过程。[40] 理解该论述的一个范例是 *Hopkins v. Foyster* 一案。[41] 该案中,公司、大股

---

[36] *Eley v. Posititive Government Security Life Assurance Company* (1897) 1 Ex D 88; *Hickman v. Kent or Romne Marsh Sheep-Breeders' Association*[1915] 1 Ch 881.

[37] 参见澳大利亚高院判决 *Bailey v. NSW Medical Defence Union Ltd.* (1995) 13 ACLC 1689,主张互助保险公司的章程关于免除其成员的医疗行为责任的规定不是在赋予其作为成员的权利。该观点遭到了 M. Whincop 的批评:"'A Relational and Doctrinal Critique of Shareholders' Special Contracts" (1997) 19 *Sydney Law Review* 314。

[38] Eells,前注 9,第 59 页。

[39] 因此不是本书讨论的对象。

[40] Davies 提出,正因如此,英国 1985 年《公司法》第 35A 条(3)(b) 在定义公司章程时,包括了股东协议,主要是为了处理公司以外的主体与公司之间的契约等相关事宜。前注 29,第 66 页。

[41] (2002) 20 ACLC 396.

东和“其他的股东”之间都签订了股东协议,该协议规定了董事会如何组成。尽管未判断该协议是否具有约束力,但法院仍基于该协议可能会侵犯小股东的契约权益而发布了一个临时禁令,限制了大股东在股东大会上行使其表决权。因此,本案中法院认为,股东协议有足够的分量压倒公司正式章程中关于权利行使的规定。

宪治规则的另一个来源是普通公司法。这包括但并不限于适用于公司的默认宪治条款。[42] 在某种程度上,法律可能对公司的决策结构与程序提出特定要求、提供方便或作出其他限制性规定,而这些规定可以看作公司章程的组成部分。例如,关于成员有权要求或召集特别股东大会的规定、关于解聘董事程序的规定以及关于成员诉讼的法定权利(如针对大股东压迫行为的诉讼或派生诉讼)的规定等。[43] 当然,还包括对这些规定的司法解释,以及补充性或互补性普通法原则。[44] 因此,在公司章程中引入公司法中的公共价值观(如责任与公平观念)以对每一个公司的权力结构施加适当影响。依照同样路径,公司章程文本也规定董事和成员的忠实义务和注意义务。[45] 公司章程的形式不限于正式书面文件。在第二章的结论中已作论述,笔者认为,公司章程具有类似契约的一些特征,其中一项是,在适当情形下,章程的某些条款可以以默示的方式存在。[46]

㊷ 澳大利亚《公司法》第 135 条规定可替代性规则(法条中随处可见),除非被修改或替代,应该适用于公司事宜;英国通过在公司规则(Table A to F)Table A 提出的章程条款进行了相类似的规定,并依据 1985 年《公司法》第 8 条(2)适用。

㊸ 这些内容在澳大利亚 2001 年《公司法》中都有相关规定:第 249D 条至第 248F 条(股东得到会议的召开请求权利);第 203C 条至第 203E 条(董事的罢免);第 136 条(章程的修改);第 232 条至第 235 条(针对压迫行为的诉讼);第 236 ~246 条(股东派生诉讼)。

㊹ 对公司决策提出类似要求的证券交易所上市规则(stock exchange listing rules)也应该在其列。

㊺ 在 *Gambotto v. WCP Ltd.* (1995) 13 ACLC 342 一案中,就修改章程中涉及没收股票部分内容一事,澳大利亚高等法院持该相同观点,对正当目的及非压迫性要求进行了解释和说明。

㊻ H. Ford, R. Austin, I. Ramsay, *Ford' s Principles of Corporations Law* (12th ed., 2005) 189, citing *Stanham v. National Trust of Australia* (NSW) (1989) 15 ACLR 87; 7ACLC 628.

需要强调的是,为了更好地理解公司章程(上文所阐述的广义上的章程)的运作,我们必须将章程之外的可能对公司董事、管理人员和成员的行为产生影响和引导作用的不成文传统、认识和惯例考虑在内。[47] 宪法学者很早之前就已经认识到这一点。[48] 尽管不能作为法院进行裁判的依据,但已被认可、引用的传统和惯例有助于司法解释的适用,同时也影响着较为正式的明文规则的适用。对公司章程同样如此。

公众公司董事会成员的任命就体现了对公司传统或惯例的认可。通常,公司章程规定由股东大会任命董事。但在有些情况下董事会可以任命董事以填补临时空缺,然后经股东大会确认该任命。这说明,股东对董事任命的控制在实践中并不充分。我们可以这样理解,即临时任命权以及表决权代理机制的运作,往往促成了现任董事对董事会的组成的实际控制,[49]而股东大会通常不会否决董事会的任命决定。支持创建董事会提名委员会和制定周密的董事连任计划的各种公司行为守则充分说明了这点。[50]

在某种程度上,赋予股东协议或默示条款以宪治意义也要受到一定限制。我们必须清楚,一个"谨慎的潜在股东"[51]在取得股份之前,会希望了解在公司治理结构之下他将可能享有的权利和必须承担的

---

[47] 在公司中被广泛接受的惯例实践也可能会成为法律的正式规定。例如,审计员参加澳大利亚上市公司年度股东大会已成为一般惯例:S. Botomley, The Role of Shareholders' Meetings in Improving Corporate Governance (Research Report, Centre for Commercial Law, Australian National University, 2003) 32;而在2004年,该惯例已成为一项法定义务:《公司法》第250RA条要求审计员必须参加上市公司的年度股东大会。

[48] S. A. de Smith and R. Brazir, *Constitutiona and Administrative Law* (7th ed., 1994) 27-41.

[49] Re Marra Develomet Ltd. (1976) 1 ACLR 470.

[50] the UK's *Combined Code on Corporate Governance* (2003) Principle A. 4. 1 <http://www.fsa.gov.uk/ukla/lr_comcode2003.pdf> at 5 Jan 2006; Australian Stock Exchange Corporate Governance Council, *Principles of Good Coporate Governance and Best Practice Recommendations* (2003), *Recommendation* 2.4.

[51] *Bratton Seymour Service Co. Ltd. v. Oxborough* [1992] BCLC 693, 699 per Sir Christopher Slade.

义务。公司成员不能因其依据公司章程无法预计的内容而受一些与其公司成员身份无关的义务的束缚。[52]

在此基础上,我们可以得出这样一个结论,即公司章程具有多维性。它既可以成文的形式存在于公司内部的正式规则和相关立法中,又可以不成文的形式存在于普通法学说中。这体现了宪治主义理论对多维章程理念的认可。基于此,Eells 对公司章程作出的如下定义是妥当的:

> 公司章程是以法典化或非法典化,成文或不成文的形式规定公司基本原则的载体,在实务中它决定着以管理协调关系为核心,延伸到对公司作出贡献和向公司主张权利的利益群体的契约或非契约关系的权力关系。[53]

从上述定义中,我们不难发现,公司章程中的有些规定不能直接由公司成员决定或改变。基于公司立法需要一定程序或结构,因此其效力高于公司内部规定。除此之外,公司章程中由制定法或司法判例所创设的规则可以未经公司成员的同意或参与而直接被选择适用。这是公司宪治模式的必要特征。公司章程不仅是公司成员之间的协议或契约,其含义要更深远一些。它体现着国家与公司以及公司内部缔约者之间的权力和责任的分配。在公司语境下,关于宪治的讨论主要存在于两个层面:其一是其社会性的,由于公司立法的一些规定是公司章程的组成部分,因此当要进行相应的立法改革时,必须广而告之,由公众讨论。其二是公司内部性的,主要涉及公司内部正式规则的修改与变更。

---

[52] *Bailey v. NSW Medical Defence Union Ltd.* (1995) 13 ACLC 1698, 1718 (McHUGH and Gummow JJ).

[53] Eells,前注 9,第 85 页。

平衡国家与公司的权力介入

既然公司章程是建立在国家与公司的共同介入之上，我们需要面对的下一个问题就是分析两者各自对整个宪治框架的影响方式。几种路径可以纳入我们的思考范围，例如，国家是否应该仅仅制定概况标准，由公司规定专门或具体规则？国家是否应该只介入公司外部事务或非成员相关事务，而由公司决定公司内部的成员相关事务？国家是否应强制公司采取一定的结构和程序？如果应该，那么国家权力应控制在何种程度之上？

本章所概述的模式说明，国家至少应该制定一定的强制性标准，如前文所述的禁止压迫行为或不公平行为，建立财务问责和决策问责等。在极个别情况下，这些标准的执行为国家对公司章程规定的事务进行司法干涉提供了正当性。澳大利亚《公司法》第233条(1)(c)规定，法院可以作出规制公司事务及行为的判令。[54] 同时，公司宪治模式也是授权性规则(empowering rules)、促进性规则(facilitative rules)和指导性规则的统一体。公司成员应该能够通过公司章程中的明示条款，在章程中补充进自己的宪治规则，改变国家提供的任意性规则。正如Coffee主张的那样，[55]对国家提供的条款进行修改必须采取明示方式的要求，不仅是出于效率的考虑，且可以提高公司治理的透明度。基于此，公司成员可以观察、评估在何种程度上他们可以就公司价值观作出妥协或推进。

除此之外，试图事先制定一个适用于所有公司的章程蓝本是不现实的。国家的作用依赖于各种因素，包括公司的大小和类型(如公司有公众公司、封闭公司及政府控股公司之别)，还包括特定规则的形成

---

[54] 在*Hannes v. MJH Pty Ltd.*（1992）10 ACLC 400一案中，新南威尔士州上诉法院主张，法院直接更改公司章程条款的权力是有限的，即不应该彻底改变公司内部的权力平衡。

[55] 前注21，第1680～1681页。Coffee主张对默示条款必须采取明示的修改方式才会更加有效率，因为这样会促使股东及公司在制定公司规则时更加仔细和严格。

是基于制定法还是普通法，以及法律被表述为规则抑或仅仅为标准。对有些公司法问题和有些类型的公司，更适合由国家提供一种标准而不是规则。如在封闭性公司中，面对面协商存在较大可能性，因而更适合采用有弹性的"标准"而不是详细的规则。[56] 显然，国家的规制角色非常复杂，至少要涉及组织理论、法律理论及政治理论等问题。

这就是笔者所称的公司章程的"外在方面"——它将公司定位在一个更宽泛的政治、经济和社会语境中，这也是后文讨论有关公司章程在公司内部关系中作用的背景。

四、公司章程的内部方面

如前文所述，我认为公司可以被看作一个表达个人利益和作出团体决定的宪治组织。如 Bratton 所述，公司促进每一个参与者的个人利益，同时要求个人为实现集体目标而作出一定牺牲。[57] 公司的形成带来了股东和董事的个人利益与关切，[58]同时，又将这些利益和关切置于集体（或公司）的维度之下。因此，公司的每一个参与者都是公司利益的一部分，同时又保留了个人或私人利益。用类比进行阐述的话，我作为社区的一名成员，具有双重身份：一位表决者（公共身份）和一位家长（私人身份）。同样地，一个股东也具有双重身份，即公司成员（公司身份）和证券市场上的投资者（私人或个人身份）。公司法著述多致力于维护和促进公司股东的后一角色，而此处我要强调的则是公司股东在持有股份的公司中扮演的前一角色。

尽管存在一些争议，但是公司法律模式已经认可了公司生活的二维性——公司身份与个人身份。举例来说，董事的忠实义务强调保护

---

[56] 同上注，第 1677 页，对此 Coffee 不同意，主张在该类公司中股东之间面对面的近距离关系可能会损害有效的谈判和沟通，所以更需要强制性规则的制定。

[57] 前注 6，第 690 页。

[58] 正如我在第一章提过的，我一直是将开放的有限责任的股份公司的标准法律模型作为论述的基础。

“公司整体利益”的重要性，而所谓的“公司整体利益”有时也指“股东全体利益”（the interests of the shareholders as a whole）或“公司成员整体利益”（the interests of the corporators as a general body）。[59] 同样地，公司法赋予法院在公司行为与成员整体利益相违背的情况下干涉公司行为的广泛权力。[60] 同时，依据公司法规定，成员个人在个人权利被多数股东侵犯时有权提起诉讼以保护自己的合法权利。[61] 公司章程的一个主要作用就是构建一个结构与程序以协调公司生活中的二维角色。换言之，公司宪治论可以像广义的宪治主义理论一样，为公司股东提供最大程度上的保护。

本书以后各章将对公司二维身份——个人身份与集体身份——的相互作用进行详细研究。[62] 该研究将在三个标题下展开，而每一个标题都反映了一个在任何公司章程中都必须涵盖的宪治观念。

五、公司宪治论三原则

接下来将论述的三个原则分别是问责原则、协商原则和争议原则。本章将对每一个原则进行简要论述，并说明其作为基本原则的重要性。在此后的三章中，还将进一步对这三个原则进行具体论述。

这三个原则彼此相互独立又密不可分，它们都是公司决策的重要原则。公司宪治论的这三个原则源于决策为公司生活中心的理念。事实上，一些组织主义者认为，决策是“一项组织活动”。[63] 我需要强

---

[59] *Greenhalgh v. Arderne Cinemas Ltd.* [1951] Ch 286.

[60] 2001 年《公司法》第 232 条（d）。

[61] *Residues Treatment & Trading Co. Ltd. v. Southern Resources Ltd.* (1988) 6 ACLC 1160, and *Gambotto v. WCP Ltd.* (1995) 13 ACLC 342.

[62] 在本文中所使用的“集体的”（collective）一词不是指在所有事务上都必须达到协商完全一致，而在很多情形下，仅仅是指一个共同决定（joint decision）。

[63] A. Pettigrew, *The Politics of Organisatonal Decision-Making* (1973) 5, citing Chester Barnard, *The Functions of the Executive* (1938) and Herbert Simon, *Administrative Behaviour* (1957).

调的是，本章所称的决策是对公司具有重要战略意义的决策，具体涉及公司资源有效配置、提高公司融资能力、管理、聘用、生产、市场、经营范围的扩张或订立契约等公司生活的各个方面。当然，这些决策不是孤立的单一行为，通常贯穿于公司组织。[64] 具体而言，决策的制定因公司而异，一个大型公司中往往有很多决策部门。但无可争辩的是，决策程序占据公司生活的很大部分。[65] 这些程序在本质上具有政治特性，[66]涉及了权力的执行、战略和战术、资源和控制权的分配等问题，并受科层组织和专业分工问题的影响。

前文已述，公司治理相关法律主要规范的是董事会作出的决策，当然在一定程度上也规范股东在股东大会上的决议。[67] 现代公司法则主要致力于这些决策程序的不同方面规则、学说和标准。例如，有规范与未来决策有关的生产信息的规则（如年度会计报告），有召集主持会议的规则；有规定决策制定标准的规则（如规定董事的谨慎和勤勉义务、商业判断原则）。[68]

这些规则、学说及标准的题中之意，是股东在公司决策中发挥重要作用。尽管这种作用可能只是间歇性地发挥作用，并且法律原则对其有严格限制，但是它是澳大利亚、英国等法域中公司的基石之一。公司并非董事独裁的载体，尽管实践中有些公司在执行董事的设立或由一个股东控制公司的背景下已成为董事独立决策的载体，但这并非公司法或有关公司治理的相关学说所论述的标准模式。因此，我需要强调的是，本章所述内容是以公司是决策机构、且保守的说股东在此过程中发挥重要作用为基本理念。

---

[64] G. Parry, "The Idea of Political Participation", in G Parry (eds.), *Participation in Politics* (1972) 1,6.

[65] G. Lowe, "Corporations as Objects of Regulation" (1987) 5 *Law in Context* 35.

[66] Pettigrew，同第二章，注 63。

[67] 当然，在针对已经破产或者接近破产的公司而言，关注点将转为由债权人和管理人或清算人做出的决策。

[68] 如 2001 年《公司法》第 180 条。

为什么以这三个原则为基础原则？客观地说，基于宪治主义理论的不同理念，我们可以得出不同的原则，[69]而我认为，一个完备且运行良好的决策模式应具备以下三个方面的内容：第一，信息披露的重要性(access to information)，这是决策被有效告知的前提条件；第二，决策参与机制的完善，这是利益相关者充分参与决策讨论的必然要求；第三，争议和审查决策机制的建立。[70] 因此，问责原则、协商原则和争议原则应运而生。公司中，法律往往对股东获取公司信息的途径作出一定限制，这是基于保护公司机密信息的需要，因为股东没有对公司的忠实义务。根据澳大利亚公司法的规定，成员须经董事或股东大会同意，或依法院判令方可查询公司记录。[71] 由于缺乏获得信息的概括性权利，掌握信息的管理人员必须使股东相信他们审慎并有效地利用了该信息。因此在公司的立场上，问责原则完善了信息披露制度。同样地，前文已经提及，基于法律和现实的考量，利益相关者很难有效参与公司决策，因此协商原则提供了一种衡量公司决策参与程度的实用标准，而争议原则满足了对公司决策进行审查的要求。

这三项原则将我们的注意力吸引到公司决策结构和程序上来。这并不是说每一个公司中的决策程序都要适用这三项原则，也不意味着所有公司的章程中都必须对其作出明确规定，它是一个评价性运用，即这三项原则可以作为评估公司实务及其法律规制的参照。同时，这些原则在公司法和公司治理理论中并不鲜见。尽管它们的重要性常常被公司法学者和公司从业人员忽视或低估，但当前很多公司法

---

[69] R. West, "Progressive and Conservative Constitutionalism" (1990) 88 *Michigan Law Review* 641.

[70] 在一次偶然的机会，因拜读了联合国环境与发展会议准则 10 (Principle 10 of United Nations Conference on Environment and Development)，而使我对决策模型的三方面内容的总结和思路更加清晰：*Rio Declaration on Environment and Development* (1992) <http//www. un. org/decuments/ga/confl51/aconfl5126 ~ l annex I. htm > at 27 May 2004。

[71] 2001 年《公司法》第 247A 条、第 247D 条只有公司章程对此有明确规定，董事或股东大会才可授权股东查询公司记录第 247D 条。

学说都包含了对该三原则的论述。

(一)问责原则

第一个原则是问责原则,公司董事、股东和其他管理人员对该原则并不陌生。目前,我们的公司立法和管理制度多致力于建立和执行问责机制。公司法学者很早就开始关注促使和确保问责实现的问题,如关于如何有效监督公司管理者行使职权的争论(应该由市场自己调节,还是由公共规制适当介入),关于法定信息披露制度有效性的争论[72]以及如何保障审计独立的争论[73]等,无不体现了这一点。

对问责原则的这些熟悉的阐释,可能会掩盖问责问题的多维性和意义多样性。“可问责性”要求在法定期间内提供准确的财会信息和公司运作信息,进一步来讲,需为行为提供解释或正当性。而问责原则的更深一层含义,则是行为人对其行为负责。除考虑责任的不同模式外,还应考虑承担责任的时间限制(如应将责任规定为事前责任还是事后责任,抑或包含两者),承担责任的不同场合(如董事会议、审计委员会、股东大会、市场),以及问责的不同方式(如股东大会的协商或独立审计)。[74]

公司问责体系要求管理人员与决策人员对其管理和权力行使作出有效陈述,要求其行为符合相关原则和标准,但同时它必须构建一个框架,以防止权力的不正当行使,达到分散公司决策权力的目的,同

---

[72] 例如,J. Coffee, “Market Failure and Economic Case for a Mandatory Disclosure System” (1984) 70 *Virginia Law Review* 717; I. Ramsay, “Models of Corporatie Regulation: The Mandatory/ Enabling Debate”, in C. Rickett and R. Grantham (eds.), *Corporate personality in The 20th century* (1998)。

[73] 例如,I. Ramsay, *Independence of Australian Company Auditors: Review of Current Australian Requirements and Proposals of Reform*, Department of Treasury, Canberra (2001); Joint Standing Committee on Public Accounts and Audit, parliament of Australia, *Review of Independence Auditing by Registered Company Auditors*, Report 391 (2002)。

[74] John Uhr 主张问责原则有不同的适用情形和适用方式:*Deliberative Democracy in Australia* (1998) 158。

时利用制衡机制确保其承担相应责任。我认为,在公司中通过对决策权的分工与分权,可以实现这一目的。

第一,在董事会与股东大会之间应当正式地进行决策权力分工。公司决策是一个双层结构。经济理论主张对决策与风险承担职能的分离有利于降低股东的交易成本和机会成本。[75] 管理理论主张这种划分可以使有经验的专业管理者经营公司,为股东利益服务。[76] 这些观点都有一定道理,但是我们要强调的是分权的更深层次原因,即前文论述过的,公司的主要功能是为其成员的共同利益服务。共和主义理论认为在特定时间、特定情形下,定义共同利益要求决策者抛开个人私利作出公平的判断。股东可能可以做到无偏私,但却无法保证绝对。因此,我们要求将决策者与股东分离开来,决策者由股东选举并对股东负责,对公司事务进行决策。因此,董事的首要义务即作出无偏私决策(non-sectional decisions),为股东整体利益服务。董事须对此负责,因而公司章程的一个重要功能就是规定两个相互独立的决策机构,赋予他们特定的决策权,规制其权力的执行,并保障他们彼此互不侵犯。在第四章中,我们会发现,股东会成员的决议远比董事会决策少且范围更窄,这种事实说明了这种双层结构在当前仍具有重要意义。如果没有别的原因,这种双层结构对现实责任至关重要,因为股东会有权决定公司董事的任免。

第二,在公司内部应该实行分权制。宪法和公共学者常谈论古典的分权制,即将权力分为立法权、行政权和司法权。在公司宪治化背景下,我想在更广泛宽松的意义上引用此分权制。[77] 公司决策并不仅

---

[75] E. Fama and M. Jensen, "Separation of Ownership and Control" (1983) 26 *Journal of Law and Economics* 301.

[76] W. Bratton, "The 'Nexus of Contracts' Corporation: A Critical Appraisal" (1989) 74 *Cornell Law Review* 407, 413 -414.

[77] J. Braithwaite, "On Speaking Softly and Carring Big Sticks: Neglected Dimensions of a Republican Separation of Powers" (1997) 47 *University of Toronto Law Journal* 305.

仅局限于董事会与股东会之间的正式分工,因此分权制也不仅仅限于决策权的正式方面,它含有涉及权力种类的广泛意义。因此,第四章将阐述在公司背景下分权制(或者精确一点说是股东会和董事会的各自分权制度)要求我们关注无执行权的独立董事、独立主席、公司内部和外部审计员、机构股东以及其他相关的公司组成部分。关于这些公司成员的作用我们无须赘述,事实上,这些都是公司治理著述中的基本理论。但需要强调或说至少应引起公司法学者注意的,是将分权制在公司背景下的概念化。

问责原则自身并不能成为一个公司中将决策权力进行分工与分权的充分基础理论。它只是公司宪治论的一部分,一方面,如果只有问责原则就可以满足上述要求,那么实际召集会议将可有可无;另一方面,问责原则自身也存在一些缺陷(如不完善的审计实务),需要通过在公司会议中设定协商程序或公司成员争议公司决策等方式对其进行补充和修正。

(二)协商原则

协商原则致力于保证公司决策程序在最大程度上的开放、真实,保障其在考虑周全的基础上作出决策(而不仅仅只是表决权集合),确保由此产生的这些决定是对公司事务的综合判断。公司决策只有在达到这些标准并经协商程序时,方具有正当性。

本书第五章将对此原则进行详细阐述,本章仅论述该原则的要点。首先,在评价公司决策的质量时,协商原则要求我们注重决策产生的过程,而不仅仅是决策本身的内容或决策是否达到法定最低票额限制(requisite number of votes)。协商原则强调产生决策的过程同决策本身一样重要,特别是要严肃对待产生决策的会议。其次,协商并不是说公司的每一个决策都必须是全体意思一致的结果。协商原则与多数决一致,但需要强调的是,多数决中的多数并不是指在决策程序中占控制地位的多数。再次,在公司背景下,该原则并不要求所有利益相关者都必须亲自全程参与协商过程,也不限制任何的特定参与模式。董事会议和股东会议是公司的主要协商场所,但并非唯一。在第五章中,我们将会发现现代上市公众公司的股份所有权的性质决定了公司将在更广泛的范围内适用协商原则,以确保公司决策的质量。协商途径包括聊天网站、商业媒体以及股东大会上代表特定利益的其他机制。

尽管协商原则常常被忽视,但公司法的很多规定都体现了决策过程中的协商原则。如前文所述,公司立法通常对会议召集和主持的程序性要求作详细的规定,如通知要求、[78]表决权行使要求、法定人数要求、代理制度以及会议记录要求等。[79] 2001 年《公司法》第 250S 条的规定充分体现了协商原则。该条款规定,公众公司年度全体会议主席应当给予全体公司成员合理的机会对公司管理事务提出疑问或作出评论。将全体会议视为提出问题、讨论问题而后作出决定的场所的观念,是这些要求的前提条件。除此之外,涉及董事注意义务与勤勉义务的判例法中也能找出体现协商原则的例子。自 20 世纪 90 年代以来,澳大利亚法院在一系列的案例[80]中都强调了公司每一个董事在积极参与董事会决策程序的义务与职责。

尽管立法规定中已达成一定共识,但是,协商原则在公司决策中的重要性问题仍存在争议。在第五章中我将就这些争议谈论两个极端。一个是协商原则批评论:基于大多数公众公司的股东所持股份数量和形式的不同,从实用角度出发,全体会议不过就是公司运作的一种形式化事务,在此背景下产生协商性公司决策是不可能的。同时,过分强调协商原则可能会阻碍决策及时、充分、有效的产生。另一个

---

[78] 在澳大利亚,参见 2001 年《公司法》第 249H 条至第 249L 条。

[79] 对于股东大会,可参见《公司法》:第 249T 条[法定人数];第 250E 条至第 250M 条[表决权行使];第 249X 条至第 250D 条[委托代理];第 251A 条至第 251B 条[会议记录]。对于董事会,可参见公司法:第 248F 条[法定人数];第 248G 条[表决权行使]。

[80] 例如,*Statewide Tobacco Service Ltd. v. Morley* (1990) 8ACLC 827;*Daniels v. Anderson* (1995) 13 Aclc 614。

极端是协商原则提倡论：我们不能简单协商，合理协商至少要求全体股东就公司所有的重大决策进行充分而平等的讨论。在第五章中我还将会阐述，公司的任务就是避免两个极端。我们不能以牺牲协商为代价换取决策效率，也不能为了协商而抛弃决策效率。

关于协商原则，需要强调的最后一点，是在公司决策过程中仅仅有协商程序是不足够的。例如，履行了协商原则义务的董事会还需要同时满足问责原则（如前文所述）与争议原则的要求。

（三）争议原则

这是公司宪治论的第三个原则。[81] 在公司背景下，争议原则是指，公司成员或董事[82]无论何时都能够就其认为与公司利益相违背的公司决定提出有效的质疑。

第六章将对该原则进行详细阐述。现在，我们可以这样对公司语境下的争议原则的重要性作出说明：假设在一个公司法体系中，董事或股东可以任意决策而无须承担责任或接受质询，进一步假设，公司成员对董事或股东作出的不当决策没有有效的争议途径，那么这个体系很可能导致董事和股东在某种程度上作出利己的决策，而仅仅是这种可能性本身就足以造成成员的不信任和怀疑。公司决策是否正当不再重要，而“不能被争议”则会使所有决定都被怀疑。对此有人认为，决策质量应以该决策对公司及其成员的实际影响为标准。公司控制权市场、经理人市场以及产品与服务市场都可以对决策的质量进行评价，并发挥必要的矫正作用。这一观点的一个问题是，公司成员对董事决策并没有事前信心，他们必须要等待事后的结果。该观点的另

---

[81] 关于此观点，我参考、采纳了 Philip Pettit 的著作，主要是 *Republicanism*（前注12），但也包括一些近期的著作（在本书的第六章将会进行引注）。

[82] 虽然我主要关注股东对公司的决策所提出的争议，但是在一些情况下董事也会对股东、其他董事作出的决策提出异议。在 *Talbot v. NRMA Ltd.*（2000）18 ACLC 600 一案中新南威尔士州最高法院指出：在董事做出这一次行为之前，该董事必须得坚信诉讼是对公司利益的最好维护，并且如果不提起诉讼会违背其作为董事的义务。

一个问题是,其很容易蜕变成这样一种论调,即认为无论实现结果的过程、手段是否正当,只要结果好就一切都好。但是,如果一个公司法体系中具备完善的争议机制,公司成员就会有一定的事前信心。公司成员可以假设,董事在作出不恰当的利己决策时,需考虑来自成员争议的挑战。争议体系既关注决策的实质内容,又关注决策程序。

对上述假设的另一个回应是,成员的同意或多数决能够为决策提供正当性基础(因而无须争议程序)。该主张认为,成员被推定为已同意公司决策权的分配。成员自愿购买公司股份因而接受公司契约条款,这种行为被默认为是一种同意行为,该契约的核心条款是多数决。这种主张的问题是,当默示同意和多数决原则同时适用时,它们会产生并掩盖诸如缺乏问责机制、董事或大股东的压迫行为或利己行为,以及由决策的多数决蜕变为决策程序的大股东控制等问题。作为一种合法性机制,争议机制和多数决的作用方式不同,因为每一个决策的作出都必须面对未来可能被成员争议进而被审查的事实可能性。

公司法中不乏关于争议原则的规定。如压迫行为或不公平行为之诉(见 2001 年《公司法》第二部分 F. 1)、法定派生诉讼(第二部分 F. 1)、类别股股东权利(class rights)保护之诉(第二部分 F. 2)以及禁令救济(2001 年《公司法》第 1324 条)。第六章将详细地研究作为争议机制组成部分的这些诉讼或其他救济措施的价值。

关于争议原则,还有内部相联系的三点需作简要说明。第一,争议原则不是说对公司的每一项决策或每一个行为都要进行实际的争议,重要的是有争议的可能性和现实性。[83] 第二,争议原则并不意味着对有异议或不满的成员的任何主张都持包容态度,争议并不等于赋予每一个成员对未来的每一个决策的否决权。少数派并不意味着一定要援引争议原则。同样地,争议机制应当能够将琐碎的或无理取闹的挑战排除在外。决定何种利益为相关利益或非琐碎行动的标准只能

---

[83] Pettit,前注 12,第 185 页。

使用概括的字语,如"整体成员的利益",引用 Pettit 的描述,这些利益是作为公司内部治理体系的组成部分的人们合理期待该体系能够为他们带来的利益。[84] 第三,争议原则要求成员有能力并有意愿争议不符合标准的决策,而不是转移其所持股份并离开公司。换言之,争议原则提倡"主张权利"而非"退出"。[85] 但这并不是将"股东退出机制"排除在特定情形下的回应措施之外,而是重新唤醒用争议来主张权利的意识。

如果建立起完备的问责机制,保证提供信息和解释,并且通过分权制保证成员的权利不被侵犯,争议原则将很好地发挥作用。合理的协商程序也可以强化该原则,并有效克制争议手段被滥用的可能。

六、结论

本章概述了公司宪治论的框架。需要强调的是,我特意使用"框架"一词,而不是"理论"。不同于某种公司法理论,公司宪治论并不试图预测公司决策结果,也不试图强制规定某种特定结果。公司宪治论要求公司应该规定体现特定价值和原则的结构与程序,以及在对公司决策进行评价时应参考这些结构和程序。

公司宪治框架包含外在方面,将对公司的公共规制和对公司事务的私人治理结合起来。而这种结合的焦点则在于书面、非书面的兼有国家和公司意志的公司章程。同时,公司宪治还包含内在方面,关注的是公司生活中个人与集体二维体系之间的相互影响,以及个人成员的利益关切与公司整体的利益关切之间的协调。

公司章程的内在方面主要体现在公司宪治论的三个原则,即协商原则、问责原则和争议原则。尽管笔者将在之后的章节中分别阐述这

---

[84] P. Pettit, "Republican Freedom and Contetatory Democratization", in I. Shapiro and C. Hacker-Cordon (eds.) *Democracy's Value* (1999) 163, 179.

[85] Hirschman,前注 2。

三个原则,但它们彼此之间是也必须是相互依赖的,而这将是第七章阐述的内容。[86]

本章强调的另一个重点是,这三个原则的某些方面很容易在既有法律模式中找到(如董事会与股东大会的职能划分),而另一些方面(如协商理念)则要求我们重新进行评估。但是我认为,就公司每天运作其中的基本法律结构而言,这种框架并不是完全陌生的。正如第一章所指出的,公司宪治框架是对现有规则和习惯的重新定义,而不是对公司形式的激进改革。

最后,公司宪治论主要涉及结构和程序问题,而不是实质性法律原则。在此后的三章中,我将进一步研究公司宪治论的三个原则,说明公司治理结构与程序。第四章阐述问责原则,强调结构问题,特别是分设董事会与股东会和公司内部分权的重要性(如设立独立董事和外部审计员的要求)。第五章对协商原则的分析集中在公司股东大会和董事会的召集与主持程序上。第六章则是通过分析法定派生诉讼、压迫行为诉讼和不公平之诉的作用,阐述确保争议机制的重要性。

---

[86] 然而,Pettit 主张争议原则是其他民主原则(democratic desiderata)的基础,包括协商原则、分权原则;参见前注 84,第 185 页。

第四章　公司问责

一、引言

公司股东和董事对问责这一概念都很熟悉。在公司法的规则和原则体系中，很大一部分都与实现公司财务和受信义务的可问责机制相关。当这些规则出现问题时，每一次新的公司倒闭浪潮似乎都在预示着我们需要对公司问责体系作出重新检视。当然，“问责”的概念并非为公司界所独有。无论是在公法领域还是私法领域，对那些与治理过程利益相关的人而言，问责机制似乎都被视作一种绝好的善治。然而，这个概念本身的模糊性及其使用的随意，意味着其本身可能存在问题，即由于过于模糊而不能有效地评估和控制公司相关行为。正如一个评论者所指出的：

> “问责”一直既被视为一种手段又被视为一种目的；它的定义是以程序、结果、信息披露、追索权以及遵守规则等观念为基础而得出的；并且通常也和诸如评估、效率、效果、控制以及责任等概念不

作区分。[①]

由于“问责”被用于如此众多且不同的语境中,那就当然存在这样一种风险:支持问责机制的人们往往各说各话,彼此对问责的概念及问责的结构、程序都有不同的假设。因此,问责的意义可能会贬值。所以,本章首先将简单介绍公司语境下有关问责的各个维度,目的在于为本章接下来的内容设定范围。本章接下来的部分将在公司宪治框架内考察为实现公司的可问责性所必需的公司组织架构。

二、问责的不同维度

当我们坚持认为公司相关行为应当具有可问责性时,首先必须回答几个问题:在一个公司内部什么行为可问责?谁应该被问责?他们应该对谁负责任?什么时候应该负责任?仔细研究并回答这些问题可以揭示问责的更多维度。

判断某个特定的公司是否具有可问责性和公司决策层是否具有可问责性,具有不同的标准。如果一个公司在被要求提供有关信息时提供了与其行为有关的精确信息,那么这个公司可以说是具有可问责性的。这种形式的问责可被称为“信息载明”(accounting for)或者“信息核实形式的问责”(accountability as verification)[②],这是现代公司法的主要特征——财务报表和信息披露条款的核心。正如 John Uhr 所说,公司信息披露问责的目标在于,可以使公司成员和其他人对公司

---

① R. Kramer, *Voluntary Agencies in the Welfare State*(1981) 290. 更多的近期批判性分析请参见 R. Mulgan,“‘Accountability’: An Ever-Expanding Concept?”(2000) 78 *Public Administration* 555。

② J. Uhr,“Redesigning accountability: From muddles to maps”(1993) 65 *Australian Quarterly* 1.

及其管理层宣称做了什么和实际做了什么进行比较。[③] Brandeis 的著名格言“阳光是最好的防腐剂;电灯是最有效的警察”对此作了高度集中的概括。[④]

一种更高标准的问责形式不仅要求公司或其决策者提供信息,而且要求他们应能解释其行为或者证明其行为的正当性。这种形式的问责可称为“释明”(accounting to)或者“解释性问责”(explanatory accountability)。[⑤] 澳大利亚《公司法》的一些条款规定公司董事和审计师应给予公司成员(股东)合理的机会就公司管理和审计程序问题进行质询,这就是上述形式问责的体现。[⑥] 我们还可以根据解释主要是被动的、辩护性的(只有当被问及特定信息时才就此提供解释)还是主动的、响应性的(主动提供信息且预先考虑并回应相关人员的关切),[⑦]从而把释明性问责进一步区分为弱释明性问责和强释明性问责。公司法规也会影响公司及其决策层的选择。例如,在澳大利亚,在持续信息披露的规则要求之下,上市公司一旦获悉价格敏感信息必须马上向澳大利亚股票交易所披露。[⑧]

一种比上述问责形式标准更高的问责形式,是要求公司或其决策者应对其行为负责,也即在“承担责任”(being held to account),其可被称为“责任意义上的问责”(accountability as responsibility)。这种形式的问责要求公司管理层如作为受信人一样,就其个人行为对公司负责,这也是公司法的基石之一。[⑨]

---

③ J. Uhr, “Accountability, Scrutiny and Oversight” (Background paper prepared for The Commonwealth Secretariat Canberra Workshop, May 2001) 4.

④ L. Brandeis, *Other People' s Money and How the Bankers Use It* (first published 1914, 1995 ed.) 89.

⑤ Uhr,前注3。

⑥ 第250PA条、第250S条、第250T条。

⑦ Uhr,前注3,第8页。

⑧ 2001年《公司法》第674条;澳大利亚证券交易所上市规则3.1。

⑨ Mulgan 认为可承担责任是问责的核心思想,我们应该仅在此种意义上使用此概念。参见前注1。

伴随众多不同形式的问责应运而来的问题是:谁应具体负责,谁可以被问责(在大型公司中这两个问题并非一回事)?[⑩] 一般来讲,在大型公司中,我们主要关注对领导和管理公司的个人的可问责性要求,但是潜在的"责任者"(accountors)的范围要比这大得多。Mark Bovens 就在理论上提出了可以适用于大型组织的四种责任者类型:[⑪] 第一,组织行为归因于组织中个人的行为时,个人在其行为范围内负责;第二,当一个组织自主行为时,该组织应对其自身行为负责;第三,在一个层级责任体系下,组织的高级管理层应对整个组织的行为负责;第四,Bovens 还提出了集体问责(collective accountability)的概念,在集体问责制下,组织中的每个人应对该组织的行为同等负责。

前述这些责任者应对谁负责?在诸如澳大利亚、英国及美国等国家,标准的公司模型认为应对公司负责,同时也对作为公司主要利益相关者的股东负责。但实际上,在大多数公司,潜在的利益相关者的范围不仅包括股东(此处的股东不仅指大股东和机构股东,还包括其他形形色色的股东),而且还包括公司法范围外的担保债权人、监管人员(无论是政府机构、准政府机构,[⑫]还是非政府机构)[⑬]和消费者。

接下来要讨论的问题与问责的时间界限有关。从时限这个角度来看,明显存在三种可能的问责类型:事前问责是在重要的政策或处分资源的决议做出前发生的;事中问责是在政策实施或资源使用过程中发生的;事后问责则是事情发生以后发生的。[⑭] 正如 Goldring 和 Thynne 所指出的,不同问责时限的适用取决于负责的对象是谁,以及承担责任的方式。例如,绝大多数的中小股东对公司的财务问责都是

---

⑩ 一个极端的例子是 the "vice-president responsible for going to jail" described in J. Braithwaite, *Corporate Crime in the Pharmaceutical Industry* (1984) 308。

⑪ M. Bovens, *The Quest for Responsibility—Accountability and Citizenship in Complex Organisations* (1989).

⑫ 例如证券交易所。

⑬ 例如澳大利亚银行业行政监察专员。

⑭ J. Goldring and I. Thynnc, *Accountability and Control-Government Officials and the Exercise of Power* (1987) 226.

事后问责，但大股东则往往是事前问责。

以上关于问责的讨论并未穷尽其所有维度，我们还可以在其他维度上继续讨论——例如，我们可以把问责进一步区分为横向问责（指平等的团体、个人及代理人之间的问责，如董事会对董事的问责）和纵向问责（指具有从属关系的团体、个人及代理人之间的问责）。[15] 再如，我们可以将不同形式的问责按从“内部性问责”到“外部性问责”进行排列。内部性问责，如董事会对公司高级管理人员或者董事会下属委员会的管理问责，最典型的外部性问责是公司负有向监管人员报告的众多责任，另外，在以往法院的判例中有公司董事的行为被审查，这也是外部性问责的体现。

三、问责结构和程序问题

很明显，问责可以以许多不同的方式被应用，我无意卷入有关问责的“合适”的意思和用法的争论之中。[16] 前一部分对问责的不同维度进行了简要介绍，仅是提醒我们在思考与问责有关的问题时，应该像关注责任的内容和对象一样关注问责的结构和程序。但实际情况是，许多有关公司问责的争论主要是关注前者——例如，公司法关注的焦点是否应该限于财务报表和受信报告，或者公司责任是否应该扩展到包括财务责任、环境责任和社会责任“三重底线”（triple bottom line）。只是最近的公司治理学说才开始关注问责结构和程序问题（例如，审计独立问题、董事会组成问题及董事会下属委员会存在的必要性问题）。本章接下来的部分将重点考查这些问题，重点研究实现公司可问责性（无论是狭义还是广义的）需要什么样的公司结构与程序。更具体地说，本章将考查公司宪治框架如何帮助我们确定和评估这些

---

⑮ Uhr，前注3，第14～15页。

⑯ 例如，参见 Mulgan，前注1。

公司结构和程序。

本章将重点探讨如何建立和维护可以在公司决策权体系中防范无权、越权和不正当操控权力的公司结构和程序。简单地说，一个有效的公司问责结构的建立必须同时包含公司决策权的区分和分离。当然，权力的区分和分离也是诸如澳大利亚、加拿大和美国等立宪治体国家联邦制度的明显特征。[17] 需指出的是，本章所提出的论点与国家宪治原则表面上差别很大，但其潜在的原理是相似的，即试图通过确保决策者尽可能地被问责，从而达到控制和迫使权力在既定体制内运行的目标。[18]

本章接下来的部分将探讨在公司背景下如何实现权力的区分和分离。这里有必要重复第二章提到的一个观点——公司体系和宪治性政府机构体系虽然有相似之处，但在很多方面也存在重大不同。公司是宪治性体系，所以许多核心的宪治观念都可以在公司背景下展开，但是又由于公司是一个独一无二的宪治性体系，故需要对这些观念进行修正以适应公司治理的要求。本章接下来的部分我将讨论以下两个问题：第一，决策权在股东大会和董事会之间的分配；第二，决策程序中多重分权的必要性。虽然熟悉公司治理学说的人对接下来将要涉及的公司结构和程序问题已经非常了解，但公司结构和程序作为公司问责机制的重要性却并未得到广泛的认知。通过公司宪治性框架，我们可以根据在确保公司结构性可问责（structural accountability）方面的重要性对公司结构和程序做出重新评价。

四、双重决策体制

正如我在前些章节中提到的，澳大利亚、美国等国家的公司法律

---

[17] 例如，参见 M. J. C. Vile, *Constitutionalism and the Separation of Power* (1967) 7。

[18] Mulgan，前注 1，第 563 页。

体系在公司正常状态下只承认两个正式的决策机构——股东大会(股东会,下同)及董事会。[19] 上述国家的法律或规定或推定董事会享有公司管理的一般性权力,包括任命执行董事会决议的经理人员的权力。[20] 同时,根据法律法规、公司章程及股票交易所规则,对某些事项做出决策的权力专属股东大会,这些事项包括选举和罢免董事、任命和解任公司外部审计师、修改公司章程及改变公司股权结构(如减少资本)。除此之外,普通法原则还赋予了公司股东更多的权力——其中最重要的是,对董事违反信义义务(fiduciary duty)行为的认可权。[21] 另外,股东的决策也受到一系列宪章性条件的约束,如提前通知义务及特定多数投票规则。

自从1906年*Automatic Self-Cleaning Filter Syndicate Co. Ltd. v. Cunninghame*案[22]以来,英国、澳大利亚的法院一直认为董事会被赋予了管理公司的排他性权力,无论是单个股东还是股东大会均不能干涉董事会对此权力的行使。[23] 这就意味着董事会不仅仅是股东大会的仆人或者代理人,更重要的是,董事会执行的是一种原始授权。1935年的*John Shaw & Sons (Salford) Ltd. v. Shaw*案进一步阐明了这一点。

---

⑲ 澳大利亚就是一个典型例子,参见澳大利亚2001年《公司法》第二部分G.1董事会及第二部分G.2股东(大)会。参见本书第二章,以及本章前注5~12所涉内容的相关讨论。

⑳ 在一些国家,这种权力的划分是由法律法规明确规定的(例如,加拿大:1985年《商事公司法》第102条;美国:《修订示范公司法》(2002)第8.01条;《特拉华州普通公司法》第141条)。在澳大利亚则为法律默认条款(参见在2001年《公司法》第198A条中的"可替代规则")。

㉑ Hogg v. Cramphorn Ltd. [1967] Ch 254; Bamford v. Bamford [1968] 2 All ER 655; Winthrop Investments Ltd. v. Winns Ltd. [1975] 2 NSWLR 666.

㉒ [1906] 2 Ch 34.

㉓ 有一种权威的说法认为,股东(大)会享有一种保留权力,董事会不能行使这些保留权力。但是,这种保留权力的范围并不清晰并且被澳大利亚法院作了限缩解释—参见Massey v. Wales (2003) 21 ACLC 1978。另外,因为不论公司章程是否规定公司权力的区分,所有公司成员(股东)一致同意的决议一般被视为公司的决议,所以这些法院对一致同意规则的适用都很谨慎—参见H. A. J. Ford, R. P. Austin, I. M. Ramsay, *Ford's Principles of Corporations Law* (12th ed., 2005) 301-305。

在一个关于董事会法律地位的总结中，上诉法院的法官 Greer 直率地主张道：

> 如果公司管理权被授予给董事会，那么他们可以不受干涉地独立行使此权力。股东们控制此由其授予的权力的行使的唯一方法是修改公司"宪章"，或者对那些他们不赞成的董事的续任投反对票。他们不能自行行使"依公司章程"本已授予给董事会的权力，就如同，董事会不能行使本已授予给股东大会的权力。㉔

相应地，董事会也不能随意干扰股东大会的决策过程。这一点在有关董事会行使股票发行权的判决中有很明显的体现。董事会被授予发行新股权，借此可以为公司募集资本，但如果董事会发行新股是为了改变公司的投票表决模式，法院就会判定此为不正当的行使权力。例如，上诉法院的法官 *Buckley* 在 *Hogg v. Cramphorn* 一案中认为：

> 只要股东大会中的多数股东并未不公平地压制少数股东，那么不论在别人看来他们是多么地执迷不悟，他们都有权在公司权力范围之内按照他们自己选择的做法做出决议。㉕

在 *Residues Treatment & Trading Co. Ltd. v. Southern Resource Ltd* 案的判决中，股东的投票权享有免受董事不正当行为干扰的自由，这种自由被表述为股东的一项个人权利。南澳大利亚州最高法院的

㉔ [1935] 2 KB 113, 134.

㉕ [1967] Ch 254 at 268; also *Howard Smith Ltd. v. Ampol Petroleum Ltd.* [1974] AC 821.

King 大法官在判决中认为：

> 公司成员对公司决策的投票权和参与权是股东资格的基本标志，对于针对这些权利的不合理限缩，股东可以通过诉诸法律来寻求保护。[26]

公司决策权双重结构的正式区分是公司宪治框架的关键。[27] 这种双重结构意味着会有两种类型的公司决议。第一种是股东大会所做出的决议，它是有关公司基本规则和公司基本结构事项的，如修改公司章程的决议、解任公司董事的决议及改变公司股本结构的决议等；第二种是董事会做出（或在其授权下做出）的决议，这些决议对公司的日常管理运营意义重大，但不能改变公司的基本结构。

在这种双重体系下，由股东大会做出的决议并非针对日常事件。事实上，在大多数公司中股东大会决议都非常少见，充其量一年一次[28]且是在特殊的条件下做出。例如，要求提前通知相关信息，并且留有让股东考虑相关信息的时间。在一些情形下，决议的做出在投票规则上还需特定多数人的通过。不过，尽管决议做出很少，但这些决议对公司事务却十分重要。尽管这些决议经常以常规方式做出，但股东大会却非常重要，且这种重要性是董事会所不具有的。股东大会是公司成员和董事的混合体，也是一个公司大会（meeting of company）。从责任的意义上来讲，这种权力的区分赋予了股东们责问和质询公司董

---

[26] （1988）6 ACLC 1160 at 1165.

[27] 以下所述受到了 Bruce Ackerman“二元民主”（dualist democracy）理论的启发。参见 B. Ackerman, “Constitutional Politics/Constitutional Law” （1989） 99 *Yale Law Journal* 453 [hereafter, “Constitutional Politics”]，和“The Storrs Lectures: Discovering the Constitution”（1984）93 *Yale Law Journal* 1013 [hereafter, “Storrs Lectures”]。需说明的是，以下分析并非对 Ackerman 观点的应用，而是对其观点的扬弃。据我所知，Ackerman 并无意图将其理论适用于公司领域。

[28] 在澳大利亚，只有公开公司才必须召开年度股东大会（《公司法》第 250N 条），对私人公司则没有类似要求。

事的权利。正如 Mulgan 所说："这些股东正在向对其负有义务的人(董事)主张其作为授权人的权力,包括质询权及处罚权。"[29]

同股东大会很少行使决策权相比,董事会进行的决策更为频繁。正如前面所提到的,董事会享有对公司的一般性管理权力。董事会可以把一般性管理权力的某些方面授予公司的高级管理人员。事实上,如果我们把董事会所做出的决议和董事会授权的管理人员所做出的决议放在一起,我们就会发现这些决议其实就是公司日常生活的一部分。借用 Bruce Ackerman 的表述,这可以被视为公司决策的"常态政治"(normal politics)。[30] 也就是说,常态的公司决策很大程度上其实是经过股东授权的董事和管理人员做出的。[31] 尽管董事会议和公司的日常运营比股东大会存在更为密切的联系,但是,董事会议一般并不能被称为公司会议(meetings of the company)。另外,和股东会不同,董事会议并不受那么多的程序性要求的限制,即公司章程可能会为董事会议设定通知、程序和投票方面的限制,但是"通常来讲,其受到的限制远没有股东大会严格"。[32]

在进一步论述之前有两点需要强调。第一点与双重决策体制下公司章程的地位有关。有一种意见认为,公司章程是公司股东和董事之间就权力划分所达成协议的具体化。这种意见其实是基于公司契约理论提出的,在上诉法院的法官 Cozen-Hardy 对 *Automatic Self-Cleansing Filter Syndicate Co. Ltd. v. Cunninghame* 一案的判决中有典型体现:

---

[29] 前注 1,第 555 页。

[30] Ackerman, "Constitutional Politics", 前注 27, 461。

[31] 本句话改写自 F. Schauer, "Deliberating about Deliberation" (1992) 90 *Michigan Law Review* 1187, 1188。

[32] Wilson v. Manna Hill Mining Company Pty Ltd. [2004] FCA 912 [15]. 2001 年《公司法》第 195 条规定了一个针对董事的限制,该条规定:与董事会将要研究事项有利害关系的董事,不得参与董事会对本事项的研究并不得投票。

> 公司股东相互之间通过契约明确约定,他们的共同事务应由他们授权的董事以相关文件规定的方式进行管理,这些负有责任的董事只能通过特定的决议予以解任。如果股东在契约中进行了这样的约定,除非董事一方存在不正当行为外,股东有什么权利干涉契约约定的履行?[33]

当然,认为包含公私两种决议因素的公司章程对股东和董事都进行了授权,则是另外的事情。[34] 这第二种意见就是把公司章程的地位置于股东协议之上。枢密院(Privy Council)在 *Howard Smith Ltd. v. Ampol Petroleum Ltd.* 一案中的推理,即是这种理论的典型例证:

> 因为有一点可以确定,那就是公司董事在其管理权限范围之内可能会做出违背大多数股东意愿的决议,且大多数股东事实上并不能控制董事权力的行使……所以,董事仅仅以损害现有大多数股东利益或者人为制造新的多数股东的目的而行使授权的行为,应该被视为违反公司章程。董事的上述行为其实是对同其管理权相分离和制衡的公司章程的干涉和妨碍。[35]

在这种理论下,公司章程就和公司人员的日常关切与利益区分开了。章程通过设定不易更改的结构和程序,从而来限制相关不当行为的做出。

第二点需要强调的是,对不同公司的决策机构和决策程序进行特征描述并不依赖于公司做出的实质决议。双重决策体制也承认,许多

---

[33] [1906] 2 Ch 34, 44.

[34] 参见第三章,注 27 ~53 及其相应正文。

[35] [1974] AC 821 at 837. Ross Grantham 有相似论述,但这主要应归因于 Court 对公司有机体理论的探索—参见"The Unanimous Consent Rule in Company Law" (1993) 52 *Cambridge Law Journal* 245, 268 ~269。

公司都存在大部分股东都不明白的一些事项，即使对这些事项做出的决议对于这些股东有重大影响，他们也有可能不愿牵涉其中或为此投入成本，这些事项的典型例子，如投资基金与否、是否雇佣或解雇公司高级管理人员，诸如此类的事情通常都留给公司董事和/或管理人员去决议。把股东大会视为公司的基本决策机构并没有否认以下基本事实：许多影响公司日常运营的重大决议都是董事会做出的，股东大会也经常做出公司日常性决议。双重决策模式的重要性是在对什么事情应该由股东决议的争论中得以体现的，例如，股东可否对股东大会权限之外的公司管理事项做出建议性的（或者说没有约束力的）决议？这在一些国家是可能的。[36] 但是，一个主张澳大利亚的公司法应认可股东此类决议的提议在2000年被否决，根据在于"……公司董事和股东之间的界限不应该混淆不清"。[37] 董事会决议和股东大会决议的关键区别在于董事会应就决策权的行使行为对股东负责。虽然股东并不能命令董事会或者试图进入董事会的决策过程，但这并不意味着董事会对股东的责任就不重要。也就是说，尽管股东不能随意干预董事会，但董事不应认为他们在获得股东授权后就可以为所欲为。[38] 相反，股东大会上的股东并无任何义务为董事解释他们的决议（依据我在第六章中谈到的争议原则），从这个意义上说，他们的决议的效力要优先于董事会的决议。

双重决策体系还有两个重要的隐含意义。第一，这种双重体系可以向公司内外的人传递有关公司的基本问题、利益及价值的信息。[39]

---

[36] 例如，加拿大1985年《商事公司法》第137条；新西兰1993年《公司法》第109条。

[37] Companies and Securities Advisory Committee, Shareholder Participation in the Modern Listed Public Company, Final Report (2000) [3.55]. 2001年《公司法》对此作了修改，其规定上市公司年度股东大会的报酬报告应采用股东的建议性决议（a 250 R(2) and (3)）。

[38] Richard Buxbaum 将股东称为董事会的"头顶上的邻居"（the upstream neighbour），参见"Corporate Governance and Corporate Monitoring: The Ways and Hows"(1996) 6 *Australian Journal of Corporate Law* 309, 313。

[39] Ackerman, "Storrs Lectures"，前注27，第1039条。

分配给股东大会决议的问题对该公司而言一般即是具有根本性的重大问题。在公司“量身定做”适合其自己的章程性条款的限度内，不同的公司能够传递有关其公司本身的不同信息。第二层隐含意义，把我们引向了公司结构性问责问题上：双重决策体制在宪治性限制手段的配合下，提供了一种旨在通过避免随意干涉，从而确保公司既定权利和利益安全的结构。因此，董事会的决策应在股东大会可问责（通过股东罢免董事权，或者对董事信义义务违反的认可权）的基础上做出，而股东大会的决议应在全体股东充分考虑和研究的基础上做出。

双重决策体制批评

针对公司双重决策体制的异议主要有三种。第一种认为其过于强调董事和股东而牺牲了其他重要利益相关者的利益；第二种认为其过于强调董事会而牺牲了股东的利益；第三种则与第二种相反，认为双重决策体制过于强调了股东的重要性。以下我将逐一评析这些异议。

第一种异议在本书的第一章已有讨论。利益相关者理论的支持者认为，双重决策模式把公司相关利益界定的过于狭窄。正如第一章所述，尽管股东的消极性普遍存在，但他们至少还有权利主张他们的利益在与其他利益相关者发生冲突时应该优先给予承认。[40] 利益相关者理论支持者主张应该对现存的公司法律结构进行改革，以照顾更大范围内的非股东利益相关者，主要是雇员，也包括债权人、消费者、供货商以及公司所在社区。正如我在本书第一章中所述，否认利益者相关者的这些诉求并非公司宪治框架的目的。相反，该框架的目的即在于引入一种模型，从而使各利益相关者的诉求在假定股东中心主义的范围内得以表达。我希望，一旦股东中心主义模式的宪治特征得到明确肯定，公司宪治论可以成为在公司治理进程中考虑各利益相关者诉

---

[40] 参见第一章，注 20 ~23 及相应正文。

求的基础。

第二种异议与第二章讨论的基于公司契约理论的代理理论有关。代理理论认为,公司双重决策体制破坏了公司所有者与管理者的代理关系,公司内所有的决策程序在重要性程度上没有差别。根据该理论,尽管股东从理论上讲可以作出所有决议,但对他们而言,委托其他人(管理人员)为他们作出决策则更为理性和高效。那么接下来的唯一利益问题便是,如何监督和控制管理人员行使决策权的行为。因此,代理理论与其说是一种分权,倒不如说是一种理性分工:

> 公司这种企业组织形式对股东(资本提供者)和管理人员来说具有明显的优势。它使股东即使缺乏管理水平也能从企业投资中获取收益;使得管理人员即使缺乏个人财富也可以获得从事营利性商业活动的机会。也就是说,股东和管理人员都可以从这种分工中获益。[41]

换言之,委托—代理理论将代理人做出的任何决议都视为委托人的决议。相反,双重决策体制则强调董事和股东的决议是根据绝对不同的程序做出的,二者在效力方面应有严格界限。

对双重决策体制的第三种异议正好和前述代理理论相反,主张双重决策体制对股东的决策作了不正当的强调,而真正重要的应是董事和管理人员的决策。此异议源于这样一种观念:如果董事是经过正当选举产生的,并被赋予完全的管理权力,那么他们就应该有公司的完全决策权。当然,股东就公司章程规定的特定事项仍享有正式决策权,包括选举和解任公司董事的权力,但是此项权力的行使必须慎重。相应地,此种理论导致的结果就是公司治理体系是基于“董事至上”理

---

[41] D. Fischel, “The Corporate Governance Movement” (1982) 35 *Vanderbilt Law Review* 1259, 1262 (emphasis added).

念而非“股东至上”理念。[42] 因为之前并未对此观点进行研究，故下面将稍作分析。

第三种异议中所蕴含的主张在经济学和政治学理论中均有体现。在经济学理论中其主要表现公司经理主义(managerialist)观念。Berle和Means在其1932年的经典著作[43]中强调大型公司中所有权与控制权的分离，受此启发，经理主义者主张将公司管理置于大型公司的战略中心位置。[44] 由于公司股权的广泛分布，股东事实上放弃了对公司管理者的控制，故公司管理者的权力得到了巩固。[45]

政治学理论中也有相似的观点，这些观点通常被称为民主性或者竞争性精英主义(democratic or competitive elitism)。[46] 民主性或者竞争性精英主义起源于诸如约瑟夫·熊彼特和马克斯·韦伯等经典作家的著作，它是一种程序性而非实质性的民主理论。正如熊彼特对其作出的定义，“民主的方式即是为达成政治决议而做出的制度安排，在此安排之下个人需通过竞选获得权力”。[47]熊彼特所提到的“制度安排”表明民主是通过选民选举政治领导人的程序来进行界定的。此程序涉及一个包含“通过竞争获取领导权”的选举体系。[48] 在此过程中

---

[42] L. Stout, "The Shareholder as Ulysses: Some Empirical Evidence On Why Investors in Public Corporations Tolerate Board Governance" (2003) 152 *University of Pennsylvania Law* 667, 669, referring to S. Bainbridge, "Director Primacy: The Means and Ends of Corporate Governance" (2003) 97 *Northwestern University Law Review* 547.

[43] Adolph A. Berle and Gardiner C. Means, *The Modern Corporation and Private Property* (1932).

[44] William Bratton, "The 'Nexus of Contract' Corporation: A Critical Appraisal" (1989) 74 *Cornell Law Review* 407, 413.

[45] J. Parkinson, *Corporate Power and Responsibility* (1993) 56-72.

[46] 本书“精英民主”(democraticelitism)的表述来源于Philip Green (eds.), Democracy (1993);“竞争性精英主义”(competitive elitism)的表述来源于David Held, Models of Democracy (1987)。

[47] J. Schumpeter, *Capitalism, Socialism and Democracy* (1987 ed.) 269.

[48] 同上注，第271页。

选民的唯一作用即是行使自由投票权从而“产生政府”，[49]（当然选民也有弹劾政府的权力）。这即是选民对他们选出的领导者进行控制的界限。正如熊彼特所述：

> 选民并不对具体议题做出决议……在正常的情形下，通常是那些竞选议会议员或其他类似职位的候选人做出决议。选民可以选择是否投票给该候选人从而接受其决议或者拒绝接受。[50]

从上面的论述中我们可以看出，一旦领导人被选举产生，那么选民就不应干涉政府的运作过程，避免扮演“后排司机”（back seat drivers）[51]的角色。熊彼特主张选民“必须尊重他们与他们选出的领导人之间的分工”。[52] 韦伯通过更直率的语言表达了相同的观点：

> 在民主制下，选民可以选择他们信任的领导者。接下来那些被选出来领导者就可以说，“所有人都闭嘴，听我的。”选民和政党不能再随意干涉他们。[53]

两个相关的发展趋势更强化了这种选民和领导者之间的职能分工。一是现代社会领导角色的日益专业化，二是领导和管理的分离以及管理工作的日益专门化。在第二种发展趋势中，熊彼特和韦伯均认

---

[49] 同上注，第 272 页。

[50] 同上注，第 282 页。

[51] Held，前注 46，第 175 页。

[52] J. Schumpeter，前注 47，第 295 页。Schumpeter 甚至认为，即使是选民的那些“限制议员行为自由的非正式行为—例如通过信函或电报抨击议员—也应严格禁止”。

[53] 转引自 H. Gerth and C. Wright Mills（eds. and trans），*From Max Weber: Essays in Sociology*（1947）42. 在 Weber 的文章“Politics as a Vocation”中，他将政治界定为“任何独立的领导行动”（any kind independent leadership in action），前注，第 77 页（在原文对此有强调）（emphasis in original）。

为有必要组建一个训练有素的官僚体系。韦伯认为,“资本主义市场经济要求商业管理应尽可能严谨、明确、连续以及迅速地进行”。[54] 此外,“官僚体系是与现代大众民主相伴而生的,而非小范围内的民主自治。官僚体系特有原则导致的结果是:权力行使的抽象规律性……”[55] 因此,简言之,现代政治体系的特征即三重的职能区分:规模庞大的消极选民、竞选产生的领导层及专业管理人员组成的官僚体系。

我们可以很容易地看出,第三种异议中包含的理论可以很好地适用于公司的正式法律结构,[56]正如前文所提到的,公司法对股东干涉董事管理权行使的行为进行了严格的限制。而竞争性精英主义理论则正为这些限制提供了基本原理基础,并赋予了董事完全充分的管理权。

但是竞争性精英主义在很多方面都受到了批判。[57] 一般认为该理论会造成昏暗的政治生活,只要该理论假定“领导者对选民的绝对控制”,它就很容易从精英主义沦为寡头政治。[58] 另一种批评意见则认为该理论过于坚持公民行使投票权后的消极地位,使公民在投票箱之外再无可发挥作用的任何空间。尽管竞争性精英主义重点关注过程,但其关注的范围明显过窄,过于关注投票而没有注意到在这之前的争论和协商的重要性,仅仅认为只要存在透明的选举,民主就可以通过大多数人的选票得以实现。

相对来讲,双重决策体制解决了这些问题,尤其强调股东即使选出董事后,其仍处于持续的潜在的重要地位,不仅如此,双重决策体制还为决策权问责的实现提供了一种架构。但是,它并不能确保协商,

---

[54] M. Weber, “Bureaucracy”,同上注,第 215 页。

[55] 同上注,第 224 页。

[56] 这并不奇怪。据 Weber 的观察,“一个私有制企业所遇到的事情其实和‘公共政治体’(public politics)很相似:股东们和被官员管理的‘人民’一样,作为真正的‘主权者’对企业(国家)管理的影响力很小。”他还进一步指出,公司董事对管理人员有依赖关系,而这种依赖关系跟现代国家中选举出来的领导人与官僚管理阶层的关系很相似:“Politics as a Vocation” in Gerth and Mills,前注 53,第 91 页。

[57] 更具体的批判可参见 Green,前注 46,Part V 部分。

[58] R. Michels, “Political Parties”, in Green, 前注 46,第 69 条。

而这将是第五章要讨论的内容。

五、公司分权

通过区分董事会决议和股东大会决议,公司双重决策体制在公司宪治性框架内建立了一个纵向的权力区分体系。当然,由董事会或股东大会做出的决议并非是完备的,而只是更广泛的决策体系的一部分,这种决策体系还包括提议草案、董事委员会的意见以及大股东的咨询意见,等等。换句话说,尽管公司董事会和股东大会是受到承认的做出决策的合法场合,但在公司日常运行中二者当然不是唯一的。另外,它们也并非最频繁活跃的:股东大会通常每年举行一次,董事会会议则通常是每月一次。因此,我们需要能够监控在正式会议以外做出的那些决策,认识到在一个公司内存在许多决策权分离的可能性。而这就是公司结构性问责的第二个特征。

在一个公司内的不同决策者之间进行分权的观念一直被视为有效的公司问责体系的关键点。自由主义政治法律理论表达了对政治体内决策权过于集中的极度不信任。自由主义主张权力应该以公开的和可问责的而非专制的方式行使。因此,分权观念试图去实现的是决策权分散和可问责性的双重目标。决策权有待细分为不同的分支,防止单个人可以完全的控制这些权力,从而使不同的权力行使人之间相互制衡。

从历史上看,这种分权的理想来源于公权力运行的实践。那些历史上关键性的学者(如洛克、孟德斯鸠和麦迪逊)提醒人们要控制公共权力对普通公民生活所可能造成的过度侵犯。[59] 法学家——尤其是宪

---

[59] J. Locke, *Two Treatises of Governance* (1960 ed.); Montesquieu, *The Spirit of the Laws* (A. Cohler, B. Miller and H. Stones trans and ed., 1989),特别是第6篇第6部分; Alexander Hamilton, James Madison, and John Jay, *The Federalist Papers* (1961 ed.),特别是第47~51篇。

法学家——将这种观念发展成为一个正式的原则即"三权分立":立法权、行政权及司法权。[60] 澳大利亚的当代宪法著作倾向于将立法权和行政权在实践中融合起来,主要由政府的内阁体系来行使。因此,在宪法语境中有关分权原则的讨论,主要和司法权与立法、行政权的分离有关。[61]

正如我在第一章中提到的,社会、经济及政治权力的重要内容在私人机构尤其是公司中亦有体现。因此,广义的分权原则不应该只适用于政府体系,也应适用于公司体系。[62] 如果我们要将分权原则适用于公司体系中,那么我们就需要公司治理体系采用灵活的分权方式,而非依据标准的法律原则进行分权。[63] 尽管我认为公司决策权应该发散并且其行使应该可问责,但我并不认为应该严格的适用前述传统分权理论。

在大型公司中存在多种治理机构和治理机制。因此,正如 John Braithwaite 所言,"我们应该用多元的眼光看待权力分离的实质……不同种类的权力应由不同的个人或者集体来行使。"[64]在一个公司内,

---

[60] Vile 注意到了(但后来摒弃了)其中的神学隐喻,参见前注 17,第 15 页。

[61] Anthony Mason 爵士指出了这种权力三种区分的虚伪性,因为"在三种权力共同的专有概念体系下界定三权中的任何一种权力都是不可能的"。参见 Sir Anthony Mason,"A New Perspective on Separation of Powers" (Reshaping Australian Institutions Australian National University Public Lecture, 25July 1996) 5。

[62] 有关私权分权的重要性及其在公司中地位的论述可参见 J. Braithwaite, "On Speaking Softly and Carrying Big Sticks: Neglected Dimensions of a Republican Separation of Powers" (1997) 47 *University of Toronto Law Journal* 305, 307。

[63] 在现代政府架构下,权力的行使经常是以非常复杂的方式分权后进行的,而非严格的遵循传统"权力三重分支"(three branches of power)模型,参见 E. Magill, "Beyond Powers and Branches in Separation of Powers Law" (2001) 150 *University of Pennsylvania Law Review* 603, 651。

[64] Braithwaite,前注 62, 第 312 页。纽约证券交易所公司财务报告的"拼合图"(mosaic)或者"三腿凳图"(三条腿分别是董事会、财务管理团队和审计师团队)也隐含了同样的观点,参见 New York Stock Exchange, Report of the Blue Ribbon Committee on Improving the Effectiveness of Audit Committees, Overview& Recommendations (1999) < http://www. nyse. com/about/p1020656067652. html? diplayPage =/press/1020656068711. html > a,19 July 2004。

权力的行使并非均匀地进行分配。此外，公司与公司之间的权力分配也有所不同。对一些人来说，权力的行使是规律化的或是经常的，但对另外一些人来说，则有可能是不规律的或是偶然的。从获取信息的角度来讲，一些人可能很容易获取信息，而另一些人则需要依赖别人来获取信息。正如前面章节所述，公司董事与大多数股东相比与公司日常运转有着更多的联系，同时公司管理人员相对董事而言与公司日常运行联系更为紧密。因此在公司中，我们必须致力于公司决策权的多重分离，以减少公司问责框架中出现空隙的风险。因此，本部分的子标题是多种的“分权”。

在公司中，分权的类型包括董事会主席和 CEO 之间的分权、执行董事和非执行董事或者外部董事之间的分权、董事会和其下属委员会之间的分权、公司和其外部审计师之间的分权以及公司管理人员和公司内部审计师之间的分权。[65] 当然这并未穷尽列举，[66]本章中我将重点探讨其中的部分分权。另外，该列举还表明，分权并非局限于由上到下等级严密的监督，其还包括相互重叠的技巧和能力（例如，独立董事和执行董事之间）。还有一点非常重要，那就是在公司内设计和制定权力的区分与分离体系时不要过于绝对。例如，在一些公司的某些时候，董事可能直接插手公司日常管理。同样可能的是，管理人员在实施董事会决策的过程中可能会制定一些辅助的决策。这种重合在公司董事会有管理授权的情形下表现得更为明显。因此，我们的目标并非在每一个公司都坚持预先设定的分权体系，而是应根据具体的情况，确保适合特定公司需要的多重性分权。

在公司内坚持这些分权设计的目的，在于建立一个分权制衡的制度化体系，从而使在公司治理体系内的一方滥用权力的行为更有可能

---

[65] 根据 Braithwaite 观点，审计师并不局限于财务审计师，可以扩展至环境、安全以及合规审计，参见前注 62，第 346 页。

[66] 该列举是针对公司单一董事会结构做出的，采用这种结构的国家有澳大利亚、英国、加拿大以及美国等。另一种结构类型是诸如德国等国家采用的公司董事会/监事会结构（参见上注，第 345 页）。

被他方识别、阻止、更正和了解。[67] 此间包含一个微妙的平衡。我们并不希望决策权的行使机构过于独立和自主，从而使其缺乏有效的监督和审查。根据 Vile 的观点，分权制衡的观念意味着，权力的每个分支必须通过有限地参与其他权力分支的运行从而对其进行监督控制。[68] 也就是说，我们应该让一些决策权行使者通过有限地参与到其他决策权的行使过程中，从而对其进行控制。同时，还有一点也非常重要，那就是每个决策机构作为其他相关机构的"外部"监督者，也应具有充分的独立性和自主性，从而使得没有一个机构可以绝对主导另一个机构，或者放弃对另一个机构的监督责任。

另一个问题是，在多重分权基础上建立起来的公司治理体系有可能导致制度化的不信任感。可以这样说，在一个所有人都在监视或者被监视的体系中，在一个过于强调信息报告和监控的体系中，很容易滋生不信任，从而使效果适得其反。但是，这并非分权的当然结果："信任和监督并非完全相反的两极，它们是可以共存的。"[69]事实上相反，正是多重分权体系使得信任关系的建立成为可能。这如同 Phillip Pettit 和 John Braithwaite 所言，正是一个精心构建的约束、异议及可问责机制使得在机构之内（和之间）培育信任关系成为可能。[70] 分权的目的并不是仅仅对权力进行区分和分类，而是为了强调不同权力机构之间关系的本质和功能。因此，对分权模式一个更精确的比喻可能是网状分权。

在本章接下来的部分，我将研究分权观念应当重点展开的三个地方：董事会、审计部门以及股东之间。然后我将讨论在公司中揭发行

---

[67] Braithwaite，前注 62，第 341 ~342 页。

[68] Vile，前注 17，第 18 ~19 页。

[69] Philip Stiles and Bernard Taylor, *Boards at Work: How Directors View Their Roles and Responsibilities* (2002) 80.

[70] Philip Pettit, "Republican Theory and Political Trust", John Braithwaite, "Institutionalising Distrust, Enculturating Trust", both in V. Braithwaite and M. Levi (eds.), *Trust and Governance* (1998) 295 and 343 respectively.

为(whistleblowing)是如何对分权体系进行辅助和加强的。

(一)董事会分权

在公司治理背景下,对董事权力的分配和行使进行分离具有重要意义。我们将通过一个澳大利亚的案例来展开本部分的讨论。案件中AWA有限公司诉称其审计部门存在过失,但其审计部门则认为公司存在过失。本案事实主要集中在公司CEO/董事总经理(managing director,MD,原为英国传统公司中的最高决策者,在新加坡、中国香港等华语世界里被译为"董事总经理",现多用于投行业、会计师审计师事务所等专业机构,在我国大陆也有译为"常务董事"的,此处我们翻译为"董事总经理"。——译者注)、非执行董事以及审计部门的行为上。该案(*AWA Ltd. v. Daniels*)[71]于1992年做出一审判决,随后新南威尔士州上诉法院在1995年对其(*Daniels v. Anderson*)[72]做出了二审判决。在一审判决中,Rogers法官提到了监督权和管理权之间的三重分权。第一种分权是董事会和公司高级管理人员之间的分权。[73] Rogers法官认为:

> 董事会除法定职权外,通常来讲主要有以下四种职权:
>
> 1. 设定公司目标;
>
> 2. 任命公司CEO;
>
> 3. 审查公司管理人员为实现公司目标而制定的收购计划及财务、人力资源组合配置计划;
>
> 4. 有合理间隔地对公司实现目标的进度进行检查。[74]

---

[71] (1992) 10 ACLC 933.

[72] (1995) 13 ACLC 614.

[73] (1992) 10 ACLC 933, 1013.

[74] 同上注。

Rogers 法官进一步认为,在大型公开公司中,“商业必要性原则”(business necessity)意味着董事会不能涉足公司日常管理事务。董事会必须选任其他人来管理公司,这也就意味着这些公司管理人员享有下列职权:

1. 管理公司日常事务;

2. 建立适当的内部控制机制、信息管理体系及会计记录;

3. 实施董事会通过的政策和战略;

4. 为董事会决策提供提议和提案;

5. 编制公司预算。[75]

Rogers 法官对董事会授权其他人管理公司的必要性给予了承认,这引发了对董事会依赖其他人管理公司程度问题的热烈讨论,而上诉法院在其判决中对 Rogers 法官观点的质疑使这种讨论趋向白热化,该判决认为董事会“无权不加验证的依赖管理人员的判断、信息和建议”,“董事会有时刻关注公司活动的义务”,[76]他们必须“指导和监督”公司的管理,[77]并且他们“有义务”关注公司的财务状况。[78] 随后《公司法》进行了修改,现行《公司法》规定,一旦董事会对管理人员进行了授权,那么董事会只要经过适当的调查、有合理的根据并且基于善意认为管理人员是称职和负责时,其就不必对管理人员的权力行使行为负责。[79] 并且,现行《公司法》还规定,董事在基于善意并且对雇员或者

---

[75] 同上注,第 1014 页。

[76] *Daniels v. Anderson* (1995) 13 ACLC 614, 663 and 664(转引自 Pollock J in *Frances v. United Jersey Bank* 432 A 2d 814 (1981))。

[77] 同上注,第 662 页。

[78] *Statewide Tobacco Service Ltd. v. Morley* (1990) 8 ACLC 827, 832, 转引自上注,第 661 页。

[79] 2001 年《公司法》第 190 条。

公司官员提供的信息进行独立评估后，有权依赖该信息做出决议。[80]

在公司治理背景下，董事会和管理层之间的分权是否有用、有效或者说是否合适，是有争议的。[81] 我无意加入这种争论，我的目的仅仅在于说明公司法学家已经意识到了公司决策权分离的重要性。尽管提到了“商业必要性原则”，但董事会和管理层之间的分权并不仅仅是一种实用主义的分工——它还与监督和可问责性密切相关。AWA案（一审判决）中提到的第二种分权是非执行董事和执行董事（尤其是作为CEO或董事总经理的执行董事）之间的分权。[82] 公司治理学说认为此种分权有几个维度。例如，基本的执行董事与非执行董事之间的区分作用不大。在许多公司中，由于非执行董事过去或者现在与公司管理层存在关联关系，并不能作为一个有效的制约机制而存在。因此，我们可将非执行董事进一步区分为关联和非关联（或者说独立）董事，而非执行董事与公司是否具有关联性，应根据其是否是公司的大股东、近期的雇员、专业咨询师、重要供货商或者重要消费者等因素进行综合判断。[83] 从国际上来看，公司治理的指导方针以及股票交易所、董事会协会、机构投资者协会等机构制定的行为准则均一贯建议，董事会应由相当比例的或者大部分的独立董事组成。[84] 同样的指导方针还强调应建立董事会下属委员会以处理潜在的利益冲突，例如董事和管

---

[80] 2001年《公司法》第189条。

[81] 更多有关董事会和管理层分权的批判性分析请参见M. Eisenberg, "Legal Models of Management Structure in the Modern Corporation: Officers, Directors, and Accountants" (1975) 63 *California Law Review* 375。

[82] *AWA Ltd. v. Daniels* (1992) 10 ACLC 933, 1014。Rogers法官在一审判决中对非执行董事和执行董事的注意标准进行了区分，但上诉法院否认二者存在这种区别。参见*Daniels v. Anderson* (1995) 13 ACLC 614 at 662。

[83] 该项列举来源于澳大利亚股票交易所公司治理委员会（Australian Stock Exchange Corporate Governance Council），Principles of Good Corporate Governance and Best Practice Recommendations (March 2003) 20。

[84] 例如，同上注 recommendation 2.1; Financial Services Authority (UK), The Combined Code on Corporate Governance (July 2003) principle A.3.2; OECD, Principles of Good Corporate Governance and Best Practice Recommendations (March 2003) 20。

理人员的报酬、董事会职位的选举和任命以及公司财务及风险职位的审计等。通常的建议是,这些董事会委员会应由独立董事组成。例如,在2001年至2002年,随着安然公司(Enron)和世界通信公司(WorldCom)的破产,纽约证券交易所和纳斯达克发布了新上市规则,要求上市公司董事会应主要由独立董事组成,董事会审计、薪酬以及选举委员会只能由独立董事组成。[85] 随后2002年美国萨班斯—奥克斯利法案(Sarbanes-Oxley Act)第303条第(3)项强化了上市公司审计委员会的独立性要求。澳大利亚证券交易所上市规则也有相似的要求。[86] 正如前面章节所述,对独立董事进行区分的目的并不在于对他们的专长进行分类,而是为了重点关注独立董事和管理人员的关系。在英国,希格斯审查(the Higgs Review,是2003年英国贸易与工业部的官员希格斯所做的关于非执行董事的作用和角色的审查报告。——译者注)认为这为"一个良性动态环境的形成创造了可能,在这样的环境中,非执行董事的经验及贡献可以促使公司管理更加开放,这反过来又促使更多的非执行董事出现。"[87]

然而,对于独立董事进入公司参与公司管理这样的要求,尤其是这样做的效果是存有争议的。实证研究表明,如果一个董事会主要是由独立董事构成,这对监控公司管理层和股东之间的利益冲突是有积极影响的,但这并不必然对公司的财务表现产生积极影响。[88] 即便对控制利益冲突具有积极影响,也不应过于夸大。尽管大部分的公司治

---

[85] 参见 NYSE, Listed Company Manual (2003) ss 303A. 01, 303a. 07 (b); NASDAQ, Marketplace Rules (April 2004) rules 4350(c) and (d)。

[86] Australian Stock Exchange, Listing Rules (2004) rules 1.1 and 12.7, referring to its Principles of Good Corporate Governance and Best Practice Recommendations,前注83,第4项原则。

[87] Derek Higgs, United Kingdom Department of Trade and Industry, Review of the Role and Effectiveness of Non-Executive Directors (January 2003) 33.

[88] G. Stapledon and J. Lawrence, "Board Composition and Structure in the Top 100" (1996) 12 *Company Director* 80; L. Lin, "The Effectiveness of Outside Directors as a Corporate Governance Mechanism: Theories and Evidence" (1996) 90 *Northwestern University Law Review* 898.

理规则和报告都对独立董事的监督能力寄予厚望，但其实际效果则是受许多因素影响的，包括特定董事会的集体活力以及独立董事在获取公司信息方面对管理人员的依赖程度等。事实上，对独立董事独立性的要求可能会反过来对其监督能力造成限制。正如Helen Bird所述：

> 为了满足公司治理报告建议的独立性限制，相当比例的董事候选人都需要没有在本公司所处的行业工作过，其商业或专业身份与本公司没有任何联系，结果是，他们对公司的管理实践几乎没有任何先前的经验。使独立董事变得抢手的各种条件，恰恰也使他们面对管理事务时更加依赖于管理层的协助和信息的提供。[89]

AWA案中提到的第三种分权是董事会主席和执行董事（特别是董事总经理）之间的分权。正如Rogers法官所称，“董事会主席比其他董事负有更大的责任，他们需要对董事会整体和其中的每一个董事的行为负责”。[90] 在*ASIC v. Rich*案中，Austin法官认为，董事会主席的作用包括在“监督公司的管理、评价公司的财务状态和表现以及调查和评价公司重大负面事件”等方面对董事会的领导。[91] 在1990年至1991年间进行的一项针对澳大利亚的公司董事对公司治理的态度的研究表明，他们普遍不赞成董事会主席兼任公司管理人员。正如一个董事所说：

> 董事会主席最好不要兼任公司CEO。CEO主要应该致力于公司事务的日常运营及改进，而董事会主席应该保持诚

---

[89] Helen Bird, "The Rise and Fall of the Independent Director" (1995) 5 *Australian Journal of Corporate Law* 235, 253.

[90] *AWA Ltd. v. Daniels* (1992) 10 ACLC 933, 1015.

[91] (2003) 21 ACLC 450, 464.

> 信、对股东利益负责。公司董事会主席应该是一个睿智老成的稳健之人。[92]

20世纪80年代以来澳大利亚以及英国的公司治理学说均认为，公司董事会主席有必要从独立的董事候选人队伍中任命。[93] 正如英国的希格斯审查所称，“（董事会主席与CEO）角色的分离有助于CEO发挥更大的作用，也为非执行董事作用的有效发挥创造了重要条件”。[94]

围绕公司董事会的另一种分权与AWA案无关，而是关于公司秘书的地位的。[95] 如今在司法上公司秘书已经被视为是公司的主要行政管理官员。[96] 正如英国特许秘书及行政人员公会对其进行的描述，公司秘书在公司事务的“治理和管理方面占据中心地位”，是一个“具有重大影响的职位”。[97] 基于限定法律上的职责和责任的目的，在澳大利亚和英国，公司秘书被界定为一种公司官员（an officer of company）。[98] 然而，公司秘书在为董事会整体、独立董事、董事会主席[99]特别是同时担任公司高管的董事提供“独立公正的引导和建议”方面扮演着重要的角色，这意味着前述分权的讨论也应围绕公司秘书展开。也就是

---

[92] R. Tomasic and S. Bottomley, *Directing the Top* 500：*Corporate Governance in Australian Public Companies*（1993）56.

[93] 美国的情况与此不同，在美国，公司CEO通常也是公司董事会主席。但有些人呼吁要对此进行改革，例如，参见California Public Employees' Retirement System, Corporate Governance Core Principles and Guidelines（1998）<http://www.calpers-governance.org/principles/domestic/us/page01.asp>，21 July 2004。

[94] Higgs，前注87，第24页。

[95] 在澳大利亚，一个公开公司至少应该有一个公司秘书，参见澳大利亚2001年《公司法》第204A条(2)。

[96] *Club Foltilla*（*Pacific Palms*）*Ltd. v. Isherwood*（1987）12 ACLR 387.

[97] Institute of Charted Secretaries and Administrators（United Kingdom），Duties of a Company Secretary Best Practice Guide（1998）2.

[98] 澳大利亚2001年《公司法》第9条；英国1985年《公司法》第744条。

[99] Higgs，前注87，第51页。

说,公司秘书应该和公司高级管理人员与董事会保持距离。[100]

(二)审计与分权

另一种分权在AWA案中已经有所体现,但从那以后变得愈加重要,这种分权是有关公司外部审计师的地位。公司法规要求公开公司应对其财务事务实施年度性审计,[101]其对审计师的基本要求是,就公司的财务账目是否符合相关会计和审计标准提供独立专业的评估,并对公司的真实财务状态提出中立无偏的意见。[102] 公司法规对公司审计的要求限于规律的年度性审计以及每半年一次的财务审计,并不要求对"管理层决策的审慎性"进行评估。[103]

关键是,从法律的角度来讲,公司审计师的任命决议是股东们在年度性的股东大会上做出的。[104] 而且,对审计师的罢免只能由公司董事或股东提议并且由公司股东大会决议通过。[105] 从实践来看,股东对公司审计师的任命或者罢免通常是由董事会的建议(董事会的建议通常是根据其审计委员会的建议做出的)而议决的。另外,至少在澳大利亚,这种针对公司审计师的罢免权是很少行使的。[106] 虽然如此,审计师重要的法律地位还是使其成为公司问责程序的重要组成部分——

---

[100] 在较小的公开公司,一般是由公司的财务董事(finance director)担任公司秘书,同上注,第51页。

[101] 例如,参见澳大利亚2001年《公司法》第301条(该条规定除小型私人公司外,所有公司都必须进行强制性审计);英国1985年《公司法》第235条(该条规定所有公司都必须进行强制性审计)。

[102] 例如,参见澳大利亚2001年《公司法》第307~308条;英国1985年《公司法》第235条(客观中立的观点)。

[103] Ford,Austin,和Ramsay,前注23,第589页。

[104] 董事会可能会任命公司的初始审计师,这些审计师负责在首次股东大会召开之前负责公司的审计工作(澳大利亚2001年《公司法》第327条第(2)项)。

[105] 在澳大利亚,可参见澳大利亚2001年《公司法》第329条。

[106] 一项对澳大利亚271家上市公司年度股东大会的调查研究发现,在2001年至2003年间,罢免公司审计师从未成为任一次股东大会的议题。参见S. Bottomley, *The Role of Shareholders' Meetings in Improving Corporate Governance* (Research Report, Centre for Commercial Law, Australian National University, 2003) 36。

在这种程序之下,公司成员(股东)可以很好地监督公司董事和管理人员的行为。

在问责和审计之间,确切地说是提供有关资源处分的信息和由中立的专家对该信息进行检查和核实之间存在明显的联系。另外我们还可以看出,问责并不仅仅是一种证明(verification)或者"负责"(accounting for)程序;其还可以被视为民主程序的重要组成部分。正如问责一样,审计也有着多重的维度。对此 Michael Power 指出:

> 例如,在下述不同维度的审计之间均存在明显的区别:事前审计与事后审计之间、验证性审计(verification)和复核性审计(review)之间、交易规律性(transaction regularity)审计和金钱价值(value for money)审计之间、公共审计和私人审计之间、财务审计和非财务审计之间、审计、评价、评估和审查之间、大型审计和小型审计之间、审计和其他形式的认证服务之间、财务审计和环保审计之间以及外部审计和内部审计之间。[107]

正如问责可以被视为民主程序的重要组成部分一样,审计也有着相似的地位——事实上,Power 即提到了(虽然有争议)"审计的民主化潜力"(the democratizing potential of audit)。[108] 也就是说,一项审计报告可以为质疑和进一步调查提供基础,从而推动"信息核实形式的问责"向"解释性问责"甚至"责任意义上的问责"发展。通过这种方式,审计就成为公司分权框架的重要组成部分。但是,我们也不能过于强调审计程序的"问责价值"或对其抱持理想主义的态度。尽管审计和问责之间的联系显而易见,但两者仍存在一定的冲突。Power 指出,许多审计

---

[107] M. Power, *The Audit Society: Rituals of Verification* (1999), 5 -6.

[108] 同上注,第 123 页。

报告的背后目的都是终止调查研究,使问责程序终结。具有讽刺意味的是,正如 Power 所指出,“受审计这一事实可以阻止公众的好奇和询问……从这方面来说,审计是民主的替代品而非辅助。”[109]因此,当审计和狭义的问责概念相联系时,它就会排斥广义上的问责。

在一个分权的框架内,审计促进问责发挥作用的一个障碍是这样一种观念(在一些情况下已经成为事实),即审计师不能独立于他所审计的公司。这是人们长期以来的关注的事情。例如,在 1970 年 *Pacific Acceptance Corporation Ltd. v. Forsyth* 案中,新南威尔士州最高法院 Moffitt 法官即认为,尽管公司的法定审计师一般是由股东大会任命的,但绝大部分情况下是由公司的管理人员决议此项任命。在此基础上,针对审计师,Moffitt 法官进一步指出:

> 如果审计师采取可能会危害其自身连任或其与同事关系的行动,其自身利益就会受到损害,而这又与其对股东所负的责任存在现实的冲突。[110]

在 20 世纪 80 年代的公司危机之后,针对审计实践和审计师独立的强烈批评声不绝于耳。[111] 当然,2001 年至 2002 年间[112]的公司倒闭风

---

[109] 同上注,第 127 页。

[110] (1970) 92 WN(NSW) 29, 131.

[111] 除前注 71 的 AWA 案外,可参见 Commonwealth of Australia, Royal Commission of Inquiry into the Activities of the Nugan Hand Group, Final Report-Volume 2 (1985); National Companies and Securities Commission, Special Investigation into Affairs of the Trustees Executors& Agency Company Ltd. and Related Corporations, Fourth Interim Report (1985); Western Australia, Report of Inspection on a Special Investigation into Rothwells Ltd. (1990)。

[112] 例如,安然公司和世界通信公司分别在 2001 年年末和 2002 年年中破产,在澳大利亚,One. Tel 公司和 HIH 保险公司分别在 2001 年 5 月和 3 月破产。

潮促使人们对审计师独立的缺失进行重新检视。[113]

在澳大利亚,由联邦政府委托完成的有关审计师独立的拉姆齐报告(*Federal Government-commissioned Ramsay Report*)指出,独立是“一个不精确甚至有些模棱两可的概念”,尽管如此,该报告还是总结道,“‘独立’和‘审计’从来不能分离——独立是审计的内在要求。”[114] 澳大利亚两个最重要的专业会计机构将审计独立定义为“拒绝偏见、个人利益、对某种利益的优先照顾以及对不正当影响或压力的易感性”。[115] 拉姆齐报告提出了几个可能危害审计独立[116]的因素,包括:审计公司在其他非审计服务方面为本公司提供服务(这将在审计公司和本公司之间建立更广泛的商业联系);由公司聘用或董事会任命本公司以前的审计师(这将为审计师跟前同事打交道创造可能);以及漫长的任命期(这将增加审计师对公司实务变得愈加宽容的可能)。拉姆齐报告还对澳大利亚2001年《公司法》审计条款的一处重要修改做出了重大贡献。[117]

要求审计师独立有着各种各样的原因。一个基本原理是独立的审计可以使公司财务报告更有价值:

---

[113] 例如,在澳大利亚,I. Ramsay, Independence of Australian Company Auditors: Review of Current Australian Requirements and Proposals for Reform (2001) (hereafter, the Ramsay report); Joint Standing Committee on Public Accounts and Audit, Parliament of Australia, Review of Independent Auditing by Registered Company Auditors (2002); Department of Treasury, Corporate Disclosure: Strengthening the Financial Reporting Framework (2002); Commonwealth of Australian, The HIH Royal Commission, The Failure of HIH Insurance Volume 1 (2003) 162 -184; 在英国,Co-Ordinating Group on Audit and Accounting Issue, Find Report to the Secretary for Trade and Industry and the Chancellor of the Exchequer (2003); 在美国,the New York Stock Exchange, 前注64。

[114] Ramsay Report,前注113,8.01和8.15。

[115] Australian Society of Certified Practicing Accountants and The Institute of Charted Accountants in Australia, “Statement of Auditing Practice AUP32 ‘Audit Independence’”, in Auditing Handbook, Volume 2 of the Accounting and Auditing Handbook (2001) 955 -956,转引自上注,8.06。

[116] Ramsay Report, 前注113,8.26 -8.91。

[117] Schedule 1 to the Corporate Law Economic Reform Program (Audit Reform and Corporate Disclosure) Act 2004 (Cth).

审计师的目的即在于，通过独立意见的表述，增强一个实体所公告的财务信息的可信度。独立审计的价值即在于，审计师确实是(且被视为)独立于被审计机构，因此可以在没有外部附加限制的情况下进行审计。[118]

独立的审计还被视为可以通过帮助揭露欺诈和失职以及提升投资者信心，从而增进金融市场的诚信。还有评论认为，独立的审计可以减少存在于公司管理人员和股东之间的信息不对称，改善股东所做出的投资决议。[119] 因此，审计师可以作为"声誉中间人"(reputational intermediaries)，协助公司信息市场的有效运行，[120]而他们在审计程序中的独立性认知也可以提升对该市场的信心。

由于审计师上述独立存在的优势，其成为基于分权观念的公司问责框架内的必要组成部分。但话又说回来，无论我们多么地关注审计师缺乏独立性的问题，都更应该认识到一个分权的框架是不可或缺的，其应该确保审计师不会因为过于独立而使其工作脱离分权框架内的其他方的有效监督。这里有许多平衡审计师独立和问责的方法，包括以下方面：

将审计工作和咨询工作分配给不同的会计机构；[121]

对审计师给公司提供的非审计服务进行强制性披露。澳大利亚《公司法》要求，上市公司董事会应在年度报告中说

---

[118] Statement of Auditing Practice AUP32，转引自 Ramsay Report，前注 113，4.09。

[119] Ramsay Report，前注 113，8.22。

[120] A. Corbett，"The Rationale for the Recovery of Economic Loss in Negligence and the Problem of Auditors Liability" (1994) 19 *Melbourne University Law Review* 814，850，转引自 R. Gilson and R. Kraakman "The Mechanisms of Market Efficiency" (1984) 70 *Virginia Law Review* 549。

[121] D. Kitney and R. Buffini，"Directors target audit overhaul" The Australian Financial Review，4 March 2002，1.

明在本年度内就非审计服务支付给审计师的报酬，解释对这些服务和审计独立一般标准的兼容程度是否满意，如果满意，解释为什么满意；[122]

对审计师进行定期的循环，以避免其由于过于熟悉某个审计客户而导致的审计程序上的松懈。在澳大利亚，在一个上市公司的审计中连续5年占据重要地位的人[123]不得在接下来的2年中继续在该公司审计中占据重要地位；[124]

审计师如果想进入其以前审计客户中担任董事或管理人员的，应设定一段时间的冷静期（cooling-off period）；[125]

确保审计委员会构成合理，确保其有明确的对审计职能进行监督的职责，尤其对外部审计员的任命、报酬以及罢免向董事会提出建议；[126]

要求或者鼓励审计师参与公司年度股东大会，[127]给公司股东合理的机会就一些问题提问，比如，审计问题、准备审计时使用的会计政策问题以及审计师的独立性问题。[128]

---

[122] 第300条（11B）。

[123] 如果一个人被任命为公司审计师，并且作为审计师进行活动或者为公司准备审计报告，或者其是审计公司任命的首席或复核审计师，那么可以认定他在公司审计中"占据重要地位"（plays a significant role）。

[124] 澳大利亚2001年《公司法》第324条DA。如果审计师是一个企业或者公司，并且其首席或复核（review）审计师在过去连续五年的公司审计活动中占据重要地位，那么该企业或公司接下来仍可担任该公司的审计师，只不过需要更换首席或复核审计师（ss324DC and DD）。亦可参见 Sarbanes-Oxley Act of 2002（Pub. L. No. 107 –204, 116 Stat. 745（2002））s 203（5年审计循环期）。

[125] 在澳大利亚，该冷静期为2年，参见澳大利亚2001年《公司法》ss 324 CI 和 CJ。

[126] Ramsay Report，前注113，6. 59 和 6. 105；Australian Stock Exchange，前注83，recommendation 4. 4；United Kingdom，Financial Service Authority，The Combined Code on Corporate Governance（July 2003）principle C. 3. 6。

[127] 例如，参见澳大利亚2001年《公司法》s 250RA（该条规定上市公司的年度股东大会审计师必须参加）和 s 249V（该条规定了审计师参加公司年度股东大会的权利）。

[128] 澳大利亚2001年《公司法》s 250T。

澳大利亚 2001 年《公司法》也为审计师独立设定了一般性和特别性的要求。一般性要求集中在需要避免出现“利益冲突局面”(conflict of interest situations),[129]因为在利益冲突的情况下,审计师在进行审计时很难做出客观和公正的判断,一个理性的人不难明白这一点。这种利益冲突涉及审计师和公司、现在的或以前的公司董事和管理人员之间的关系。[130] 这种一般性要求的隐含意义在于,审计师应该处于一个控制体系的合适位置,这种控制体系可以使他们明白是否有利益冲突的局面出现。特别性要求主要关注某些特定的关系,并且这些关系的存在将会破坏审计的独立。澳大利亚 2001 年《公司法》列出了 19 种这样的关系。其中,有一些是人际关系(如审计师同时是被审计公司的官员或雇员);还有一些是财产关系(如审计师同时是被审计公司的股东);其余的则是财务关系(如审计师和被审计公司之间存在债权债务关系)。[131]

上述审计独立性要求与 Power 所称的组织性独立(organizational independence)具有很大的联系。[132] 也就是说,将独立性问题主要限定在公司和审计师的关系方面,主要关注如审计师的公正性以及任命方式。另外,审计师不仅应在事实上保持独立,其还应在具体审计活动中保持独立。[133]

Power 认为审计独立还存在第二层维度即业务性独立(operational independence)——主要关注审计活动的程序而非审计师。[134] 依 Power 的主张,业务性独立可以进一步区分为信息独立(informational independence)和认识独立(epistemic independence)。信息独立着眼于这

[129] 第 324CA 条 ~ 第 324CC 条。

[130] 第 255CD 条。

[131] 第 324CE 条 ~ 第 324CH 条。

[132] Power,前注 107,第 132 页。

[133] 参见 Ramsay Report,前注 113,8.08。即在 Power 所称的组织性独立意义上保持独立。——译者注

[134] Power,前注 107,第 132 页。

样一个基本事实,即不论被审计公司组织性独立程度如何,审计师至少在某种程度上必然依赖被审计公司所提供的信息。这个问题在前述 *Pacific Acceptance* 案[135]中已有讨论,同时也是法院一直关注的一个问题。例如,在界定审计师的普通法责任时,法院主要关注的是审计师透过公司表象从而发现其真实财务状态的义务。[136] 而承认了审计师至少在某种程度上必然依赖被审计公司所提供的信息,对认识独立的讨论也就成为必然,因为认识独立主要关注审计师是否可以从上述被审计公司提供的信息中得出独立的结论。[137] Power 认为,要使认识独立成为可能,审计师必须拥有独立于被审计机构所提供信息[138]的知识基础,这可以使其与被审计机构就审计报告内容的磋商较少的受到其他因素的影响。业务性独立强调审计(和会计)标准的运用,例如,澳大利亚《公司法》第 307 条 A 即要求审计行为必须符合审计和认证标准委员会制定的审计标准。[139]

审计独立机制的前述每个方面(前文并非穷尽列举)都引发了对审计的实用性和效率性问题的争论。对这些争论此处不予详述,但在对这些争论进行评价时,应该从其对问责性分权的贡献潜力角度进行分析。没有哪种手段仅依靠其自身就可以确保公司问责的实现,例如,有证据显示在澳大利亚,审计师参加公司年度股东大会已经成为通例,但股东对审计师的质询则要么压根不存在,要么因为股东对公司财务信息的不适当理解而无法实现。但是,即使对审计实践和审计师存在担忧,仍不应否定他们是通过权力分离实现的公司分权制衡机制的一部分。再者,我们一定不能忘记,分权只是更宽泛的公司宪治论框架的一部分,该框架的某个方面的问题(如不尽如人意的审计实

---

[135] *Pacific Acceptance Corporation Ltd. v. Forsyth* (1970) 92 WN(NSW) 29.

[136] 例如,*Arthur Young& Co. v. WA Chip & Pulp Co. Pty Ltd.* (1988) 13 ACLR 283; *AWA Ltd. v. Daniels* (1992) 10 ACLC 933。

[137] Power,前注 107,第 132 ~ 133 页。

[138] 同上注,第 133 页。

[139] 由澳大利亚《证券与投资法》第 227A 条建立。

践)还有机会被框架内的其他方面发现和修正。

(三)股东和分权

在前文中我曾提到,股东在作为公司两个关键的决策机构之一的股东大会发挥着主要作用。但是股东大会并非股东和董事及管理人员发生联系的唯一纽带。[140] 因此,我们需要在股东大会之外研究股东层级的分权。一些股东具有监督和影响公司管理的能力,事实上,在公开上市公司中,要求机构投资者(如退休基金、保险公司、投资基金和银行)在改善上市公司的治理方面扮演催化剂角色的呼声一直不绝于耳。经济合作与发展组织(Organization for Economic Co-operation and Development,OECD)公司治理原则认为:

> 整个公司治理体系和公司监督的效率和信用……很大程度上取决于机构投资者,他们可以消息灵通的行使他们的股东权利,有效地行使他们对所投资的公司的所有者职能。[141]

OECD 主张机构投资者应当与他们所组合投资的公司(portfolio corporation)“建立一种持续性的对话机制”。同样地,在英国,机构投资者委员会(一个代表四个主要机构投资者的游说组织)即制定了一些原则,这些原则要求机构股东对他们所组合投资的公司的董事会和高级管理人员进行监督,并在必要的时候与他们进行“积极对话”。[142] 在澳大利亚,联邦议会公司和金融服务联合委员会(the Federal Parliamentary Joint Committee on Corporation and Financial Services)

---

[140] Higgs,前注 87,15.11。

[141] OECD,前注 84,第 37 页。

[142] Institutional Shareholders' Committee, The Responsibility of Institutional Shareholders and Agents-Statement of Principles. http://www.abi.org.uk/Display/File/38/Statement_or _Principles.pdf >,30 July 2004. 这些原则得到了 FSA Combined Code(前注 126,原则 E.1)和 Higgs Review(前注 87,15.25)的支持。

指出：

> 机构投资者应当通过行使投票权，从而在监督和影响所投资的公司的过程中发挥积极作用。例如，澳大利亚工商总会即要求机构投资者密切关注他们对客户的受托责任，并且“为了他们客户的利益，应该积极参与他们所实际投资公司的事务”。[143]

机构投资者可以以多种方式（包括一些间接的方式，如游说修改法律）履行他们的义务，但主要是通过行使投票权，或通过与所投资公司的高管举行私人会议交换信息的方式履行义务。对澳大利亚的研究表明，尽管 2001 年至 2002 年的公司倒闭危机以来，机构投资者行使投票权已经有所增加，但他们更倾向于采用后一种方式履行义务。[144] 澳大利亚另一项针对机构投资者的研究表明，许多机构投资者都与他们所投资的公司保持规律性的接触，以便有机会对公司金融事务、战略规划及管理问题进行监督。[145] 类似地，英国的希格斯审查也指出：“四分之三的公司董事会主席每年至少一次的与公司的一些投资者讨论公司事务。”[146]

与其他形式的分权一样，我们也不能过于依赖机构股东的作用。

---

[143] Federal Parliamentary Joint Committee on Corporation and Financial Services, Parliament of Australia, CLERP (Audit Reform and Corporation Disclosure) Bill 2003 – Part 1 (2004) 168.

[144] Investment & Financial Services Association Ltd., Shareholder Activism Among Fund Managers: Policy and Practice, (2003) – submission to Parliamentary Joint Committee on Corporations and Financial Services, Parliament of Australia, Canberra, <http://www. aph. gove. au/senate/committee/corporations _ ctte/clerp9/submissions/sub044al. pdf>, 30 July 2004.

[145] I. Ramsay, G. Stapledon and K. Fong, “Corporate Governance: The Perspective of Australian Institutional Shareholders” (2000) 18 *Company and Securities Law Journal* 110, 124.

[146] Higgs，前注 87，第 67 页。

公司机构股东的利益并不必然与其他股东相一致——正如 John Coffee 所言,“机构投资者不应被误认为是金融天使”。[147] 尽管机构投资者能(并且有时候会这样做[148])投票反对公司董事、高级管理人员的建议,但这种私人形式的监督同样可能导致形成压制外部监督的同盟。针对这个问题,一种意见认为应该要求机构投资者披露他们的投票规则(voting policy)和投票记录,这种意见已经受到了一些机构投资者的抵制,应该说这种意见是比较偏激的。[149] 此外,没有任何理由假定所有的机构投资者拥有相似的利益关切。正如 John Farrar 所指出:“众多机构投资者……并非追求同一投资目标的一个统一整体。”[150]最后要指出的是,在机构投资者参与其所投资公司的治理方面还存在许多重要的法律限制,包括兼并法律和内幕交易禁止。[151]

(四)揭发者

分权体系并不能保证任何情况下任何形式的违法的、错误的或非法的的行为都会被发现并得到处理。尤其对于公司的外部审计团队来讲,要发现公司某些方面正在发生什么事情似乎也是不可能的。完善这种分权框架的一种方法即是鼓励那些了解公司特定问题的人,和那些知道这些问题不太可能被发现或通过正规渠道处理的人,发出他们的声音。我们应该鼓励揭发行为。[152] HIH 保险公司破产案皇家调查

---

[147] J. Coffee, “Liquidity versus Control: The Institutional Investor as Corporate Monitor” (1991) 91 *Columbia Law Review* 1277, 1334.

[148] Ramsay, Stapledon and Fong, 前注 145, 第 121 页; Investment& Financial Services Association Ltd. ,前注 144,第 13 页。

[149] 例如, Federal Parliamentary Joint Committee on Corporation and Financial Services,前注 143,recommendation 23。对英国的研究表明,基金经理普遍反对公开披露投票细节,参见前注 87,第 13 页。

[150] J. Farrar, *Corporate Governance in Australian and New Zealand* (2001) 319.

[151] P. Ali, G. Stapledon and M. Gold, *Corporate Governance and Investment Fiduciaries* (2003) chapter 3.

[152] 公司揭发有多种语境,例如,公司雇员“揭露”(go public)有关非法倾倒有毒废弃物的行为或操纵价格的行为。而当前的讨论主要是有关公司治理的。

委员会(the Royal Commission of Inquiry)指出：

> 对特定公司公司治理负有责任的人应该致力于在公司内建立一种文化和程序,从而使公司内那些有问题的行为在正式报告之外得到揭露,并且揭发者(whistleblowers)不必担心受到报复。[153]

一般来讲,一个揭发者保护体系可以为揭发组织内某些不法行为的揭发者提供保护,使其免予承担责任或遭到报复。[154] 但需强调的是,揭发行为(whistleblowing)应当被视为问责机制的一个补充,而非其关键组成部分。一方面,公司领导者一般来讲更倾向于鼓励通过规律性的内部渠道发现问题,尽量少地通过揭发行为发现。[155] 另一方面,尽管揭发一般会得到媒体地正面关注,但事实上对潜在揭发者在作出是否揭发的决定时往往是犹疑不决的。揭发行为对个人造成的后果可能非常重大,许多人都会认为风险过高。尽管如此,鼓励揭发行为可以被视为正式问责体系的重要补充——当公司其他形式的问责机制失效时其可以作为一个安全线而存在。[156]

相反,不允许揭发的后果可能非常糟糕,正如美国联邦储备委员会主席格林斯潘在2002年所指出的：

---

[153] HIH Royal Commission,前注113,第131页。澳大利亚股票交易所公司治理规则(前注83,recommendation 10.1)和OECD公司治理原则(前注84,principle IV.E)也有鼓励揭发的规定。

[154] 澳大利亚2001年《公司法》第9.44A部分规定,如果某公司的官员或者雇员,或者该公司的服务或商品的供应商,有合理的根据并且善意的进行举报揭露,那么他们享有有限的特权并且免于承担民事或刑事责任。

[155] M. Miceli and J. Near, *Blowing the Whistle: The Organizational and Legal Implications for Companies and Employees* (1992), 282.

[156] M. Winfield, "Whistleblower as Corporate Safety Net", in G. Vinten (eds.), *Whistleblowing: Subversion or Corporate Citizenship?* (1994) 21, 22.

> 在最近几年,对于公司股东和潜在投资者而言,只要有任何一个保护适当的公司评价的防波堤(bulwarks)存在,就可以保护他们免受普遍的错误信息的干扰。但在许多情况下,这种防波堤并不存在。律师、内外部审计师、公司董事会、华尔街证券分析师、评级机构以及大型机构投资者,都因为这样或那样的原因而没有发现和揭露那些破坏市场信用度(level of trust)的人,而信用度恰恰是市场良好运行的关键。[157]

从这段引文中也可以看出,揭发者可能来自公司内部(如公司雇员及公司官员),也可能来自公司外部(如专业咨询师、顾问以及关联公司)。[158] 宽泛的界定潜在揭发者的目的在于,尽可能地使那些没有受到公司内权力影响的人发出他们的声音。[159] 同样地,这些揭发信息的接收者可能来自公司内部(如公司审计委员会[160]),也有可能来自公司外部(如相关公司和证券监管机构)。[161]

揭发也可以被视为特定职位附带的义务。外部审计师即被认为"指定揭发者"(role-prescribed whistleblower)[162]的最常见的例子。在澳大利亚,假如审计师合理怀疑公司内部出现违反《公司法》,或者有人试图不正当影响、强迫、控制、误导或干预审计行为的情形时,那么他有义务必须报告给澳大利亚证券投资委员会(Australian and Sec-

---

[157] Statement to United States Senate Committee on Banking, Housing and Urban Affairs (July 2002), quoted in P Latimer, "Whistleblowing in the Financial Services Sector" (2002) 21 *University of Tasmania Law Review* 39, 42.

[158] 澳大利亚 2001 年《公司法》第 1317AA 条对此予以了承认。

[159] 关于此点更详细的讨论请参见 Braithwaite,前注 62,349ff。

[160] 例如,在美国,1934 年《证券交易法》第 10 条 A(m)(4)(b)即要求,每一个公司审计委员会应为雇员就有关公司有问题的会计或审计事务进行秘密、匿名举报设立程序。

[161] 例如,澳大利亚 2001 年《公司法》第 1317AA 条保护揭发者向澳证券和投资委员会(ASIC)、审计师、董事或高级管理人员、公司秘书以及公司授权的人揭露信息。

[162] 这个概念来自 Miceli 和 Near,前注 155,第 21 页。

urities Investments Commission)。[163] 此项要求是对几乎以前没有任何实际效果的旧条款的扩充。澳大利亚财政部(Treasury)在 2002 年的一项讨论报告指出,在旧的条款之下,"审计师无需对澳大利亚证券投资委员会(ASIC)提供任何报告"。[164] 虽然现在评论新条款要求的效果还为时过早,但过去的经验告诉我们,要使揭发成为公司的一道安全线,就必须使各种各样不同的人成为潜在的揭发者。

一个获得正式核准的揭发体系是否可以有效的补充公司分权体系,还受其他因素的影响。[165] 其中一个因素即是,在揭发者得到有效保护的前提下其可以报告的不当行为的类型——可以揭发的不当行为是否限于违反特定的法律法规,还是也包括违反道德或最佳行为(best-practice)规则?揭发者可否对有可能存在的违法行为进行举报,还是必须有更进一步的怀疑?揭发者是否必须遵守"善意"(good faith)原则,还是"诚实合理信赖"(honest and reasonable belief)原则即为已足?是否可以匿名举报?对揭发者的保护范围有多宽——是否既包括不受内部的报复和侵害,又包括免予受到起诉?

六、结论

公司分权的观念是在双重决策框架内运行的。换句话说,即使我们可以在公司董事会或股东大会的内部明确权力的分离,但二者的区分本身并不是另一种形式的权力分离。双重决策的观念是所有公众公司的通例,而公司与公司之间甚至单个公司内部的分权则并不必然

---

[163] 第 311 条。亦可参见第 1289 条,该条为平衡第 311 条规定的通知要求,授予了审计师一定的有限特权(qualified privilege)。

[164] Commonwealth of Australia, Department of Treasury, Corporate Disclosure: Strengthening the Financial Reporting Framework (2002) 10. 2;亦可参见 R. Tomasic and S. Bottomley, *Directing the Top 500: Corporate Governance and Accountability in Australian Companies* (1993) 107。

[165] 参见 Federal Parliamentary Joint Committee on Corporation and Financial Services 的有关讨论,前注 143,第二章。

一致。分权可以发生在作为单一决策程序组成部分的人或组织之间(如董事会内部的分权)。相比之下,双重决策模型则是基于这样一种假设:股东和董事会(和管理人员)负责做出不同的决议。股东的利益和董事及管理人员的利益有绝对的不同。双重决策模型即在于维护这些不同的利益。

进一步来讲,单单有权力的区分和分离本身并不足以促成宪治主义公司的出现,甚至在某种程度上适得其反,反而会滋生不信任以及公司治理中的服从导向(compliance-oriented),净在方框中打钩钩("tick the box" approach)。Braithwaite 引用 Charles Sabel 的著作认为,分权所导致的低效率可以通过如下方式解决:权力的每个分支都应该学习了解其他分支的知识。[166] 用 Sabel 的话说,诀窍在于调和"学习的要求和监督的要求"。[167] Braithwaite 认为,分权必须通过协商观念进行补充:"分权创造了一个新的世界,在这个世界中,对话取代命令成为了防止权力滥用的占支配地位的手段。"[168]协商(以及解释、说明、质询和批评)在公司治理中的地位和重要性将是下一章讨论的主题。

---

[166] Braithwaite,前注 62,第 359 页。

[167] 同上注。

[168] 同上注,第 361 页。

第五章　公司决议与协商原则

正如我在第一章所指出的那样，由于公司在经济生活中扮演的基础性地位的角色，我们会自然而然地把公众公司当成经济实体，它们积累、转化、生产以及分配经济资源。但又如第三章论述的那样，同样重要的是，我们还要认识到，公司的这些活动都以其内部的决策程序为基础，而这些决策程序具有政治性。第四章已经论述到，我们的公司法体系是建立在双重决议基础之上的。在公司宪治层面，董事作出的决议最终是从属于股东大会定期作出的决议，特别是修改公司章程、①罢免董事、②确认违反义务董事的责任③的权利只属于股东大会。这种双重决议制度有效运作的关键，是股东大会不至于沦为"橡皮图章"或者反而被视为一种程序上的

---

① 澳大利亚2001年《公司法》第136条(2)；英国1985年《公司法》第9条；加拿大《商事公司法》第173条；在美国，修改公司附则(bylaws)的权利经常由董事会和股东大会共同行使，参见《修订示范商业公司法》(2002)第10.20条。

② 澳大利亚2001年《公司法》第203D条；英国1985年《公司法》第303条；加拿大《商事公司法》第109条。

③ *Bamford v. Bamford* [1970] Ch212；*Winthrop Investment Ltd v. Winns Ltd.* [1975] 2NSWLR666.

阻碍。同样,董事也应当切实行使他们的决策权而不局限于简单地签署管理层的提案。董事应当尽责地行使职权。

在本章中我将论证,坚持"审慎决策"的理念可以化解股东大会决议走过场或董事会玩忽职守等潜在风险。质言之,我们评价公司决议的有效性时不仅仅简单看它是否获得了所需的大多数表决权的支持或者决议是否达到了意欲的目的,也需要评价作出正式决议的程序在多大程度上是建立在相关主体审慎考虑基础之上的。

这是一个跨学科的观点,在此需要做一个简要的说明。在过去的15年左右时间里,协商的理念受到了众多的关注,从保守自由主义到批判、激进主义④,人们从不同的视角出发提出各种关于"协商"的理论。研究"协商"理论的学者就不同视角下该理论的异同展开了争论(显然,他们之间必然存在争论)。我不想参与这种争论,也不想提出一项具体的"协商"理论。相反,我将采纳其中某些观点并将其适用于公司决策领域。这是研究"协商"理论的学者没有或者很少关注的领域。不管怎样,就我的阅读范围所及,协商理论在公司治理中必然占有一席之地。我倾向于广泛地借鉴关于"协商"理论的文献。研究协商理论特定方面的研究者可能会对这里的论述持有异议,但我对"协商"理论作出的特定修正都是针对公司的独特性而言的。⑤

一、审慎决策的理念

在本部分中,我将概括性论述审慎决策理念适用于公司的可行性,接着会就董事会和股东大会审慎决策中一些更为具体的问题展开讨论。

---

④ 一个从批评主义的角度对相关文献进行有益的评论,可以在 Dryzek 论文中找到:Deliberative and Beyond:Liberals,Critics,Contestations(2000)。

⑤ 特别是在澳大利亚及英国等类似公司背景下的国家。

这里我使用“审慎决策”(deliberative decision-making)[⑥]这一术语表达这样一种理念,即在达成决议(无论是董事会的决议还是股东大会的决议)之前都应尽可能地存在“公开、真实”的协商过程,并且经过这些过程所达成的决议应体现对决议事项的集体判断。

所谓“公开、真实”是指公司决议的达成须为问询过程的结果,且决议是根据所有相关的讨论作出的。股东大会和董事会的决议,在计算投票和通过决议之前应当经过了讨论、协商以及劝说。[⑦] 借用 Cass Sunstein 所言,公司决议应当是“协商、讨论,且其中新的信息和观点能够产生影响”[⑧]的过程所形成的结果。决议的有效性不仅仅取决于结果本身,一项决议“其有效性大部分源于在先的协商过程”[⑨]。这与更为广泛的研究结果是一致的,人们在评价自身参与决策的经历时所关注的是程序的公正性,而不是决议对其自身的影响。[⑩]

---

⑥ 我使用“审慎决策”而不是“民主协商”(deliberative democracy),是因为我想强调协商程序是在决议作出之前的必要前奏。也就是说,我不想将协商的特征描绘为真理自在其中—这是一个有时与“民主协商”相联系的看法。我的关于审慎决策的思想形成建立在众多资料基础之上的,特别是:Joshua Cohen, “Deliberation and Democratic Legitimacy”, in A. Hamlin and P. Pettit (eds.), *The Good Policy: Normative Analysis of the state* (1989); Bernad Manin, “On Legitimacy and Political Deliberation” (1987) 15 *Political Theroy* 338; Philip Pettit, *Republicanism: A Theory of Freedom and Government* (1997) (hereafter, “republicanism”); Cass Sunstein, *The Partial Constitution* (1993) (hereafter, “republiction”); C. Sunstein, *Democracy and the Problem of Free Speech* (1993) (hereafter, “democracy and Free Speech”); Iris Yong, Communication and the other: “Byond Deliberative Democracy”, in M. Wilson and A. Yeatman (eds.), *Justice and Identity: Antipodean Practices* (1995)。本章对上述观点进行了修正,因为他们均没有特别就公司决策领域的适用进行论证。

⑦ J. Dewey, “The Public and Its Problem”, in D. morris and I. Shapiro (eds.), *John Dewey: The Political Writings* (1993) 187. 同样可参见 Sustein, *Democracy and Free Speech*, 前注 6, 第 242 页。

⑧ Sunstein, *The Partial Constitution*, 前注 6, 第 134 页。

⑨ Tschentscher, “Deliberation as a Discursive Feature of Contemporary Theories of Democracy: Comment on John S. Dryzek”, in A. Van Aaken, C. list, and C. Luetge (eds.), *Deliberation and Decision: Economics, Constitutional Theory and Deliberative Democracy* (2004) 72, 76.

⑩ Tom Tyler, *Why People Obly the Law* (1990).

审慎决策理念对过程的重视不亚于对结果的重视。同时它强调决策理由而不是权威。⑪ 协商决议以合理论证为基础，它不是基于管理层的命令或对董事权威、专业知识或者大股东表决权的盲从，也不是基于何谓合理、可行、恰当的⑫既有假设。而且，在协商过程中应平等关注各方意见，例如，小股东或者少数派股东的观点不能仅仅因为他们潜在的投票权较小而受到轻视。对此，《私有企业契约制度论》(*Re Compaction Systems Pty Ltd.*)一书中有充分论述，在这本书里，衡平法院的大法官 Bowen 指出：

> 被通知参加会议的权利、参加会议的权利以及意见被听取的权利并不是非实体性权力。提出议案以及影响讨论过程的权利，在有些场合下可能会对决议的达成产生影响，甚至有决定性影响。⑬

决议应公开、真实，这就必然要求存在相应的习惯和制度，以确保参与决策者的观点能够在决议作出之前被听取。此处需要简要提醒的是，有关协商的论述不能看成仅仅是参与。股东大会和董事会应当是真正作出公司决议的场所，而不是走过场的形式——仅仅是批准已经实际发生效力的决议或者仅仅是使其成为正式文件。协商的目的就是反对通过“橡皮图章”和“暗箱操作”来作出决议。本章的后部分将对协商与参与的关系作出更为细致的阐述。⑭

关于决策须公开、真实的要求就讨论到这儿。我对审慎决策的定义，还要求决议应体现对协商事项的集体判断。当公司决策是股东或董事超越自身利益、反映公司利益而进行讨论和争论的结果时，这种

---

⑪ Yong，前注 6，第 136 页。

⑫ Cohen，前注 6 和前注 22；Young，前注 6，第 136 页。

⑬ (1976) 2 ACLR 135，142.

⑭ 参见下注 36 及其内容。

决策就是正当的。换言之,应当鼓励作出决议的会议成员摒弃其个人利益倾向,就提交的议案形成集体意见。正如我后面将提到的那样,这与董事的法定标准相近似。[15] 在特定情形下,股东承担着更加模糊的义务——为了恰当的目的行使他们的投票权。[16]

这并不意味着个人必须或者将要放弃他们的个人利益。不可否认的是,正是私人利益为个人参与公司决议进程提供了动力。正如 Richard Buxbaum 所说,"利己主义者作出的集体决策与利他主义者作出的决策之间"存在持续的紧张关系。[17] 但是,在协商制度中,仅有个人利益并不足以支持最终决议的正当性。在决策过程中必须考虑公司的利益。[18] 一项由既有、不变的个人偏好汇集而形成的决议与围绕什么是公司利益展开争论并根据其结果进行投票而形成的决议之间是有很大不同的。这从投票过程可见一斑。[19] 再次引用 Sunstein 所言,在政治性协商的过程中,即便是最贪婪、最自私的人都会愿意将公司利益作为支持其相关决议的正当性理由,即使他们实际上并不这样认为。[20] 或者换句话说,在协商的过程中每个参与者都可能会遇到相对立的观点和利益,然后他们意识到仅仅是个人偏好不太可能获得别人的支持。所以,结论应当以能获取不同利益方支持的方式来作出。

因此,协商是集体判断的过程——个人的不同利益和观点的相互碰撞、相互磨合,最后形成有关待决事项中的公司利益的集体判断。在各种意见不存在重大差异时,协商在将各种相似意见转化为集体意见方面仍然很重要。当然,关于公司利益到底是什么,存在多种相互对立的观点,而且关于评价标准的看法也是多种多样的。事实上,有

---

[15] 法律要求董事必须以公司利益为宗旨行事,参见下注 36 及其内容。

[16] 这将在下注 52 及其内容有论述。

[17] Richard Buxbaum, "Corporate Governance and Corporate Monitoring: The Whys and Hows" (1996) 6 *Australian Journal of Corproate Law* 309, 312.

[18] Yong,前注 6,第 143 页。

[19] Yong,同上注。

[20] Sustein, *Democracy and Free Speech*,前注 6,第 244 页。

些观点认为公司利益还包括除股东之外的其他主体的利益,如职工、消费者、环境。鼓励探讨这些方面的利益,也是审慎决策的目的之一。

(一)协商与多数决

上述这些并不意味着公司决议必须建立在完全一致同意的基础之上。事实上,坚持一致同意是与协商原则是相背离的,它会造成决议实际上是由少数派作出的局面发生。正如我在第三章所指出的,协商观念是与多数决原则[21]相一致的,但重要的是它不与决策过程中的多数派专政相一致。从协商的视角来看,如果少数股东有透明和公正的机会参与决策,我们就能接受多数决原则。

因此,协商原则提供了一个可以评估多数派决定是否具有合法性的标准。正如 John Dewey 曾经指出的那样,重要的是待决事项的多数派是怎样达到多数的。[22] Manin 又说到:经过协商形成的多数决必然包含一种认可,即不支持最终被采纳的决议也有好的理由。[23] Tom Tyler 关于程序正义研究中的一个重要论点就支持这样的观点。当人们感觉到他们有机会发表自己的意见并被别人听取——当他们感觉到决议的形成有他们的参与——他们就更有可能接受这个结果,即使决议对他们不利。[24]

在公司领域,需要指出的是:股东大会中的多数票决与有投票权的股东人数的多数票决并不相同。牢记公司投票机制的运作是很重要的。以澳大利亚的法律为例:[25]《公司法》规定除非公司章程另有规

㉑ 这是指通过多数投票权来作出决议的程序。参见 Philip Pettit, "A Dilemma for Deliberative Democrats", in A. Van Aaken, C. list, and C. Luetge (eds.), 前注 9, 第 91 页。

㉒ Dewey, 前注 7, 第 187 页。

㉓ Manin, 前注 6, 第 359 页。

㉔ 前注 10, 第 163 页(Tyler 研究关注的是人们有关警察和法庭作出决定的经验)。

㉕ 澳大利亚与其他国家的成文法规定相似,例如英国和加拿大。

定,每一股份就有一个投票权。[26] 尽管如此,该法还是规定原则上以举手作为表决方式。[27] 长期以来公司法实践[28]就是如此,大多数的决议也是这样作出的。[29] 这表明公司决策也考虑了“一人一权”政治理念的某些价值,或者就如 Ratner 所说,这种理念是“通过投票表决进行决议,决议是由人作出的,每个人的决定权不能比别人大,除非有重要的政策依据支持这种差别”。[30] 当然,这里有一个相反的政策:公司法把一股一权作为基本原则,它直接将投票权与股东在公司的经济利益的大小联系在一起。[31] 股东大会上投票最终是一种经济利益的表达。公司中占有更多股份的股东有对公司事务更大的发言权。[32]

立法规定在宣布举手表决的结果之时或者之前,持特定份额的股东可以要求以投票来作出决定。[33] 当采用投票时,每个投票的股东都

㉖ 澳大利亚 2001 年《公司法》第 250E 条(可被替代的条款);相同的条款如英国 1985 年《公司法》第 370 条(6),其是以股东平等推定为基础的。P. Davies, *Gower and Davies' Principles of Modern Company Law*(2003 年第 7 版)。澳大利亚证券交易所上市规则规定上市公司每股一表决权是上市的前提条件,参见上市规则 6.9。而对于非上市公司,法律并不要求表决权的分配依据股东所持股份的数量(参见 *Amalgamated Pest Control Pty Ltd. v. McCarron*),股份可以就普遍或者特定事项被赋予多个表决权。

㉗ 第 250J 条(可替代的规定)。除非公司章程另有规定,代理表决权也可以通过举手来行使(第 249Y 条)。

㉘ 这在 *Ernest v. Loma Gold Mines Ltd.* (1896) 中被 L. J. Lindley 描述为周知的商业行为模式。

㉙ S. Bottomley, The role of Shareholders' meeting in Improving Corporate Governance(澳大利亚国立大学,商业法中心 2003 年研究报告)。

㉚ D. Ratner, "the Government of Business Corporations: Critical Reflactions on the Rule of 'one share one vote'" (1970) 56 *Cornell Law Review* 1, 19.

㉛ 早期的公司立法规定了稍微有些不同的形式。例如在新南威尔士州,1874 年公司法规定除非章程另有规定每个股东都应当有一个投票权。公司法标准条款规定了不同大小的投票权:前十个股份,每股一权;前 100 股份内,每五个额外股份增加一个投票权;在 100 股以外,没十个额外股份增加一个投票权。这些规定借鉴了 1862 年英国公司法。在新南威尔士州,一股一权直到 1936 才被引入公司法。

㉜ H. Manne "Some Theoretical Aspects of Share Voting-An Essay in Honor of Adof A. Berle" (1964) 64. *Columbia Law Review* 1427, 1430. 此论文解释了其所描述的投票权与投资份额的关系。

㉝ 此要求必须是由会议主席或者特定数量的股份作出的。

可以实际行使他们所持有每一股份的投票权。[34] 这就意味着股东大会的多数票既可能是投票股东人数中多数也可能指实际参与投票权中的多数(根据股份分布情况,这可能与股东人数多数相同或者不同)。

决策制度的基础是按照股份分配投票权以及投票自由,这样一来,如果持有大量投票权的股东不顾及协商程序而径直行使他们的投票权,协商程序在决策制度中的有效运作就可能受到妨碍。由于他们的投票权足以产生合法有效的决议,所以他们可能关闭协商的大门。对此我的态度首先是,股东不能也不应该被强制去协商。相反,应当鼓励(下文将讨论如何鼓励的问题)股东考虑公司的整体利益,而这种利益可以通过尽可能多的股东有效参与协商而达致。[35] 在特定情形下,例如我们将要看到的少数股东股份收购案件中,法律规定了固定的程序来鼓励多数股东考虑其他利害关系人的利益。

(二)协商与参与

在协商程序中应当有不同主体的参与并提出不同的看法(这视其所处的场合而定),比如个人股东、机构或公司股东、执行董事和独立董事。但是正如我已经说过的那样,公司决议中的协商原则要求,并不意味着所有的人都必须参与到每一次公司决议程序当中去。公司决议程序是前一章所论述的双重框架,而且法律也没有规定参与的特定形式(例如,我即将阐述的股东大会的缺席投票或者代理投票都是与协商决议程序相一致的)。显而易见,如果我们坚持全部参与,这将会使公司协商程序无法运作。[36] 在公司领域,如果存在确保这样一种机制——观点可以被提出并被听取、利益关系被披露、各种看法被认真考虑,缺乏全体参与并不妨碍协商目的的实现。需要关注的是投票

[34] 在投票时,股东不必行使其所有的投票权,也不必以同样的方式行使其所有的投票权。

[35] 下注 65 及其内容。

[36] 这里与有些要求所有受决议约束的成员均应参与会议的协商理论是不一样的—例如,Manin,前注 6,第 352 页。

过程和投票结构这类事情以及会议的召开方式。会议进行的程序应当尽可能地确保所有出席者有权表达他们的意见、观点并被别人听取。[37]

当然,在大的公司里面,股东一般很少介入公司事务。正如法经济学所强调的那样,甚至连获得对公司事务的基本了解(如选举哪个董事、是否赞同章程的修订)都需要大量的时间以及相关专业知识。导致股东消极的因素有很多,而且这些因素不会因协商框架和程序的存在而有所影响或者改变。在一个既定的场合下,一个股东有众多原因不参与决议的作出:没有意识到正在作出一项决议;不了解待决事项;待决事项与其没有利害关系;迟疑不决或者完全不关心。虽然我们承认这些导致不作为的因素,但是,确保或者激励股东行使他们作为公司成员的权利以影响决议的作出,而不是扮演纯粹的消极投资人或者剩余财产权人的角色,这样的规则、制度、程序是宪治主义架构的必备要素。

因此,审慎决策的目的之一在于通过扩大能影响决议的观点的范围来提高公司决策的质量,与此同时它也具有广泛的教育功能:通过协商,成员们意识到他们的个人利益与公司的利益联系在一起,他们既是自己利益的守护者也是公司利益的拥护者。[38] 股东可以基于各种理由不行使他们的投票权利,但这些理由不应该是基于这样认识,即投票毫无意义、鼓励消极应付或股东大会不过是一种形式或公关舞台而已。

---

[37] Yong,前注6,第142页。

[38] 此由卢梭的参与理论推演出来,正如 Carole Pateman 在 *Participation and Democratic Theroy*(1970) 24-25 论述的那样。Pateman 讲到参与的主要目的是教育功能,第42~43页。工具主义与其他类似于政治的、道德教育等目标的区别请参见 G. Parry, The Ideal of Political Participation', in G. Pary(eds.) *Participation in Politics*(1972) 19-31。在公司领域,很容易就会夸大这种教育功能的影响。广泛持股的公众公司的股东不会倾向于产生强大的社区联系。See W. Bratton, "Public Values and Corporte Fiduciary Law"(1992) 44 *Rutgers Law Review* 675, 695.

(三)协商与多重性

就协商的定义而言,我着重强调公司作出决议的程序应当尽可能地透明而真实,以及尽可能地促使产生的决议是对待决事项的集体判断。限制性条件是必需的,特别是在针对股份广为分散的大型公众公司时。这类公司在维持一套合法的公司决议程序体系方面面临着许多难题。一方面,股东经常是分散在不同的区域,而且正如我刚才提到的,不是所有的股东在所有的情况下都有参与细致的协商过程的能力、知识和利害关系。因此,协商是不完全充分的,因为不是所有的股东都发表意见,且也不是所有的价值观念、意见,或者论点必然被听取。所以股东决议可能只是与公司利益相近似。在这个意义上,协商的目标就是取得最大程度的近似。我们可以通过采用宽泛的、多层次的协商概念来达到这个目的,而不应把协商仅仅局限于股东大会或者董事会,即使它们是进行协商的最重要场合。我们应当意识到公众公司中的参与协商者存在角色多重性、话语视角多样性及观点多样性的问题,并且这些问题还可能影响决议。[39]

第一,角色的多重性。关于公司治理的相关文献,已经摒弃了作为 20 世纪公司法律规则的基石的"股东即所有人"的一元模型。众所周知,股东在公司中扮演多个角色,包括消极投资者、积极参与股东、甚至事实管理者。[40] 第四章所讲的小股东和大的机构股东的差别是另一事例。类似地,董事会里面董事也是多重的——如执行董事与独立董事的区分。

第二,话语视角的多样性。公司中不同的人和组织在不同的时间可能强调不同的价值观念、议案不同的方面以及评估决议结果合法性

---

[39] 此三类分类法来自 William Rehg and James Bohman, "Discourse and Democracy: The Formal and Informal Bases of Legitimacy in Harbermas Faktizitat und Geltung" (1996) 4 *The Journal of Political Philosophy* 79, 86 – 88。

[40] J. Hill, "Visions and Revisions of the Sharehold" (2000) 48 *American Journal of Comparative Law* 39.

的不同标准。例如,评估一项决议好坏与否的标准是公平性还是效率性,以及股份应当被看作“财产”还是“资本化的股息流”,这些问题无不存在争论。[41] 协商性的决议程序要保证在表决之前的讨论过程中没有特定价值得到优先考虑。与议案相关的所有价值观和看法均应当加以考虑。同样,这里不是要求只有在方方面面的情况都考虑清楚后才能作出决议。但是同时,当有合理理由认为其他方面也应当予以考虑之时,只顾一面的决议就会受到质疑。一项决议的合法性的审查不仅仅看它实际上考虑到了哪些观点,还应当考虑到这些观点被考虑的程度是否足够。在决议作出的最后阶段,一组价值倾向或者观点决定了决议的作出,但是这应当是协商过程的结果而不应当是预定的结论或者策略。

最后,我们可以预测到,关于待决议案会有各种不同的意见和观点,甚至在那些话语视角基本相同成员之间也同样存在。相互对立的意见和观点的范围越广,表现为多数决的最终决议越有可能被全体参与决议人员接受,或者说它根本就是全体参与决议的人员共同作出的。

(四)对协商持现实主义态度

到目前为止我所阐述的协商性决议可能是理想化的描述,旨在为现实中的公司实践提供一个基准。协商的目的是提高纳入决策考虑范围信息的数量与质量,从而提高决议本身的质量。但是,提到数量并不必然意味着信息越多越好。大部分协商制度的特征是“在既定情形下,完全考虑所有情形或者可能情况是不可能的”。[42] 显然,进入决议程序的信息的数量和范围受到实践的限制,协商结构和程序必须考

---

[41] 在澳大利亚,这些争论是由最高法院在 *Gambotto v. WCP Ltd.* (1995) 182CLR432 判决所引起的。参见 *Its Implications for Corporate Regulation*(1996);Peta Spender, “Guns and Greenmail:Fear and Loathing after Gambotto” (1998) 22 *Melboure University Law Review* 96。

[42] Manin,前注 6,第 356 ~357 页。

虑到这些限制。在本章后面的内容中我将探讨一些具体的操作方法。不是所有的事项都能列入股东大会或者董事会的议程,也不是议程上事项的所有方面都会被考虑。

同样,提高质量不意味着仅是协商程序就能保证决议的质量,也不意味着作出的决议就是合理的。协商结构和过程自身不能避免公司事务处理中的专制、欺压以及不公平。事实上,恰如 Schaur 所说,有时候协商会导致:

> 降低而不是提升决议的质量,坏的提议被接受、好的提议被拒绝的可能性增加,过度地使用华丽的辞藻,不利于削弱种族、性别、阶层、财富、身份魅力等的影响。[43]

公司会议(特别是股东大会决议)本质上不是平等的。在公司领域考虑协商原则,我们必须避免使用市政厅或者地方社区会议的模式。而且,在公司协商的制度规则中可能承认某些形式的作用优于其他形式。[44] 公司协商程序经常是不规范的、不礼貌的,有时候则是紧张的、不对称的,有时候是不愉快的。所有这些都一直在提醒我们,协商原则只是公司宪治论框架的一个方面,仅有协商原则是不够的,其他的机制,如恰当的分权、为质疑决议提供途径(下章即将论述)也应当被考虑。

二、作为协商主体的公司

将公众公司认定为协商组织体有很多理由——至少在一定程度上是这样的。一方面的理由是,公司法的规则和原则是以此作为基础

---

[43] F. Schauer, "Deliberating about Deliberation" (1992) 90 *Michigan Law Review* 1187, 1200.

[44] 参见 Yong,前注 6,第 138 ~ 139 页。

而建立的,我将在下文中对该部分规则进行分析,但在开始之前,首先我想指出另一个理由——公司,特别是大型公司已经拥有了一些协商理论专家认为的协商性程序有效运作的必备特征。协商性组织是一个持续的、独立的团体,并且其中的成员期望其能够永续存在,而公司恰好满足了该等需求。[45] 而且,协商性程序所必备的多重的利益和偏好也是大型公司所具备的:"协商不仅仅要求多样性的看法,还需要相对立的看法,因为事务的相对立是政治的核心"。[46] 最后,正如我们在第四章所看到的,公司实践和公司法都假设两个正式的决策组织(董事会和股东大会)都是其各自成员通过开会来行使权利的机制。

但是,要更好地阐释协商性决议与公司之间的关联性,可能需要通过检视公司法中已经具体规定或者至少是容许的相关关联形式。换言之,对协商的具体论述是存在其法理基础的。所以,我将首先考查公司法中的一些规则(源于澳大利亚法),这些规则的目的在于促使董事参与到决策前的协商程序中。

(一)协商,公司法与董事

董事为什么被期望审慎行事,为什么普通法和制定法都是这样要求的?一个很好的解释就是董事负责决定公司策略、制定目标、确立行动指南和在一般层面上监督这些决议的实施。[47] 判例法中关于董事的注意和勤勉义务的规定就是协商标准的明证。在澳大利亚,1990 年以来的一系列判决[48]都强调董事主持和参加董事会以及积极参与董事会决策的法定义务,也都强调审查董事会决议的理由和背景的重要性。而协商原则同样也是以董事参与董事会等决策程序为基础的。

---

[45] Cohen,前注 6,第 21 页。

[46] Manin,前注 6,第 352 页。

[47] *AWA Ltd. v. Daniels*(1992)10 ACLC933,1013 -1014.

[48] 这一系列的判例中经常被人们首先想到的是 Ormiston 法官在 *Statewide Tobacco Services Ltd. v. Morley*(1990)8 ACLC827 案中的判决。但是 Kirby 在 *Metal Manufacturers Ltd. v. Lewis*(1998)13ACLC357 案中的否定判决也应当引起我们的注意。

在 *Vrisakis v. Australian Securities Commission* 一案中，大法官 Malcolm 指出："现代社会中，董事被期待参与所有的会议，但像疾病或者出国这些使其不能参加的例外情况除外。"[49]但是，法庭又认为仅仅是参与董事会本身并不能满足法定要求。董事还必须了解公司业务运行的整体情况——这是必需的，正如 Roger 法官在 *AWA Ltd. v. Daniels* 一案当中指出的那样："董事必须对涌入董事会的各种事项予以正式而独立的判断并作出决议"。[50]

法律同样重视协商原则的另一个方面：集体性决议的要求。在 *Daniel v. Anderson* 案中，新南威尔士州上诉法庭大多数法官认为普通法上董事的注意义务包括共同行动去管理公司。[51] 董事不得以自己或者部分人的利益基础为协商行为，该项一般信义义务进一步加强了集体决议的必要性。董事不管是谁提名的或者任命的，他们都必须考虑到公司整体的最佳利益[52]。

甚至法庭在准备容许董事会通过现代电子通信方式来召开董事会时，仍要求集体决议。不论会议召开的具体方式，达成合意都是必需的。[53] *Re GIGA Investment Pty Ltd.* 案件清晰地解释了法庭的上述观点。本案是一个关于某个董事通过电话参加会议作出的决议是否有效的案件。Branson 法官支持该会议的合法性，提出一个关于公司章程要求董事必须聚集在一起的目的问题。她认为：

> 在我看来，该目的就是确保参与董事会的董事能够一起讨论公司事务并最终决定要采取的行动。我认为，协商在此

---

[49] (1993) 11 ACSR162, 170.

[50] (1993) 10 ASLR933, 1013.

[51] (1995) 13 ASLR614, 666. 也可参见 *Northside Development Pty Ltd. v. Registerar-General* (1990) 8 ACLC611, 645。

[52] *Greenhalgh v. Arderne Cinemas Ltd.* [1951] Ch 286; *Levin v. Clark* [1962] NSWR686; *Re Broadcasting Station 2GB Pty Ltd.* [1964 – 1965] NSWR 1648.

[53] Bell v. Burton (1994) 12 ACLC 1037, 103; 参见 *Wagner v. International Heath Promotions* (1994) 12ACLC 986。

种意义上要求董事:(1)能够了解其他董事在会议上所阐述的事实和观点;(2)在会议前能自由地争取说服其他董事接受其有关待议事项的观点。[54]

正如我在本章前面所讲到的,能够自由地说服其他董事的核心是对有理由的观点予以批判性的评价,而不是服从于别人的权威。Catherine Walter 是一个杰出的董事,他在公开发表对董事会决议程序的担忧之后辞去了一家澳大利亚排名靠前的银行的董事职位。他说:

董事会是汇集精英的地方,而不是独裁或者官僚化机构。他们应当依据议案的质量而不是议案提出者的地位来予以评价。[55]

董事会内部分权——特别是董事会主席与 CEO 的分离——是激励董事会基于说理而非等级作出决议的一种方法。当然,分权本身是不够的。正如 Ford Austin 和 Ramsay 所说的,基本的要求是董事对有关事项应积极考虑。如果他们忽视重要情况或者不当地盲从于其他人员,就是违反其义务。[56]

判例法强调决议作出之前的程序。成文法的规定可以进一步加强这方面的义务。例如,在澳大利亚,《公司法》规定了商业判断规则。[57] 这项规则假设,只要符合特定标准,则董事或者高管们作出的商业判断应视为是符合注意和勤勉义务要求的。其中一个标准就是,董

---

[54] (1995) 13ACLC 1047,1050.

[55] ABC Radio, "Ex NAB Borad member Catherine Walter Speaks out", AM, 2004年9月1日,星期三; http://www.abc.net.au/am/content/2004/s1189565.htm, 2004年9月1日访问。

[56] H. Ford, R. Austin and I. Ramsay, *Ford's Principles of Corporations Law*(2005年第12版)373.

[57] 第180条(2)。此项规则是以美国法律研究院的《公司治理原则:分析与建议中》的相似条件为基础设计的。

事已就所需判断的事项获取了其合理认为应当获取的所有信息。[58] 而且，只有当董事积极地作出一项商业判断时他才能获得该规则的保护。换言之，必须作出一项是否对与公司经营有关的事项采取行动的决定。[59] 消极、不关心以及没有行为是违反义务的。通过这种方式，成文法意在强化董事应作出决定且在决定之前积极考虑相关问题的观念。

（二）协商，公司法与股东

公司成员对公司不负有信义义务。[60] 虽然公司法为股东参与股东大会协商提供了依据，但是并没有要求他们必须这样做。此种基本的法律判断蕴含在长期的判决意见当中。例如，*Jessel* 在 *Pender v. Lushington* 案件中指出：

> 一个公司的股东没有义务在表决时仅能考虑其他人认为的公司的最大利益。只要其认为是适当的，他有权按照自己所认为的个人利益来行使投票权。[61]

但是，法庭有时对控股股东在股东大会上行使投票权进行限制。而这类案件中所阐述的原则与协商理念的各个方面都是相一致的。

法庭可能会宣布控股股东滥用权力通过的决议是无效的，其理论基础在于大股东行使投票权的目的不能超出公司章程赋予其权利时可推知的目的范围。[62] Templeman 法官就此解释说，这项原则适用于大股东有意或者无意地、欺骗地或者过失地以损害公司利益为代价谋

[58] 第180条(2)(c)。

[59] 第180条(3)。

[60] *Peters' American Delicacy Co. Ltd. v. Heath*(1939)61 CLA457,504(Dixon J).

[61] (1877) 6Ch D70,75–76.

[62] Ford Austin and Ramsay，前注56，第618页。有时也会被认为是对小股东的欺诈。

求个人利益的方式来行使权利的情形。[63] 在这个意义上，这项原则要求大股东在投票之前应当已考虑到其他相关事项，即使这些事项可能与其个人利益不符。

这样的限制也存在于股东通过特别决议修改公司章程的案件中。一直以来，在这种情形下，法庭要求大股东"须诚实地为公司整体利益"来行使投票权，并以此限制他们的权力。[64] 当提出的章程修改议案违反某些股东的意志、限制或者禁止其权利时，这样宽泛的限制即不复有用了。在涉及强制回购少数股东股份的 *Gambotto v. WCP Ltd.* 案中，澳大利亚高级法院修改了这一标准，要求行使修改章程的权力必须得有合理的目的，并且不能用来压迫少数股东。[65] 虽然对这项标准的准确含义还存在争论，[66]其潜在的意图是清晰的：当其他股东利益处在受侵害的危险情形时，控股股东投票权的行使就不能仅仅考虑股东私人或者个人的利益。换言之，任何对其他成员利益的干涉都应当以成员的共同利益为依据，而不能基于部分人的利益（目的正当性要求），而且必须考虑到受干涉主体的利益和观点（避免压榨的要求）。[67]

（三）信息公开

股东能够有效参与协商的前提，是他们能够获知公司管理、营业以及运作情况方面的信息。公司法规定了一系列披露规则，要求定期

---

[63] *Daniels v. Deniels*[1987]Ch406，414.

[64] *Allen v. Glod Reefs of West Africa Ltd.*[1900]1Ch656，671 per Lindley MR.

[65] (1995)13 ACLC 342，348.

[66] 参见前注41，这项标准在Gambotto案中的适用也饱受争议，该案中拥有99.7%的大股东被限制投票，这项议案被少数的剩余股东投票支持通过。

[67] 这句话引用至Pettit，Republicanism，前注6，55. Gambotto案中的标准与Pettit's关于非控制性的自由之间存有某种有趣的相似。

报告、[68]临时报告[69]以及运营信息所需持续披露。[70] 有以下三个原因支持上述强制性披露要求：使投资者获取投资信息以便作出投资决定；帮助公司监管部门监控公司行为并在必要时采取行动；通过加强股东监管能力，减少管理层和董事会不当行为发生的可能性。

强制性信息披露规则曾经在理论界很有争议。许多反对强制性公开制度的理论都主张，在没有信息披露规则的情况下，半有效或强有效的证券市场也有能力提供足够的公司信息。[71] 我的观点是，公司决策的协商机制为强制公开规则提供了一个重要的非法律性的和非经济性的论证，信息公开能保证股东在充分知情的基础上评估和促进公司的决策。进而言之，只要公开的信息能够满足协商的要求，则信息公开就能提升公司决策水平。公司决策中的协商机制，至少会促使部分股东不仅从评价自己投资的价值的角度，而且还从参与决策的角度来获取信息。

信息公开必须是强制性的。正如我将在第六章论述到的，公司宪治论的一个重要方面就是股东拥有明了而有效的途径来质疑公司决议及其行为。公司信息应由可靠的人员掌握，以可识别的方式展示，并且所有股东都有同等的权利获取，如此才有助于增加决议的可争议性。如果仅仅通过市场来产生信息，或者坚持认为证券价格能体现所有信息而摒弃强制性的信息公开，将会降低可争议性。

协商可以帮助股东发现缺失的信息。即使规定了强制性信息公开，公司管理层仍然可能隐瞒或者歪曲那些对股东评价公司及管理层有价值的信息。这一方面是因为强制性公开规则不能穷尽所有事项，

---

[68] 在澳大利亚，2001 年《公司法》第二章特别要求准备以及公开年度财务报告以及进行年度审计。

[69] 例如，收购（2001 年公司法第六章），公开发行证券（2001 年公司法第六章 D）。

[70] 澳大利亚证券交易所上市规则 3.1 强制要求上市公司持续披露，这也是 2001 年《公司法》第六章 CAD 要求。

[71] 参见 Ramsay 关于这些争论的评论，"Model of Corporate Regulation: The Mandatory/Enabling Debate", in C. Rickett and R. Grantham (eds.), *Corporate Personality in The 20th Century* (1998)。

另一方面是因为公司报告的一般标准是不完善的。仅靠增加法定公开事项不能解决问题。协商性讨论为基础的制度能增加股东去发现他们未知的事项的可能性,使股东可能获取进一步的信息,弥补公开信息的差距与不足。是故,协商性讨论是强制性公开框架的补充,与仔细列举公开对象的公开规则相比,其更能满足特定公司解决股东信息不对称问题的需求。

不是所有公开的信息都有助于协商,也不是所有股东都会利用或阅读这些信息。这需要我们寻找将信息引进协商性讨论的机制,稍后我将在本章提出一项机制。但我们首先应鼓励公开——公开是有利的,其原因不仅在于消除市场怀疑或者是满足监管要求,而且在于其能够提高决策水平。

在澳大利亚,信息公开制度对事关协商机制的诸多要素给予持续关注。成文法规范、证券交易规则以及行为规则都要求上市公司应即时披露其知悉的任何影响股票交易价格信息。[72] 决定何种信息应当予以公开,是以理性人标准判断该信息对公司证券的价值或者价格是否产生实质性影响。[73] 这意味着信息公开是与特定公司所处环境相关的。正如 O' Loughlin 法官在 *Flavel v. Roger* 案中所做的解释:

> 信息公开很大程度上取决于特定公司特征,对于某一公司而言需要通知证券交易所的情形,若发生在另一家公司时则可能不用通知。由于情况的改变,在公司生命周期某一个阶段上需要通知的情形,若发生在另一阶段时也许就可能不用通知。[74]

[72] 在特定情况下,非上市公司也需要向澳大利亚证券与投资委员会公开相关信息。

[73] 参见 2001 年《公司法》第 674 条(2)(c)。

[74] (1990)8 ACLC237 243 -245.

法律鼓励公司[75]确立书面的信息披露政策文件，以明确何种类型的信息将会公开、公开的方式（例如，通过公司网站、出版物、电子邮件、邮寄等方式）以及具体负责信息披露的公司内部机关[76]（及其他的相关事项）。

（四）股东大会中的协商

众多具体的成文规范赋予和保证了公众公司股东参与股东大会协商的机会，并在公司章程（以及证券交易规则关于上市公司的规定）中对此进行了补充性规定。成文法规则意图确保股东获得会议通知以及足够的公司商业信息，以便他们可以就出席和投票作出知情的选择。这些规定主要包括：及时召开年度股东大会议的要求，[77]通知的要求[78]以及对投票程序、最低参加数、代理投票的规定。[79] 澳大利亚的立法同时也要求股东大会主席给予股东就公司的管理发问以及评论的合理机会。[80] 同样，应当允许股东就财务行为、财务报告的准备及其内

---

[75] 澳大利亚证券交易所：2003 第 8 章，持续信息披露，上市规则 3.1；澳大利亚证券与投资委员会：为投资者提供更优的信息披露——指南规则。<http://www.asic.gov.au/asic/pdfilb.nsf/LookupByFileName/better_disclosure.pdf/$file/better_disclosure.pdf>，2004 年 9 月 1 日。

[76] 现在一些专业性的机构颁发公司披露年度奖章，评选的内容就是公司持续公开披露的政策和实践的质量。参见澳大利亚披露奖（Australasian reporting awards）<www.arawards.com.cn>2005 年 2 月 18 日。

[77] 例如：澳大利亚 2001 年《公司法》第 250N 条；英国 1985 年《公司法》第 366 条；加拿大 1985 年《商事公司法》第 135 条。

[78] 例如：澳大利亚 2001 年《公司法》第 249H 条～249L 条（第 249R 条要求会议召开的地点和时间应当合理）；英国 1985 年《公司法》第 369 条；加拿大 1985 年《商事公司法》第 133 条。

[79] 例如，最低参加人数限制：澳大利亚 2001 年《公司法》第 249T 条；英国 1985 年《公司法》第 370A 条；加拿大 1985 年《商事公司法》第 139 条；投票程序：澳大利亚 2001 年《公司法》第 250J 条；英国 1985 年《公司法》第 370 条；加拿大 1985 年《商事公司法》第 141 条；委托投票的权利：澳大利亚 2001 年《公司法》第 249X 条；英国 1985 年《公司法》第 372 条；加拿大 1985 年《商事公司法》，Pt XIII；会议记录：澳大利亚 2001 年《公司法》第 251A 条、第 251B 条；英国 1985 年《公司法》第 382 条。

[80] 第 250S 条。

容，财务政策以及财务人员的独立性进行质询。[81]

这些法律规定有部分是最近对规制股东大会的法律规范进行反思的产物。[82] 在澳大利亚，这些探讨和反思一部分来自因商业界对1998年5月公司法修正案的关注[83]（本次修订包括规制上市公司股东大会通知的规则，征集投票权时信息公开，赋予董事个人召开股东大会的权利）。但是同样重要的是，这些探讨和反思也产生于公众广泛地关注董事薪酬[84]和绩效标准，以及越来越活跃的环保、劳工、人权组织利用战略持股不断在矿产公司或者其他跨国公司的股东大会上提出议案。[85]

澳大利亚一项关于股东参与股东大会的研究报告的开头这样写道：

> 规制股东通过实际出席或者电子通讯的方式参加股东大会的法律应当采取一切合理措施，保证股东进行的是知情决策，方便多数股东按照自己的意志有效行使决定权。所有股东应当享有同等的权利获取相关信息以及表达观点的机

---

[81] 第250T条会计人员被要求参加澳大利亚上市公司股东大会（第250RA条）。

[82] 在澳大利亚，参见公司和证券建议委员会，*Shareholder participation in the Modern Listed Public Company*，最终报告（2000）；澳大利亚议会公司和证券联合立法委员会，*Report on Matters Arising From the Review Act* 1998（1998）；在英国，参见公司法评论组织（Company Law Review Steering Group），*Company General Meetings and Shareholder Communnication*，建议稿（1999）。

[83] 1998年澳大利亚公司法修订法案。其中一些规则是由民主与劳动党引进的。

[84] 参见 Catherine Fox，"Shareholers Keeping their eyes glued on broads"，*Australia Financial Review*，1995年11月5日，19. 另一个例证是AMP公司（澳大利亚最大的保险公司之一）的董事会主席强制辞去职位，*Australia Financial Review*，2000年4月1日。

[85] 例如，1999年澳大利亚矿产公司北方公司面临一项有少数股东（North Ethical Group）提起的法律诉讼，该诉讼强制公司考虑其下属子公司行为对环境影响的议案。这项诉讼庭外和解了，北方公司答应在公司年度股东大会上考虑这项议案；The Age（墨尔本），1999年12月13日。跨国矿产公司必和必拓股东提起动议要求改变董事会结构以及要求公司遵循国际劳工组织的标准，*Australia Financial Review*，2000年3月8日；*The Sydney Morning Herald*（Sydney）2000年5月12日。

会。他们的投票权与其持有的股份相一致。[86]

“效率”和“知情决议”同样重要，一直都贯穿于现今关于股东大会的讨论之中。透过这些讨论的议题我们可以发现：

> 两种观点，即认为公众上市公司应首先是（如果不是完全是）是一个经济实体，与认为股东大会能够也应当成为协商性场所的观点之间存在的紧张关系；
>
> 关于对董事会与股东大会的决策职能的合理划分的关注；
>
> 关于股东大会协商能力的假设；
>
> 少数股东与多数股东之间对相对价值的观念分歧；

一个极端的观点倾向于认为要么取消股东大会，[87]要么限制股东大会在公司治理中的作用。股东大会被描述为一个耗财耗时的、低参与度的机构，并且其决议通常是由代理权征集情况所决定的。[88] 另一个极端的观点则认为，应把股东大会打造成一个论坛，在这个论坛里股东既可以讨论公司事务也可以讨论更广泛的经济的、政治的、环境的或者社会的问题。此种观点认为，股东大会是将多数股东和少数股东以及其他利害关系人所关注的问题传达给公司管理层一个手段。这种理论的基础与利害关系人理论是相一致的。[89]

我们面临一个选择：以牺牲协商为代价优先考虑效率，抑或选择

---

[86] CASAC Final Report，前注 82，1。

[87] 例如，“联邦银行首席执行官 David Murray 告诉报社的执行官们，关于股东大会重要的问题不在于它如何操作，而在于其是否应当被取消。”，*The Weekand Australian*，27 – 28，2000 年 5 月，36。（注：澳大利亚联邦银行是澳大利亚最大的上市公司之一）

[88] G. Stapledon，S. Easterbrook，P. Bennett，and I. Ramsay，*Prxoy Voting in Australia' s Largest Companies*，墨尔本大学公司法和证券法研究中心研究报告，2000。

[89] D. Millon，“Communitarianism in Corporate Law：Foundations and Law Refrom Strategies”，in L. Mitchell（eds.）*Progressive Corporate Law*（1995）1.

以牺牲决议的有效性为代价来实现模糊的民主观念。[90] 以上两种观点都不值得采纳,因为那种把公司看作民主团体的观点没有充分考虑到公众公司股东利益的多样性和分散化,而废弃主义者则低估了(即便仅仅是象征意义的)众多股东和董事持续参加股东大会的问责功能。本章的后半部分将展示一条中间路线,即避免极端弱化股东大会的不合理性,也避免股东大会无所不包理论的不可操作性。在公司成员的概念框架下,如何将协商的价值与决议作出的效率性要求相连接,很具有挑战性。

三、公司协商的限制

我认为,作为一项现代公司法的既成议题,协商理念确实带来益处,但是这种观点不能加以夸大。协商程序对董事会的意义比对股东大会要大,因为董事会人数较少,[91]并且人员相对同质,实践中还能对其成员资格加以限制。[92] 股东大会经常就是相异的股东利益的集结体。

有充分证据证明,公众公司的股东大会具有相对较低的参加率。一项针对 217 家公众公司在 2001 ~ 2003 年间股东大会的调查(AGM 调查)显示,在 98% 的股东大会会议中,自己参与或委托投票参与的股东不超过公司全部股东人数的 20%。[93] 即使参加股东大会的概率

---

[90] Rehg and Bohman,前注 39,第 85 页。

[91] 澳大利亚董事会平均有七个人,大多数的公司拥有四到九个董事:Korn/Ferry International, Boards of directors Study in Austriania and New Zealand(2003)14. 英国上市公司董事会平均有七人:Derek Higgs, United Kingdom Department of Trade and Industry, Review of the role and Effectives of Non-Executive Directors(2003 年 1 月,18)。

[92] 在大多数公司中,董事会有权任命人员去填补董事空缺。这种任命还需要下届年度股东大会上得到股东大会的确认,不过被任命的人员已经得到董事会的许可,其被确认的可能性极大。

[93] S. Bottomley,前注 29,第 25 页。

更高一些，股东大会中的协商也会因多种因素变得困难。这些因素包括决定会议讨论范围的会议议程早在会议召开之前就已经确定。正如 Black 所说，在大型公司中，“管理层控制股东进行的决议事项、决议时间、以及决议顺序和股东何时了解议程内容”。[94] 公司决议的作出需要经过多个步骤的程序。[95] 在被列入议程之前，一项提案就已经被研究和讨论，以及由众多不参与股东大会最终决策的公司内部人员实施了合法性审查和财务上的可行性审查。股东只能就这些已经确定的议案投赞同票、否决票或者弃权票。股东在股东大会上没有另起炉灶提出他项议案的空间，[96]而且对议案的任何修改都必须与原稿的基本目的相一致。[97] 会议议程上议题的顺序直接决定了决议的结果，[98]以及协商讨论的程度。例如，如果董事的选举或者连任议题被置于公司财务报告展示与讨论之前，股东可能会抱怨到他们在没有机会了解有关候选人的行为或者解释的情况下就被要求进行投票。[99] 在大型公司的股东大会会议上，每个股东发言的时间可能受到一定限制。[100] 还有其他的因素，如代理权委托的数目[101]和会议持续期间、[102]议程的多少以及复杂程度、[103]会议举办地点等都是影响股东参与协商的数量与质

---

[94] B. Black, “shareholder Passivity Reexamined” (1990) 89 *Michigan Law Review* 520, 592.

[95] Parry，前注 38，第 6 页。

[96] 澳大利亚 2001 年《公司法》第 249N 条：持有 5% 以上的股东或者 100 名拥有投票权的股东才可以在股东大会上或召开之前提出议案。

[97] E. Magner, *Joske' s Law and Procedure at Meeting in Australia* (1994, 8ed.) 46.

[98] C. Plot and M. Levine, “A model of Agenda Influence on Committee Decisions” (1978) 68, *American Economic Review* 146.

[99] 例如，2001 年 Telstra Ltd. 股东大会：http://workers.labor.net.au//119/news93_telsta.html，2004 年 12 月 17 日。

[100] 我观察到的股东大会举行在大礼堂里面，发言人讲话需要借助话筒，而话筒控制在主持会议人的手中。

[101] 将在注 117 及其内容中讨论。

[102] AGM 报告显示，澳大利亚股东大会平均每次持续时间为 1.25 小时，38% 的股东大会少于 1 小时。

[103] AGM 研究报告，前注 29，第 36～37 页，87% 的股东大会协商的议题不超过四个，虽然他们经常导致众多的议题。

量因素。

鉴于上述法律和实践的限制,股东的有效协商需要股东大会之外的措施予以保障。当然这些措施都不应该取代股东大会。股东大会的重要性在于:不管股东参与的水平有多低,AGM 报告显示由于在会议上董事与股东是面对面直接对话的,所以董事会认真对待股东大会。[104] 正如一个董事所说:“没有人愿意看到愤怒的股东从下面威胁要追究董事的责任。”另一个董事则把股东大会的价值描述为:“如果有人盯着你的眼睛,面对面地问你不想回答的问题,这就压力之所在。”[105] 无论如何,我们仍需要建构各种机制来保证股东有机会在股东大会之外参与公司事务决策,可能的话,要影响决定会议议程形成的事务。接下来我将具体阐述其中的内容。

四、股东大会之外的股东协商

一个具有可行性的股东协商模式,应当考虑到大多数公众公司股票的分散化和多元化。这就意味着应当承认那些参与的股东并不都采用一种协商模式,而且这些多元的协商模式分散在不同的场合。所以我们需要一个宽泛的多层次的股东协商模式,而不是仅仅局限于作出正式决议的股东大会。协商性程序应当开始于会议议程作出之前,而股东大会决议的作出仅仅是一系列协商程序的终点。作出一项好的股东大会决议——也就是该决议得到了所有股东的尊重,即使他们可能仍不同意最终的决议——依赖于在股东大会之前非正式的意见和观点形成的可能性。Jurgen Habermas 关于协商性政治理论也适用于此,他说:“协商性政治依赖于制度化的民主体制和非正式的意见形

---

[104] AGM 研究报告,前注 29。一项英国的研究也得出相同的结论:P. Stiles and B. Taylor, *Boards at Works: How Director View Their Roles and Responsibilities*(2001)93。参见澳大利亚商业委员会,Company and Shareholders Dialogue: A Discussion Paper (2004) <http://www.bca.com.au/upholder.pdf>, 2005 年 12 月 2 日。

[105] AGM 研究报告,前注 29,第 41 ~42 页。

成机制相互作用,其不能仅仅依靠法定的协商和决议程序。”[106]

(一)协商范围

按照哈贝马斯所说,我们可以把公司协商和决议的作出看作一系列的同心圆,股东大会是这个圆的中心。圆的外围——称为商业世界——分布着股东(大的和小的)、市场分析人士、代理权咨询服务人员、股东协会、管理机构、[107]证券交易所与媒体评论员等。在这个范围内,时刻存在非正式的信息交流,以无固定的协商或者非正式的谈话为特征。[108] 在往中心移动时,我们可以发现在该区域内的协商和决议程序更加规范化,非董事经理以及其他公司职员会在日常活动中参与到这个层面。然后,在更进一步的区域内,协商程序将会较少启动但董事会更加正式化(一般一个月举行一次)。最后,我们看到的是高度规范化的决议作出程序——股东大会。

此处,我想强调此同心圆形象[109]的两个特征。第一,当我们从外围走向中心的过程中,协商的次数在减少但越来越规范化,[110]而且信息公开的方式也越来越规范(例如,网络论坛上的帖子与股东大会书面通知上的信息相比)。第二,在最外围的协商及其观点是在公司机关之外形成的,它们不能代替正式的公司决议。仅仅是在中心——在董事会和股东大会——才能产生有法律约束力的决议。外围的协商可能是有偏见的、主观的、有时候还是不切实际的。这就是其不能代替正式程序的原因,也是需要董事过滤来自外围信息的原因。不管怎样,

---

[106] J. Habermas, *Between Facts and Norms: Contributions to a Discourse Theory of Law and Democracy* (1996) 308.

[107] 澳大利亚证券和投资委员会设立了公司警戒服务机构。

[108] B. Noveck, “Designing Deliberative Democracy in Cyberspace: The role of the Cyber-lawyer” (2003) 9 *Boston University Journal of Science and Technology Law* 1, 6 - 7.

[109] 这是对公司组织结构的一种描述,是一种解释方法。同心圆形象与哈贝马斯的论证相一致,但是金字塔式着重层级式结构,也可说明问题。

[110] 感谢 Johan Braithwaite 的此项观察。

外围的讨论也是很重要的，因为它可以为中心的决议作出提供信息（虽然其不是决定或者替代）。“如果一项决议是有约束力的，可以通过强制力来实施的，则其应当是通过核心领域的那些不太宽泛的途径产生的。”[111]虽然上述观点是正确的，但“决议的合法性依赖于外围的非正式的意见”[112]也是正确的。公司决议的协商模式的任务，是增加外围与中心信息的相互交流。我将在本章的后面论述一些交流的途径。

随着作出决议的正式化，协商的次数也越来越少，对内部协商的关注应当转向对外围协商的质量的监控和确保。[113] 所以，股东大会应当在董事会协商中获取质量保障；董事会则要监督公司经理的协商的质量；同时，董事会和股东大会都应确保及时了解商界对公司的讨论以便董事、经理能够及时获知他们决策的反馈。[114]

为了使这个问题变得更具体，想一想当一个议题被提交到大型公司的股东进行讨论时，股东的反应可能是多种多样的。我们可以从两个极端情况来描述。有些（可能是许多）股东由于对股东大会因漠不关心或者采用消极投资策略的原因，根本不关注股东大会，假设一个股东不参加的决定是自愿的，股东已经获取足够的关于议案的信息了，并且已经意识到确实存在一个参与股东大会的现实机会，那么他的行为也是与好的公司决议作出机制相符的。[115] 这就意味着，就任何一个给定的议案，在不是所有股东都发表自己意见的情况下，协商是不完全的。在另一个极端，有些股东在股东大会上正式且直接地参与到决议过程中，假设协商程序是如前所述的公开且真实的情况下，股

---

[111] Habermas，前注 106，第 356 页。

[112] B. Peter, *Die Integration moderner Gesellschaften*（1993），转引自 Habermas，同上注。

[113] 这一观点同样来自 Johan Braithwaite 的观察。

[114] 这是可以做到的，例如，通过持续性公开的要求以及通过公司网站。澳大利亚大多数的大型公众公司都有自己的网站：Broros，前注 107，第 502 页。澳大利亚商业委员会 A2004 讨论文件进一步促进公司更好的利用网站：前注 104，第 49 页。

[115] 法律要求通知股东大会议的召开以及会议将要通过的决议，目的是避免决议是在股东不知情的情况下作出的。

东的行为也是与好的公司决议作出机制是相符的。但是处于两个极端之间的情况具有更大意义。一个具有协商性的公司决议作出模式应当容许其他可能性的存在。在一个既定的公司议案下,公司股东可以如下三类。

第一类股东,在决议作出程序中,相对于正式的决议程序,其参与的程序是非正式和外围的。这些股东可能会监督公司议案,收集相关信息,参与一些非正式的讨论,还可能参与辩论。但是,他们不会寻求对结果作出直接的影响,也将不参加正式的决议程序。这可能是因为缺乏时间或者其他资源,或者是经过考虑后发现不是其愿意追求的事项。如果正式的决议作出程序已经吸收了其在外围发表的非正式信息,这也与好的公司决议作出机制相一致。

第二类股东,使用那些以非正式但有影响力的方式参与了决议。机构投资者股东在公司决策中的作用就是个明显的事例。正如我在第四章所讲的,许多大股东倾向于和投资的公司进行经常性交流以监督公司财务和管理事项。[116] 如果不排除其他股东参与,并且不存在以结果性或排他性的方式来决定议程安排和决议结果,股东行为也是与好的公司决议作出机制相一致。

第三类股东,通过委托代理,以一种正式但有限的方式参与决议的作出。代理权委托可能会导致反协商的结果。这在澳大利亚的表现比较明显,大部分股东不授予代理人如何投票的自由裁量权。AGM 报告发现 88% 的公司中超过一半的[117]股东授权代理人以明确的特定方式行使权利。在此种情形下,股东的投票不会随着股东大会提出的观点发生任何变化。当股东已经把投票权委托给代理人,一般情形下代理人是会议主席团成员,这就意味着投票经常会以支持董事会

---

[116] 参见第四章,前注 144 及其内容。

[117] S. Bottomley,前注 29,第 28 页。即使如此,非会议主席的代理人也不必以举手或投票的方式代表被代理的股东表达意见(直接传达被代理人的意见即可):澳大利亚 2001 年《公司法》第 250A 条(4)。2006 年公司法修正草案提出这样的修改方案。

提案而反对股东提案的方式行使。[118] 如果那些选择亲自参加会议并投票的股东并没有被剥夺质询和获取解释的合理机会,而那些委托投票的股东在决定委托之前进行了仔细斟酌,不论怎样,代理权委托还是与好的公司决议作出机制相一致。

代理权委托应当有两个附带条件。第一个附带条件,委托代理的票数不能作为缩短股东大会上讨论进程的借口。在没有进行任何讨论之前,可能会出现会议主席直接公布关于某项议案代理权征集情况,在此情形下,代理权征集往往就会决定股东大会决议的结果。例如,AGM 报告显示,在 99% 的公司,通过委托代理参加股东大会的股东超过所有投票股东的一半,[119]在 48% 的公司这个比例达到了 99%。正如我已经强调过的那样,协商不是票数统计,是提出观念进行讨论、辩驳以及审查每个观点及辩驳的合理性。澳大利亚《公司法》规定了一个可替代性规则,要求会议主席在投票之前向大会公布是否存在委托代理以及这些代理的投票方式。[120] 所以委托投票情况可能在没有对议案进行任何讨论的情况下对大会进行公布了。[121] AGM 研究报告还发现,就何时公布的问题存在广泛的争论,虽然大多数公司管理层偏向于在讨论结束之后、投票之前公布委托投票情况。[122]

第二个附带条件有两个要求。第一个要求,是向股东发出的代理权征集文书应当包括所有在召开会议之前可知的关于待议议案的所有争论观点。澳大利亚的法院在一定程度上坚持这样做。在 *Fraser v. NRMA Ltd.* 案件中,联邦法院这样声称:NRMA Ltd. 发送给股东关于公司股份化的信息,依据 1974 年的《商业实践法》是错误的和有误导性的。法院认为股东不仅应当知悉关于股份化提案有利的信息,也

---

[118] Stapledon 等,前注 88,第 21 页。

[119] S. Bottomley,前注 29,第 28 页。

[120] 第 250J 条(1A)。

[121] 公司与证券咨询委员会最终报告建议代理权征集的细节何时予以披露应当是会议主席的自由裁量权。前注 82,第 57 页。

[122] S. Bottomley,前注 29,第 39 页(这是对 21 家公司管理层调查的结论)。

应当被告知那些不利的信息：

> 提出建议的董事没有了解并告知股东不利的消息，应当意识到即使股东有可能知道那些没有明示的不利信息，也会因为董事建议里面没有涉及而不加以重视。[123]

第二个要求，是法律应当规范通过代理权征集取得的投票权的行使。股东对代理投票权行使的任何指示，代理人都应当按照其指示行使权利。[124]

在不同公司或在同一个公司协商不同提案之时，股东持续性参与方式都是不同的。同样这也是受股东类型的影响，大的机构股东由于他们有事实上的权利影响结果的产生，他们可能就更接近决议作出的中心。[125] 相反，个人或者分散的小股东可能仅仅参与外围非正式的讨论。正如我之前提到的那样，应当鼓励外围的意见形成并且确保其对董事会、股东大会的决议程序产生影响。

（二）外围协商

外围的协商要求股东能够及时了解与公司及他们参加的决议相关的信息，而且他们能够以可引起内部决议作出者关注的方式来讨论这些信息。

妨碍股东实现这些目的的困难是显而易见的。获取、理解公司信息并作出行动的成本往往大于个人股东由此获得的收益，这就使个人

---

[123] (1995) 15 ASCR 590, 621.

[124] 在澳大利亚，这需要对 2001 年《公司法》第 250A 条(4)进行修改，这也是 2006 年公司法修改草案的建议。

[125] I. Ramsay, G. Stapledon, K. Fong, "corporate Governance: The Perspective of The Australina Institutional Sharehodlers" (2008) 18, *Corporation and Securities Law Journal*, 110，该文讲到机构股东对公司治理的参与是很普遍的。参见第四章注 141 ~151 的讨论及其内容。

股东很少愿意这样去做。公司治理学界关于这个问题的解决方法是鼓励那些"信息中介"收集、分析公司信息,然后公布他们的结论或者给股东提供行动建议。协商人员部分承担了上述工作,但大部分都是由前文提到的市场分析人士、代理权征集咨询人员以及网络服务商承担的。[126] 当然,维持一套高效率的信息中介系统面临的问题,在于谁愿意或者应当为提供信息埋单。[127] 但是,我想关注的是一个不受关注的问题——当股东获取这些信息时其应当如何作为?

一般情形下,股东在获取来自中介机构的信息后将会面临直接还是委托代理投票以进行知情的选择。这是一个两步的程序——投票(或者其他行为)[128]之前的信息提供,或者忽略或者降低协商作用中间步骤的可能性。接下来,我想提出一些可以鼓励股东在股东大会之外进行协商的方式,但不会列出穷尽的或者法定的清单,而仅仅说明其中的可能性和发现其中的困难。

网络讨论就为股东提供了一个选择。这可以在公司网站、股东协会或其他积极组织举办的网站上进行,这些网站是与公司及其行为相关的信息和观点交流的平台。Caroline Bradley 指出通过雅虎首页即有专门的公司与投资的连接,这些链接下面有成百的公告栏和聊天室。[129] 她同时也指出即使这类网站发展很快,但并不是所有股东都会使用网上的信息:

> 有些投资者比其他投资者更喜欢使用新科技。有些投资者有足够的金钱购买电脑和软件(或者是更愿意在技术方

---

[126] 参见前注 107 及其内容。

[127] 股东不太可能提供足够的基金来确保信息提供的足够充分。另一个选择就是让公司来承担。那么问题将是,股东在公司决定怎样使用这笔基金方面有多大话语权。

[128] 这表明通过网络获取的信息已经现实的促使散户投资者进行积极的交易,而不是持股不动:B. barber and T. Odean, "Online Investors: Do the Slow Die First?" (2002) 15 *Financial Study Review* 455。

[129] C. Bradley, " Online Financial Informationa: Law and Technological Chang" (2004) 26 *Law and policy* 375, 388.

面进行投资)。所以投资者分析他们获得的投资信息的能力也是多层次的。[130]

我们要注意,不能夸大这些论坛里面协商的质量。通过先进的方式和途径进行协商讨论并不能保证一定可产生有启发性的、考虑更广泛的公司利益的讨论。事实上,Bradley 报告发现因特网上的帖子是很难控制的,所以充斥着各种未经证实的谣言和虚假的信息。[131] 但是,这也是协商的特性——它并不保证而是有助于好决议的形成。即使这部分的讨论质量不高或者专注于短期利益,但也是有助于知情讨论的。

所以,有必要考虑对网络上出现的信息进行规制的方法了。[132] 例如,澳大利亚证券与投资委员会规定:[133]如果网站的目的是为那些不是证券市场专业人士的投资者搭建一个信息、意见、投资看法交流的平台,平台中出现的帖子是与网站上的商业信息是严格分开的,并且明确告诫投资者帖子的内容不是专业的投资建议,这类网络论坛的开设就不需要许可证。[134]

另一个影响“外围协商”的方法是建立在信息中介所起的作用之上。如股东协会、交易商协会、[135]公司内部的股东联合会,[136]甚至是消

---

[130] 同前注 129,第 380 页。

[131] Bradley,同上注;也可参见 D. Kingsford Smith,“Decentered Regulation in Online Investment”(2001)19 *Corporation and Securities Law Journal* 532,535。

[132] Symposium on Online Investing and the Online Consunmer(2004)26 *Law and policy*.

[133] 澳大利亚法律要求任何从事投资咨询业务的主体必须经过审批程序获得许可证。

[134] 澳大利亚证券与投资委员会,Interim Policy Statement-Exposure Draft:InternetDiscussion Sites,IPS162,2000 年 8 月 15 日。

[135] Stapledon 指出英国交易商协会非常活跃,例如,在股东保护以及公司治理领域中扮演重要角色。

[136] 例如,为了在公司年度股东大会上提出议案,1996 年澳大利亚小股东成立的 ANI 之友。参见 B. Frith,“Friends of ANI make good case for pooling of votes”澳大利亚(悉尼)1996 年 11 月 27 日。

费者或者环保团体都可以作为协商中介。这些团体——称为公司利益团体(corporate interest groups, CIGs)[137]——可以监督公司,为非正式的外围讨论提供方便,还可以通过代理权征集直接介入股东大会。代理人有权在大会上发言,[138]而且在公众公司有必要把受委托参加会议的人看成是公司成员。[139]

公司利益团体可以提出的议案范围广泛,包括从董事选举(控制权争夺),到章程修改,股份结构或者董事薪酬(议案竞争),再到质疑社会和其他议案(政策争论)。[140] 公司的营业范围越大,股份持有越分散,就越需要公司利益团体代表不同股东的利益。事实上,公司利益团体的代表权也是受到竞争的。[141] 也就是说,我们应当鼓励不同的公司利益团体为上述权利相互展开竞争。而且,代理权的授予不应当是长期性的,公司利益团体之间的竞争应当在每次股东大会召开之时都要进行。不同的公司利益团体在为维持自己代表其他股东的权利所付出的努力,主要表现他们对什么是公司利益的特定看法。股东选择一个公司利益团体而不是其他的公司利益团体,可以视为在公司利益团体之间所竞争的特定事项上的一个简化的协商形式。也就是说,代理投票权授予给特定的公司利益团体,同时也是股东将其关注和利益传达给公司的一个方式。

该观点也意味着必须引进在美国、加拿大普遍实践而在澳大利亚、英国不太常见的代理权征集方式。当然,要将该观点付诸实践还

---

[137] 这个条款是 I. Ayres and J. Braithwaite 提出的, *Responsive Regulation: Transcending the Deregulation Debate*(1992)56。

[138] 例如:澳大利亚 2001 年《公司法》第 249Y 条;1985 年加拿大《商事公司法》第 152 条(2)。

[139] *The NSW Henry George Foundation v. Booth*(2002) 20 ACLC 736,适用澳大利亚 2001 年《公司法》第 248X 条。也可见 1985 年加拿大《商事公司法》第 148 条(1);英国 1985 年《公司法》第 372 条(1)。

[140] 这些名词来自 L. Bebchuk and M. Kahan, "A Framework for Analyzing Legal Policy Towards Proxy Contests"(1990)78 *California Law Review* 1071。

[141] I. Ayres and J. Braithwaite, *Responsive Regulation: Transcending the Deregulation Debate*(1992)57.

有一些法律问题需要解决。由于涉及向股东提供公司事务的相关信息,所以有必要规制公司利益团体提供的信息的内容和形式。[142] 同样,应当容许股东之间、股东与公司利益团体之间进行交流,以保证股东有效的选择一个公司利益团体,避免不必要地适用用来规制未公开的投票权累积的法规。[143] 例如,澳大利亚证券与投资委员会豁免了规制机构投资者集体行动的并购条款的适用,[144]允许机构投资者达成短期的投票协议,只要这些协议符合以下条件:

(a)就特定的或者提议的公司会议上的投票举行了讨论或者会议;

(b)讨论有关公司问题和潜在的解决方法的事项;

(c)就即将表决的议案进行讨论或者交换看法;

(d)披露自己关于某项议案的投票态度;

(e)建议其他机构投资者以特定方式投票。

同样的政策也是适用于股东与公司利益团体之间的讨论或者其他任何导致授权予公司利益团体的讨论。

这也存在一些实践上的问题。对于信息中介来说,"谁为公司利益团体工作埋单"是一个重要问题,因为代理权征集成本很高。一些利益团体可以自给自足(如来自别人特定目的的捐赠),而其他的则需要经济支持。基于同样的原因,个人股东可能决定不行使投票权,他们没有足够的经济来支持其与公司利益团体进行竞争。许多评论人士认为可以通过股东大会最终决定由公司自己来为中介机构提供支

---

[142] 参见 1985 加拿大《商事公司法》对"proxy circular"要求,第 150 条。

[143] 规制收购和控股股东的规则就是例子。见 2001 年澳大利亚《公司法》第六章(收购),第六章 C(控股股东)。

[144] 澳大利亚证券与投资委员会,Collective action by institutional investors, Policy Statement128,1998 年 1 月 14 日。

持（如股东大会作出决议或者……）。[145] 由公司来资助公司利益团体的方案看起来并不那么新颖了：公司已经为特定形式的中介活动埋单了，如通过强制性的审计任命或者支付在股东大会会议通知中加入股东提出的议案分发并分发给所有股东的费用。[146]

五、结论

构建一套协商性公司决议制度，需要探讨的问题远大于本章所涉及的内容。我的目的就是强调协商模式的重要性，描述其大致架构而不是提供细致的蓝图。特别是，公司利益团体代表需要更为细致的关注：应当在何种程度上、以何种方式监督公司利益团体的游说行为？股东大会的其他方面也需要考虑：股东大会会议议程的制定和确定程序（包括有些已经实施的那样，在会议召开之前邀请股东确定哪些事项应当进入股东大会讨论），[147]会议进行方式（包括谁来主持会议），以及允许股东通过建议性决议的可能性。[148]

协商性程序并不总是容易讨论清楚，其经常达不到本章描述的那样，决议仍然还是难以充分考虑到股东利益（或者其他利害关系人）。由于上述原因，如要达到更好的协商性程序，尚需上一章论述的问责原则以及下一章论述的争议原则的配合。

---

[145] 参见 T. Baums and P. von Randow, "Shareholder Voting and Corporate Governance: The German Experience and a New Approach", in M. Aoki and H-K. Kim (eds.), *Corporate Governance in Transitional Economies: Insider Control and The Role og Banks* (1995) 405; S. Choi and J. Fisch, "How to Fix Wall Street: A. Voucher Financing Proposal for Securities Intermediaries" (2003) 113, *Yale Law Review* 269; M. Latham, "Democracy and Infomediaries" (2003) 11 *corporate governance* 91。

[146] 例如：澳大利亚 2001 年《公司法》第 249 条；英国 1985 年《公司法》第 376 条。

[147] 参见澳大利亚商业委员会，前注 104，第 19～20 页（介绍澳大利亚公司法的相关实践）。

[148] 公司与证券委员会最终报告决绝建议性提案的观点，前注 82，第 37 页。自从 2001 年公司法，在上市公司薪酬报告被采纳之前容许股东提出建设性意见。

第六章　争议中的公司决策

尽管有协商的机会,多数股东、董事、经理仍有可能为自身利益而单独行事。有些股东可能由于多数股东对于公司决策在协商中表现出的冷漠态度而处于不利地位。除了协商之外,通过权利分配达到控制和平衡的公司治理体系(如同我在第四章提到的)可以有效防范这类问题,但也仅此而已。我们需要更进一步的机制。在本章中我将解释争议原则,即本书详尽阐述的三个原则中的最后一个,是怎样实现这一目的的。

一、为什么争议是重要的

在第四章,通过授予董事的经营决策权(以及授予执行官的权力),我解释了董事会与股东会公司决策权的区别。同样地,股东在公司政策事务上不享有直接的日常控制权。有两个方法普遍被用来证明这一安排,它们是现代公司法构建过程中的两个基本方法。第一个方法是多数决原则,公司决策,包括授予董事会管理权的决定,因通过获得参加投票的股东的多数认可而合法。第二个方法是同意原则,即股东对分权和依多数决原则作出的决议予以同意。在一些情况下,这种同意会是明示的,如股东明确为授予董事管理权这一宪法性条款获得投票通过,但是通常的情况是,同意暗含在每个股东购买股份的行为中,从而意味着股东接受先前存在的公司章程条款。

这两个相关的方法——多数决原则和同意原则——对公司法律学者和立法者的思想施加了一个强有力的控制。[①] 但是,正如我在第三章所指出的,公司法律工作者和立法者也认识到,这些方法可以导致和掩盖一些问题,包括董事和多数股东责任的欠缺和压制性的或自我交易的行为。例如,当多数决原则异化为多数主导规则或自我利益规则时,或者当争议或抗议的缺失被误解为同意时,这些问题就会产生。

法律对于这些问题产生的可能性回应,就是提高特别情形下决策作出者的标准并要求相应的议事程序,目标在于确保每个成员在知情的情况下作出同意的表示,且确保多数投票权有效行使。例如,前一章提到的,在某些情况下公司法规定强制披露和报告,法院对多数股东加以"目的正当"的要求。[②] 这些程序标准需要明确,但是同样需要明确的是,其中的一个有限作用就是保护股东(或董事)免于遭受他人恣意行为和自我利益行为而带来的风险。

我们需要一个更进一步的立法机制,一个合适的机制可以诉诸争议策略,这一看法由 Philip Pettit 的公共政策理论说引申而来。[③] 我将更为详尽地阐述争议机制,解释争议策略在应对公司问题时与退出公司一样,对确认股东异议的重要性。在本章接下来的部分,我将考察

---

① 可以从公司法规中找到例子,包括对减资、股份回购、和财务资助交易事项作出决定的股东大会批准机制。

② 例如,*Gambotto v. WCP Ltd.* (1985) 13 *ACLC* 342(当公司章程因为侵犯少数股东而被修正时,需要合理和公平的理由)。

③ 特别在 P. Pettit,共和主义(*Republicanism*)(1997);"Republican Freedom and Contestatory Democracy", in I. Shapiro and C. Hacker-Cordón (eds.), *Democracy's Value* (1999) 163;"Democracy, Electoral and Contestatory" in I. Shapiro and S. Macedo (eds.), *Designing Democratic Institutions*: *Nomos* 42 (2000) 105。

公司法已经如何认识到争议原则的重要性以及争议机制如何增强或赋予退出机制更进一步的效果。

（一）详述争议原则

在公司背景下采取Pettit的观点，[④]争议原则涉及了这样一种持续的可能性：当一个决议与某些股东或董事[⑤]的利益不符，而且他们将会受其影响时，该决议可以被有效地争议。[⑥] 只要公司的每一个决策在作出时都面临被争议以及因此可能被重新评估的可能性时，争议原则就成为一种赋予决策以合法性的机制。公司决策应当考虑受其影响的股东的利益和意愿，这一要求意味着我们需要这样一种决策形式：股东能够“拥有和辨认”，并且在这一形式下，股东能够看到他们的利益扩大了，他们的意愿得到了尊重。[⑦]

争议原则与经常遇到的一个论点——激励说有很重要的区别，后者认为，那些控制公司决策的人必须在法律诉讼的威慑刺激之下而为公司的最大利益行事。[⑧] 激励说认为应通过威慑禁止不良的管理行为而劝服董事、经理按照股东的利益行事。威慑可以被具体地实施，对董事和经理的不当行为提起诉讼，也可以普遍地实施，通过保留诉讼的潜在可能性阻却不当行为。威慑的两种表现形式要求董事和经理

---

④　Pettit的争议说着眼于更大的政治组织，因此，它有不同于公司法背景下争议的组成要素，相比之也探讨的更为深远。

⑤　虽然我所指的重点在于公司成员的争议，在一些情况下，董事可能想要对一个由董事们和股东们（directors and members）作出的决议进行争议。In *Talbot v. NRMA Ltd.* (2000) 18 ACLC 600，法院声明，在采取一个步骤前，董事必须相信，诉讼须是为了公司的最大利益，并且他（她）的不作为行为将被视为失职。

⑥　Pettit, *Republicanism*，前注3，第63、184～185页。

⑦　同上注，第184页。

⑧　管理激励说（The managerial incentive argument）已经被很多派生诉讼立法注释者所采用，特别是那些从法和经济学观点中作出评述的。参见D. Fischel and M. Bradley, "The Role of Liability Rules and The Derivative Suit in Corporate Law: A Theoretical and Empirical Analysis" (1986) 71 *Cornell Law Review*, 261; R. Romano, "The Shareholder Suit: Litigation Without Foundation?" (1991) 7 *Law, Economicsand Organizations*, 55。

应当被监督,这样股东就知道何时起诉。更进一步地来讲,董事须知道或察觉到他们正在被监督,这样他们就会意识到被起诉的风险,因此威慑关系着董事和经理的前途。激励说通过监督与控制可能不当行事的董事、经理的行为而赋予决策合法性。如稍后我们要在本章看到的,威慑很容易被打折扣,很难衡量它在实践中的作用,其效果很容易被夸大。

认识到这一点后,需要强调坚持争议原则的另一个原因,即从股东的视角关注公司决策过程的合法性。争议原则的观点强调,股东应当知道,如果他们的利益没有被考虑,他们可以提起诉讼。所以,股东可以对决策的过程有一定的信任,更可能将程序看作是合法的。[9] 这意味着公司决定的争议应该是股东真正可以动用的一种选择,争议的途径不能被过度限制,也不能过于烦琐或间接。在此有四点需要进一步澄清。第一点,争议并不意味着给每一个股东对于公司事务的否决权,这也就意味着不是必须满足少数股东的利益。法院已经反复确认,作为少数股东这一事实本身并没有什么压迫性。[10] 仅仅在一个问题上成为少数派并不能触发争议的适用——只有自己的利益(包括合理的利益和公平决策的程序)被不当排除在考虑之外时,才会触发争议。甚至,正如 Pettit 所述,“并不是每一个争议都能令人满意”;[11]一个异议股东(或股东群体)的合法利益可能会合理地被置于公司更大利益的次要地位。

第二点,不是每一个公司决策都必须经过争议。争议原则并不意味着所有相关利益都已经被某个决议作为考虑的前提。争议原则所要求的是,在作出决议时,争议的可能性是现实存在的,并且相关当事人均知悉这一点。正如 Pettit 所说,重要的是“争议的可能性”。[12] 进

---

⑨ 该论点的这一方面依赖于 Tom Tyler 关于程序公正的重要性的研究成果,参见第五章,注 24 及其相关的内容。

⑩ 例如,参见 Re G. Jeffrey (Mens Store) Pty Ltd. (1984) 9 ACLR 193。

⑪ Pettit, Republicanism,前注 3, 第 197 页。

⑫ 同上注,第 185 页。

一步讲,太多的争议将使公司无法运行。公司,可能是比 Pettit 的论点中直接讲到的更广泛的政治机构,更易受到琐碎和无理纠缠地争议的不利影响。这些影响包括财务上的成本,失去的商业机会,以及公司商誉的折损。

一个避免不必要争议的风险的途径是,从一开始就确保决策程序是开放的和经过协商的。争议的目的是确保公司考量其成员的利益和意愿,在这一机制中这些利益必须引起决策者的注意。而协商的一个关键性目的——正如我在第五章提到的——是给那些将受决策影响的人一个机会,将他们特别的利益和意愿嵌入决议程序中。事实上,协商可以以争议的形式在决策达成前发起,也可以以一个争议优先于决定的达成的形式操作。[13] 另一个避免或者至少减少不必要争议不利结果的途径,是鼓励将争议诉诸股东大会,而不是诉讼。我将简要地介绍这一点。

要澄清的第三点是,尽管我提到公司决议是争议的焦点,但在公司不能作出决议或无法正常运作时,争议也是可行的。如果某种管理模式忽视或回避相关利益,带来专断和不当决策,这种管理模式同样也应受到潜在争议的影响。

第四点,不应认为争议局限于股东追求或保护其个人利益和权利。在本章稍后我们可以看到,在法定派生诉讼中,在发起争议者可能没有或几乎没有直接受益的情况下,争议保护的是公司利益。

争议原则对公司宪治体系的合法性而言很重要,因为它给少数股东提供了一个获得更公平或更好结果的可能。争议提供了改变的可能性。更重要的是,如果一个机构存在改变的可能性,那么比起一个看起来"自鸣得意、自私自利"的组织,更易获得成员的尊重。[14]

---

⑬ Pettit, "Democracy, Electoral and Contestatory",前注 3,第 122 页。

⑭ 本段中所有引述和论点均取自 J. Balkin, "Respect-Worthy: Frank Michelman and Legitimate Constitution" (2004) 39 *Tulsa Law Review* 485, 496。

(二)发言而不是退出

争议原则依赖于公司成员对不符合其相关利益的决策进行质疑的能力和意愿,而不是简单地出卖股票和“用脚投票”。换句话说,争议对于优于“退出”的发言机制的实现具有促进作用。

“退出”和“发言”是应对组织绩效低下的两种方式,Albert Hirschman 提出了对二者的经典分析。[15] Hirschman 将发言定义为:

> ……(发言是)一种旨在对有异议的国家事务,选择对其进行改造,而不是退出的行为。它可以通过个人或集体向管理层请愿,或向更高层级的权威上诉的方式带来管理层的改变,也可以通过广泛的行动和抗议的方式,包括动员公众意见。[16]

Hirschman 指出,退出和经济行为紧密相连,而发言和政治行为紧密相连。退出是股东利用市场来捍卫或提升其地位的方式:

> 退出是使经济发展繁荣的一种机制。
>
> 它一目了然地——或退出或不退出;它不受个人感情影响——退出不涉及难以估量的、不可预知的面对面对抗……公司的成败由统计数据清楚表现出来;它是间接的——承蒙看不见的手的好意,部分衰败的公司得到了恢复……[17]

退出是大公司许多股东的普遍反应,因为退出机制比起发表个人

---

⑮ Albert O. Hirschman, *Exit, Voice, and Loyalty: Responses to Decline in Firms, Organizations and States*(1970).

⑯ 同上注,第 30 页。

⑰ 同上注,第 15 ~16 页。

见解来的更快,更不受个人影响。[18] 相反,发言涉及个人的和直接的行动,它要求说清原因,以及为自己立场的辩护。Hirschman 将发言描述成"典型的政治行为"。[19]

发表一个人的见解需要时间和计划,并且涉及某种程度的面对面互动。发言以股东能够对公司施加的影响和议价能力,以及股东放弃退出公司而选择通过发言带来改善的意愿为前提条件。[20] 正如 Hirschman 所观察到的,在大的商业公司里,退出往往成为优先选择,排除了发言的适用,发言成为一种次要的反应模式。[21]

如果发言是一个真实的可选项,我认为在退出和发言之间的上述平衡状态是合适的。事实上,在大多数公众公司运营的商业环境中,考虑到控制权分配的需要,董事对由股东授予的解除失察经理的权力需求,以及经理的处理日常管理事务的需求,都是有必要的。依赖于上述环境,退出一个公司能够向市场和公司的经营者发出带有股东情绪的强有力信号。从这个意义上讲,退出机制可能是涉及发言机制的一个间接途径。但是,这并不意味着公司法可以忽视或放弃发言机制的直接适用,或者说选择发言的重要性可能被降低。这一工作就是确保"发言的艺术"(此处使用 Hirschman 的表达)[22]不丢失或被低估。为什么公司法应当建立在股东总是寻找退出公司的原因这一假设之上呢?为什么不考虑这样的可能性呢?即股东有时——也可能经常[23]——有理由留在公司,表达他们努力改变公司的现状或行为的意

---

⑱ 同前注 15,第 33、76 页。退出不总是一个简单的选择,大股东或机构股东不能轻易地变卖或转移他们的股份。小股东则必须考虑中介费用(brokerage fees)的成本及其他交易成本。

⑲ 同上注,第 16 页。

⑳ 同上注,第 77 页。

㉑ 同上注,第 I76 页。

㉒ 同上注,第 31 页。

㉓ 澳大利亚的证据显示很多个人股东并不是活跃的市场交易者。一项调查表明,2003 年有 49% 的股东不参与任何交易(买或者卖);同年,另外 51% 的股东平均每人交易 6 次:Australian Stock Exchange,2003*Australian Share Ownership Study*(2004)。

愿。为什么我们要推测退出是最好的选择,并围绕这一推测构建公司法体系,而不是围绕发言的可能性呢?

二、公司争议的不同形式

前面强调过,有效争议必须是切实存在的机会,我也指出,在公司背景下,过度争议可能会起反作用。对这些担心的回应方式是,划定争议的可行范围。

公司法对以法庭诉讼为基础的争议机制非常熟悉,包括股东对压迫行为和不公平行为提起的诉讼,[24]法定派生诉讼,[25]以及保护种类股股东利益的诉讼等。[26] 但是,公司中的争议并不一定在法庭上发起或结束,过度依赖司法的争议机制可能带来负面效果。例如,当面临过大的外部质疑和评估压力时,董事会可能会发展出一致行动的思维模式,从而使董事会无力主动探索替代方案,董事个人的表现也变得无关紧要。[27] 或者相反,董事会会采取人人自保的举措,从而阻碍了董事间建立良好的人际关系,进而阻碍了良好的集体决策氛围。[28]

争议原则能鼓励股东去考虑非司法性质的选择,至少不将诉讼作为第一手段。依赖于异议的性质,[29]其他的争议形式包括:在股东大会上质询董事和高管;[30]在股东大会上提出议案要求协商;或向相关监管

---

[24] 在澳大利亚,2001 年《公司法》第二部分 F. 1。

[25] 在澳大利亚,2001 年《公司法》第二部分 F. 1A。

[26] 在澳大利亚,2001 年《公司法》第二部分 F. 2。

[27] 简要地讲,"集体协商"一词描述了哲学上的现象,即"有着很强的严整性(civility)和合作规范的结合性的(有凝聚力的)群体,与作出一个现实的其他选择的估量相比,他们更多地注重于合意。[这些]群体可能会尽力争取同意意见甚至以品格决策为代价。"S. Bainbridge, "Why a Board? Group Decisionmaking in Corporate Governance" (2002) 55, *Vanderbilt Law Review* 1,32.

[28] 同上注,第 49 ~50 页。

[29] 其他的方式包括在公司持有股票的规模和分配。

[30] 2001 年公司法第 249N 条(members with 5 per cent of total votes or 100 members may give notice of a resolution to be moved at a general meeting)。

机构投诉并要求处理。[31] 不同的争议方式具有不同的性质——包括它是怎样实施、谁控制争议的程序、谁决定争议的后果,以及可能的后果范围等。这是决定选择哪种争议方法时的一个考虑因素。当选择在法院诉讼或向监管机构投诉时,争议将公开化,对争议后果的控制权也不复在发起争议者手中。在此类争议措施中,对争议的最终判决可能更独立于争议发起者的个人利益,结果可能是"相关利益均被平等地考量的不偏不倚的判决"。[32] 然而,这并未排除内部争议的选项,如股东大会上的质询。争议机制的逻辑基础在于,鼓励对公司事务进行协商性决策,否则将触发更独立、更公开的争议方式。就此而论,内部争议能够产生有效的成果。

在本章剩余的部分,我将通过研究对最近关于特别股东大会(内部争议的一个例证)和法定派生诉讼(基于法庭诉讼的争议形式的例证)的争论,考察公司争议的内部形式和外部形式。

三、公司内部争议

正如本书第五章所述,股东大会并不是一个公平讨论的场合。股东大会的协商过程是能够被限制和操纵的。尽管如此,通过股东大会发起争议仍然有数个理由。首先,争议的事项可能事关公司内部或商业方针,法律无法为此提供有效救济。即使法律救济是可行的,异议股东仍可能优先选择采取内部的争议机制,以节省成本或降低对公司声誉的损害。在公司内部来争议一项公司事务,能更清晰地界定问题。而且,正如我在第五章提到的,[33]尽管股东出席股东大会的概率

[31] 这一选择的功用可能是有限的。澳大利亚证券和投资委员会的一个关于法院执行方式的研究发现,刑事制裁已经超过民事执行成为主要手段:H. Bird, D. Chow, J. Lenne and I. Ramsay, "ASIC Enforcement Patterns" (Research Report, Centre for Corporate Law and Securities Regulation, The University of Melbourne,2003)。

[32] Pettit, Democracy's Value, 前注 3 ,第 179 页。

[33] 参见第五章,注 104 及相关的文字。

低,很多董事仍认真对待在股东会上被批评问责的风险。最后,法院一直以来倾向于鼓励通过公司内部机制解决纠纷。上诉法院的Lindley法官在*Isle of Wight Railway Company v. Tahourdin*一案中讲道:"除非股东必须已经竭尽全力试图通过股东大会的方式解决他们的不满,否则法院将持续地、始终地拒绝干涉公司事务。"㉞最近的案件中,新南威尔士州高级法院的Campbell法官说:

> 关于哪些利益是股东整体利益的问题,最好留给公司的官员、机构和程序自己决定。而在事件发生后,判断这些事件是否欠缺法定标准,则留给法院决定……㉟

结合上述观点,我将考察股东大会作为发起争议的场合的最明确例证:股东行使要求召开临时股东大会的权利。这已成为澳大利亚公司法改革的争论点之一。㊱

请求召开股东大会的权利

公司法一般规定一定数量或比例的股东可以要求公司董事召开股东大会。㊲ 以澳大利亚成文法为例,股东需声明会议的目的及将要提出的议案。临时股东大会必须有正当的目的,㊳如果提出的议案无法在股东会上合法地通过,那么董事可以拒绝在会议通知中列入该议

㉞ (1884) 25 Ch D 320,333;cited in *NRMA v. Parkin* (2004) 22 ACLC 861,868.

㉟ *Turnbull v. NRMA* (2004) 22 ACLC 1094, 1105.

㊱ 参见下注43 ~48及相关文字。

㊲ 参见澳大利亚2001年《公司法》第249D条;美国1985年《公司法》第368条;《修订示范公司法》(2002)第7.02条召开会议是董事会的职责,举行会议的地点是公司;*ASIC v. NRMA* (2003) 21 ACLC 186, 190。在澳大利亚,股东自行召集股东会并承受这一成本同样是可能的(s 249F)。

㊳ 2001年《公司法》第249Q条。

案。[39] 该法定权利意味着，临时股东大会必须充分地、公平地讨论其所要解决的议题。[40] 如果董事会不按照请求在21日内召开股东大会，提请召集会议的股东（或者至少是持有提请召开会议的成员过半数份额的股东）能够自行召集会议，并由公司负担他们的合理费用。[41]

通过在股东大会上罢免和更换董事，这一权利可以被用来表达对于董事会的质疑。在澳大利亚，一些偶然情况下该权利也被用来通过决议变更公司在铀矿开采投资的政策[42]或解决伐木活动对环境的影响。[43] 出于人权或环保动机，或是为寻求改变董事会政策而行使该项权利的实践，已经触发了关于临时股东大会召集权的讨论，及关于什么是行使该项权利的"正当目的"，以及是否应在实践中设置更高的行权门槛。

在澳大利亚，这一门槛（如2006年上半年）是请求必须由至少5%的能够在股东大会上投票的股东提出，或至少由100个在股东大会上有投票权的股东提出。[44] 1999年，一项联邦议会委员会的声明指出，修正后的制定法使要求召集特别股东大会的唯一标准就是提议股东须持有5%的股份。[45] 一年后这个建议获得公司证券咨询委员会支

---

[39] *NRMA v. Parker* (1986) 4 ACLC 609（股东不能通过意在干预董事会行使已获授权的权利的议案）。

[40] *John J. Starr (Real Estate) Pty Ltd. v. Robert R. Andrew (Australia) Pty Ltd.* (1991) 6 ACSR 63,84.

[41] 澳大利亚2001年《公司法》第249E条；英国1985年《公司法》第368条(4)～(6)。

[42] As occurred with North Ltd. in June 1999.

[43] As occurred with Wesfarmers Ltd. in July 1999, and Gunns Ltd. in February 2003.

[44] 2001年《公司法》第249D条(1)1998年前，法律要求100个股东中的每一个都平均支付至少200美元的股本。在英国，提出要求的股东必须最少持有公司中已支付的可投票股份的10%。

[45] 结合了公司证券委员会、澳大利亚议会的决定，*Report on Matters Arising From the Company Law Review Act* 1998 (1999) 164。

持。[46] 要求废除"100 成员"规则的建议主要由一些大型上市公司(包括矿业公司 Rio Tinto Ltd. 和 North Ltd. ,以及大型零售商公司 Cole Myer Ltd.)和诸如澳大利亚法律委员会、澳大利亚投资与金融服务业协会[47]等组织。它们的论点可总结为:"100 成员"规则很容易满足,可能导致在公司中持股极少的股东和没有什么经济利益的股东也能够提议召开临时股东大会,给其他股东增加成本,徒增干扰,并扰乱董事和经理正常履职。而且,心存怨恨的少数股东、单一利益派别和激进主义者,可能会出于与公司经济利益不一致的动机滥用该项权利。同样道理,公司证券咨询委员会在声明中称,废除"100 成员"规则可以确保只有在公司拥有实质性经济利益的股东集体提议时,公司才会承担召开临时股东大会的成本。[48] 不能满足占股 5% 要求的意欲提议股东"将会对他们提出建议的成功前景产生严重怀疑"。[49] 在 2005 年上半年,联邦政府发布了修订案草案征求意见稿,该草案废除了"100 成员"规则,[50]在公众听证会上一个议会委员会建议实施该修订案。2005 年 12 月,政府宣布其准备实施该修订案。[51]

尽管有上述改革,但至少在澳大利亚,并没有证据证明临时股东大会召集权被滥用。在本书第五章引用的 AGM 的一项研究发现,一

---

[46] Companies and Securities Advisory Committee (CASAC), *Shareholder Participation in the Modern Listed Public Company* (June 2000).

[47] 投资理财公司代表了澳大利亚主要的机构投资者。

[48] CASAC,前注 45,第 11 ~12 页。

[49] 同上注,第 12 页。

[50] Corporations Amendment Bill (No. 2) 2005 Exposure Draft. 在此之前,2000 年 4 月,联邦政府引入了一个规则(under s 249D(1A))反映了这些提议。2000 年 6 月,该规则被参议院否决。作为回应,联邦金融服务和监管部部长(Federal Minister for Financial Service and Regulation)于 2000 年 12 月批准了一项提议,允许保留 5% 的要求,但是作为一个替代,加上最小要求的数量,以公司股东总数的平方根计算。这一提议随后在考虑中撤回。

[51] 结合了公司和财政服务委员会及澳大利亚议会,*Inquiry into the Exposure Draft of the Corporations Amendment Bill* (No. 2) 2005 (2005) 6; Hon. Chris Pearce MP, "Pearce Announces Corporate Governance Reforms" (Press Release, 8 December 2005)。

项针对217家公司的调查显示，在1998年7月至2002年6月的期间内，只有5次临时股东大会是应股东提议召开。[52] 议会委员会1999年的调查接到了（但并没有实施）来自包括澳大利亚特许会计师协会、澳大利亚会计师公会、澳大利亚养老基金协会有限公司在内的各组织机构的意见。这些机构认为，“100成员”规则并未引发任何重要问题，这一门槛要求事实上很难满足。对“100成员”规则可能造成不当干扰的担忧忽视了一个事实，即一个占股5%以上的单一股东同样能轻易干扰公司运行。事实上，占股5%规则或“100成员”规则的影响随公司股东总数而不同。例如，在一个有1000名股东的公司里，占股5%的门槛比“100成员”门槛更易被满足。相反的情况是，有2000名以上股东的公司，“100成员”门槛更易满足。[53] 换言之，没有一个“正确”的门槛要求能够适合于所有的公司和所有的情况。

关于门槛的争议，其实是关于对公司管理层的控制程序，以及股东在该程序中的适当定位问题。认为应提高该门槛的论点与本书第四章引用的约瑟夫·熊彼特和马克斯·韦伯[54]的政治观点相呼应。他们认为，选民的职责是选出其领导人，之后就不应干涉政府的运作。在公司法背景下，这一观点可译成这样的格言，“让管理者管理”，或者在关于“100成员”规则的争论中，是“仅让有着重要经济利益的投票者享有发言权”。

在缺乏证据证明“100成员”规则的门槛被严重滥用的情况下，没有理由去改变它。的确，该门槛引起了公司管理者的注意的事实，表明了该门槛在争议机制中的效用。需要重申的是，正是争议的潜在可

---

[52] S. Bottomley, The Role of Shareholders' Meetings in Improving Corporate Governance (Research Report, Centre for Commercial Law, Australian National University, 2003) 47.

[53] M. Whincop, "The Role of The Shareholder in Corporate Governance: A Theoretical Approach" (2001) 25 *Melbourne Law Review* 418, 449.

[54] 参见第四章，注46~55及相关文字。

能性,[55]提供了赋予公司决议合法性。当一个门槛被管理者认为太低或太容易被滥用时(不管有没有实证研究支持),该门槛就能够对管理层的行为构成制约。更显著的是,"100 成员"规则提供了争议机制的切实路径(只要"100 成员"门槛能被轻易满足),同时又不会导致争议的滥用(实践证明该争议机制很少被使用),可以认为二者之间实现了妥当的平衡。

四、公司外部争议:法定股东派生诉讼[56]

很多国家制定了法定派生诉讼条款(Statutorg Derivative Action, SDA),[57]允许股东在公司遭受损害而又不能或不愿自行提起诉讼的情形下启动诉讼程序。[58] 在法定派生诉讼中,法院所提供的救济利益归于公司。派生诉讼发生的标准模式是董事违背了他们的义务导致公司受损,而董事会抑制公司起诉。在公司多数派股东的控制制止了少数派股东通过诸如股东大会的内部方式进行有效争议的情形下,派生诉讼是一种妥当的外部争议方式。派生诉讼权的成文条款提供了一种争议机制,强调"发声"而不是"退出"。然而,如我将要提到的,对于好的公司治理而言,最好不要过于频繁适用法定派生诉讼。

---

[55] Pettit, Republicanism,前注 3,第 185 页。

[56] 本部分发展了来自 S. Bottomley 的观点,"The Relative Importance of the Statutory Derivative Action in Australia", in F Macmillan (eds.) *International Corporation Law Annual* Vol. 2. (2003),pp. 141 –166。

[57] B. Welling, *Corporate Law in Canada: The Governing Principles* (2^{nd}ed. ,1991) 534 and 544, 在"代表诉讼"条款之前。相似地,Wedderburn 将该诉讼描述成为代表性的:K. W. Wedderburn, "Shareholders' Rights and the Rule in Foss v. Harbottle " [1957] *Cambridge Law Review*194 and [1958] *Cambridge Law Review*193。

[58] 例如,澳大利亚 2001 年《公司法》第 236 ~242 条;加拿大 1985 年《商事公司法》第 239 条;新西兰 1993 年《公司法》第 165 ~168 条。2005 年 11 月的英国公司改革法案制定了派生诉讼条款。在美国,派生诉讼条款可在各州的公司法中找到,《联邦民事诉讼程序法》23.1 节规定了法院引进派生诉讼;这也是一些州法的立法示范:L. Risbstein, *Business Associations*, (2^{nd}ed, 1990) 578。美国法律研究院的《公司治理原则》(1994)第七部分包含了派生诉讼的标准和程序。

（一）澳大利亚的法定派生诉讼

在这一部分，我使用澳大利亚的立法勾画出法定派生诉讼的主要特征，以评估法定派生诉讼作为争议机制的角色。在澳大利亚，法定派生诉讼条文明确取代了普通法有关派生诉讼的规则。在普通法中，派生诉讼仅作为 *Foss v. Harbottle* 一案所确定的规制的例外情形得以适用。[59] 成文法规定义的法定派生诉讼则为，在该诉讼中，一个人为公司利益并以公司的名义提起诉讼，或者以公司的名义介入一个程序中，在该程序中，公司是承担责任的一方。法定派生诉讼可以由公司或关联公司的现股东或前股东提起，也可以由公司的现任官员或前任官员提起。[60]

制定法并不定义或限定派生诉讼事由的类型。[61] 启动派生诉讼的唯一先决条件就是获得法院的许可。如果满足 5 个标准，法院须授予许可。[62] 这些标准如下：

第一，公司能不能自行提起诉讼。判断这一点的办法包括观察申请人提出申请时董事会的反应。另一个观察的要点是，当某些人是派生诉讼的被告时，他们如何影响公司决定不提起诉讼。

第二，申请人诚信行事。这一要求的目的，是排除申请人实质上是追求个人利益而不是公司利益的派生诉讼。申请人必须证明，其提

---

[59] 2001 年《公司法》第 236 条（2）. 该规则在 *Foss v. Harbottle*（1843）2 Hare. 461；67ER 189 指出（1）在公司遭受损害的任何一种情形，公司是适格原告；（2）损害可以是由股东大会上股东多数决的决议施加给公司的。关于该规则及其例外的经典讨论见 Wedderburn，前注 56。

[60] 参见 2001 年《公司法》第 236 条，管理人员被定义为包括董事、董事会秘书、执行官或公司雇员（s 82A）。

[61] 这与加拿大和新西兰是相似的，与英国公司法改革法案（见前注 58）限制因董事违背义务或董事的失职而启动法定派生诉讼相反。

[62] 2001 年《公司法》第 237 条（2）。加拿大 1985 年《商事公司法》第 239 条（2）细化了这些标准，类似于下面的第二点、第三点和第五点。新西兰 1993 年《公司法》对 165 条（3）将第二个及第三个标准作为代表诉讼的选择性前置条件。英国的法案（前注 58）列举了五项标准，其中三个类似于第一点、第二点和第三点（规定在第 242 条（3））。

起派生诉讼有胜诉的希望，而且并没有夹杂其他连带目的。[63] 这主要排除的是琐碎的和无理取闹的派生诉讼，与下面第四点讨论的"严重问题"标准有所重合。

第三，法庭给予许可符合了公司的最佳利益。[64] 这一标准是派生诉讼的中心。因为派生诉讼关系的是公司的独立利益，而不是申请人或一个董事群体或股东群体的利益。[65] Welling 对加拿大立法中相同条款的描述很恰当："申请人真正做的是向法院呈现的信息时公司需要保护"。[66] 这一标准促使法院将公司看作一个持续关系到股东、债权人、雇员的过去的、现在的和将来的利益的主体。[67] 这并未留下余地由董事会或股东大会决定什么是公司的最佳利益。当这两个群体的观点相关时，应由法院来认定诉讼中何为公司利益。法院需考量的因素包括公司的特征、公司的业务、损失是否可以由其他途径救济、被告能否履行对公司有利的判决。[68] 这强调了公司治理不能单单被看作公司内部私人协议所决定的事务。

"最佳利益"标准有进一步的含义。即使公司遭受了损害，在理论上构成派生诉讼的事由，不过派生诉讼可能不符合公司利益。例如，救济成本可能显著超过公司为此付出的财务或声誉成本。[69] 而且，如果对董事违反义务提起派生诉讼，但董事的行为并未造成实质后果时，派生诉讼也不符合公司利益。

第四，需要审理的是重要问题。澳大利亚法院在决定是否发出临

---

[63] *Swansson v. Pratt* (2002) ACLC 1594, 1601.

[64] 在加拿大，法院必须满足提起的诉讼"看起来是"为了公司的最佳利益：加拿大 1985 年《商事公司法》第 239 条(2)(c)。在新西兰，法院必须"注意到"公司的利益：1993 年《公司法》第 165 条(2)。

[65] *Charlton v. Baber*(2003) 21 ACLC 1671.

[66] Welling，前注 57，第 535 页。

[67] M. A. Maloney, "Whither the Statutory Derivative Action?" [1986] 64 *Canadian Bar Review* 309, 328.

[68] *Swansson v. Pratt* (2002) 20 ACLC 1594, 1604 –1605.

[69] *Metyor Inc. v. Queensland Electronic Switching Pty Ltd.* (2002) 20 ACLC 1517, 1523.

时禁止令时，会审查涉及的问题是否重要。[70] 派生诉讼也引入了这一标准。换言之，法院需判断申请人的申请是否是琐碎的或无理取闹的，诉请是否有胜诉的实际可能。[71]

第五，申请人是否已经将申请通知了公司。虽然这是本节所列最后一个标准，但是在程序上它优先于其他几项。在申请前，申请人需要提前 14 天书面通知公司其欲提起派生诉讼申请以及申请的原因。通知的作用在于给董事会一个机会，决定公司是否自行提起诉讼，以避免派生诉讼。同时，通知还可以成为一种替代机制，促使公司在内部解决纠纷，从而避免任何形式的诉讼。当然，只要有合理理由，前述四个标准均已满足，则即使股东没有提前通知，法院仍然有可能许可派生诉讼。[72] 当提前通知不可行或不方便时而需要紧急诉讼的情况下，豁免提前通知也是妥当的。[73]

申请派生诉讼许可或获得许可后提起派生诉讼，均不取决于公司的多数股东是否许可了派生诉讼针对的不当行为。[74] 与此相反的是，在普通法里，多数股东出于正当目的许可了某项行为会阻却派生诉讼。[75] 这里所传达的理念是，多数决并不必然为公司行为提供正当性，在某些情况下，司法诉讼优先于股东的行动。[76]

---

[70] Explanatory Memorandum, Corporate Law Economic Reform Bill 1998 (Cth) para 6.46.

[71] Nicholas John Holdings Pty Ltd. v. ANZ Banking Group Ltd. [1992] 2 VR 715, 722 -723.

[72] 2001 年《公司法》第 237 条(2)(e)。

[73] Explanatory Memorandum, Corporate Law Economic Reform Bill 1998 (Cth) para 6.50.

[74] 2001 年《公司法》第 239 条；加拿大 1985 年《商事公司法》第 242 条也类似相反地，在英国，如果行为或遗漏已经被多数股东批准了，法院必须拒绝许可派生诉讼：《公司法改革法案》cl 242(2)。

[75] *Hogg v. Cramphorn* [1967] Ch 254.

[76] Companies and Securities Advisory Committee, *Report on a Statutory Derivative Action*, July 1993, 21.

（二）法定派生诉讼的理论缘由

通常股东派生诉讼有两个理论缘由，[77]一个是派生诉讼可以补偿错误行为人对公司造成的损失，一个是派生诉讼可以威慑董事和经理作出的错误或不当行为。评论者一般同意这两个缘由，法定派生诉讼“威慑是派生诉讼的主要原因和主要效果”。[78] 这并不是说补偿是一个“虚幻的或不重要的目标”。[79] 实际上法院在 *Karam v. ANZ Banking Group Ltd.* 一案中已强调了补偿的重要性。Santow 法官说：“法定派生诉讼……意在补偿。”[80]然而，法定派生诉讼并不是一个完善的补偿机制。在法定派生诉讼中，公司和股东可能得不偿失。有关法定派生诉讼的澳大利亚公司法改革中，威慑是规定派生诉讼的动因。1999 年引入派生诉讼的立法修正案是基于联邦政府公司法经济改革项目（Corporate Law Economic Reform Program，CLERP）的一项建议。[81] 根据该建议，引入派生诉讼的原因是平衡旨在保护董事的商业判断原

---

[77] J. Coffee and D. Schwartz, “The Survival of the Derivative Suit: An Evaluation and a Proposal for Legislative Reform” (1981) 81 *Columbia Law Review* 261, 302 -309.

[78] D. Schwartz, “In Praise of Derivative Suits: A. Commentary on the Paper of Professors Fischel and Bradley” (1986) 71 *Cornell Law Review* 322,331. 并参见 Coffee and Schwartz，上注，第 302 页。

[79] Coffee and Schwartz，前注 77，第 305 页。在澳大利亚的一些案件，如公司破产时股东意图挽回财产的法定派生诉讼中，补充是派生诉讼的主要缘由。可以参见 *Charlton v. Baber* (2003) 21 ACLC 1671。

[80] (2000) 18 ACLC 590, 597.

[81] Corporation Law Economic Reform Program (CLERP), *Directors' Duties and Corporate Governance: Facilitating Innovation and Protecting Investors*, Paper No. 3 (1997). The CLERP recommendation was the latest in a number of reform proposals: Companies and Securities Law Review Committee, *Enforcement of the Duties of Directors and Officers of a Company by Means of a Statutory Derivative Action*, Report No. 12 (1990); House of Representatives Standing Committee on Legal and Constitutional Affairs, Parliament of Australia (the Lavarch Committee), *Corporate Practice and the Rights of Shareholders* (Canberra, AGPS, 1991); Companies and Securities Advisory Committee, *Report on a Statutory Derivative Action*, July 1993; Commonwealth Attorney-General's Department, *Proceedings on behalf of a Company (Statutory Derivative Action) Draft Provisions and Commentary* (1995).

则。CLERP 的逻辑可以在下面这段文字中体现：

> 在增强股东权利时，必须考虑与鼓励管理层勇于承担风险的需要相平衡。勇于承担风险是公司能够盈利的关键因素。授予股东权利时，不能因此而导致管理层因担心承担个人责任而避免商业风险，从而最终也损害了股东利益。授予股东权利的整体目的，应该是为管理层妥当行使权力提供激励，使其能够为公司资本提供者的最终目的而发挥作用。[82]

CLERP 设定了这样一种公司模型：董事会和经理作为股东的代理人承担商业风险，因此需要法律提供一种激励机制，使董事能够为股东的利益行事。

不过，正如我在本章前半部分所提到的，争议原则不仅为正当的管理行为提供以威慑为基础的激励，而且建立了这样一种机制，使股东可以“拥有并识别”公司的决策过程，所以他们能够感知自己的利益被扩大，他们的意见得到尊重。[83] 这构成了法定派生诉讼的第三个理论缘由，即为公司的决策过程提供正当性。

但是，我还想阐述对法定派生诉讼的三个批评，以评估法定派生诉讼在为公司决策提供正当性上的作用。这些批评是：机构股东是矫正不当管理行为的更佳途径；股东派生诉讼增加了少数股东策略性滥诉的风险；法定派生诉讼很少被使用，效果甚微，因此并不重要。

（三）机构股东作为监督人

对法定派生诉讼的一个批评是，法定派生诉讼允许小股东或少数股东提起诉讼，对公司造成干扰，公司最好把监督和矫正不当管理行

---

[82] Corporate Law Economic Reform Program，前注 31，第 31 页（emphasis added）。

[83] Pettit, Republicanism，前注 3，第 184 页。

为的工作交给大股东或机构股东。针对法定派生诉讼，Fischel 和 Bradley 解释说："因为拥有最大股份的股东将从公司好的形势中获益最多，从最坏的形势中支出最多的成本，所以他们有最大的动机去使公司的价值最大化。"[84]与此相似的是此前讲到的一种观点认为，请求召开特别股东大会的权利应当限于在公司拥有足够大的利益的股东。

这一观点至少有三个问题。第一，受法律所限，机构股东公开介入公司管理的程度是受到一定阻却和限制的。[85] 第二，正如我们在第四章看到的，当机构股东采取措施"去使公司利益最大化"时，他们的权力常常通过私人会议和与高级管理人员会面的非正式的途径行使。[86] 如果仅有机构股东能发起争议，则有关公司治理的重要议题和决议的信息就被公司内部人垄断，无法成为更广泛的公司信息，从而导致其他股东对公司决策机制的信任程度降低。争议机制不应与问责机制分离，争议机制应尽可能地公开和透明。第三，同样如我在第四章提到的，没有理由去假定机构股东的利益和关切会符合其他股东的诉求。

正如第五章所看到的，机构投资者提起的诉讼在公司治理中确实扮演着一定的角色，但它并不是法定派生诉讼这一争议机制的替代机制。法定派生诉讼和机构投资者的介入一同构成了更广阔意义上的，包括正式形式与非正式形式、内部形式与外部形式的争议机制。

"机构投资作为监督人"的观点经常包括两个进一步的主张：首先，它认为少数股东或小股东喜欢从事策略性诉讼或自利诉讼，[87]"几乎没有动机去考虑诉讼结果对其他股东的影响"。或者相反，该观点

---

[84] 前注 8，第 271 页。

[85] See G. Stapledon, *Institutional Shareholders and Corporate Governance* (1996) 271ff 讨论了该法律规定对内部交易和并购的影响。在澳大利亚，依据有关并购的规定，证券和投资委员会在机构投资者集体诉讼的情形下仅给与有限的救济：*Collective action by institutional investors*, Policy Statement 128, 14 January 1998。

[86] 见第四章，注 144 ~ 146 及相关文字。

[87] 例如，Fischel and Bradley，前注 8，第 271 页。

认为他们缺乏足够的动机去提起诉讼。这些关于法定派生诉讼的批评将在接下来的小标题中加以评述。

(四)少数股东的策略行为

批评认为,法定派生诉讼增加了小股东发起的琐碎的、自利的或策略性诉讼,干扰公司管理层正常履职的风险。[88] 尽管这个风险确实不能完全忽视,但在澳大利亚却很容易被夸大。策略性诉讼需要应对前文所述的诚信原则、公司最佳利益原则和澳大利亚法定派生诉讼所规定的"严重问题"标准的挑战。这些标准能够限制法院许可派生诉讼的范围。正如一位法官所言,"很明显,法律的意图是不能轻易许可派生诉讼"。[89]

在美国,对派生诉讼可能被过度使用和滥用的担忧最近增加了。[90] 由公司承担诉讼成本的规则,[91]以及风险代理制度给股东诉讼提供了一定激励。在风险代理中,原告律师可以从胜诉案件的判决金额中抽成。[92] 但风险代理在澳大利亚是不被允许的。[93] 而且,澳大利亚法院对派生诉讼的诉讼成本承担有立法赋予的充分的自由裁量权。[94] 这样,股东原告要承受至少负担派生诉讼部分成本的风险。当然,法定派生诉讼不会导致出现大量策略性诉讼的事实,可能招来对法定派生

---

[88] 例如,同前注87,第272页;Romano,前注8,第55~56页。

[89] *Swansson v. Pratt* (2002) 20 ACLC 1594,1600.

[90] 对于该现象的一个解释是,在美国程序规则的框架下,"美国对派生诉讼更自由"——G. Miller, "Political Structure and Corporate Governance: Some Points of Contrast Between the United States and England" (1998) *Columbia Law Review* 51,52。

[91] 参见 J. Coffee, "The Unfaithful Champion: The Plaintiff as Monitor in Shareholder Litigation" (1985) 48 *Law & Contemporary Problems* 5, 16。

[92] J. Macey and G. Miller, "The Plaintiffs' Attorney's Role in Class Action and Derivative Litigation: Economic Analysis and Recommendations" (1991) 58 *University of Chicago Law Review* 1.

[93] G. Dal Pont, *Lawyers' Professional Responsibility in Australia and New Zealand*, (2nd ed. ,2001) 400. 允许当律师在"无胜诉,无费用"的基础上行事,是一种有一定投机性的安排。

[94] 2001年《公司法》第242条。

诉讼的一个更生动的批评:法定派生诉讼使用不足。

(五)派生诉讼的使用不足

如前文所诉,法定派生诉讼是一种威慑机制。它可以被具体地实施,通过法院判决使董事承担个人责任;它也可以被普遍地实施,持续提醒着董事们股东可以随时发起派生诉讼。但是,一些批评却指出,股东诉讼很少发生。股东一般被视作追求投资利润最大化的投资者,他们强烈地希望保护自己的投资,因此会根据个人的资本净收入,斟酌发起诉讼的成本和收益。该论点认为,在派生诉讼中,公司享有利益而股东个人承担风险,因此股东是不愿发起派生诉讼的。而且,公司在派生诉讼中所得的利益补偿,平均到股东个人身上相对是很少的。此外,股东也不愿自己劳心费力发起派生诉讼,而让其他消极股东"搭便车"。[95] 因此,派生诉讼因为使用不足而效果有限,其威慑效果也因此降低了。加拿大一项调查评估的结论是:"法定派生诉讼没有对公司法产生期望中的影响。"[96]即使在美国,研究也表明股东诉讼是"罕见的个例"。[97] Romano 的研究发现没有证据证明派生诉讼有特别威慑的作用,"也基本看不到通过潜在的派生诉讼能实施普遍威慑"。[98] 在澳大利亚和英国,也有人对法定派生诉讼作出类似的预测。[99]

如果威慑被视为法定派生诉讼的唯一理论基础,那么上述批评是有力的。但是,如果我们认为提起法定派生诉讼的权利对决策程序的

---

[95] 对于这些的讨论和其他认识到的不利因素,参见 I. Ramsay, "Corporate Governance, Shareholder and Litigation and the Prospects for a Statutory Derivation Action" (1992) 15 *University of New South Wales Law Journal* 149。

[96] B. Cheffins, "Reforming the Derivative Action: The Canadian Experience and British Prospects" [1997] *Company Financial and Insolvency Law Review* 227,256.

[97] Romano, 前注 8,第 59 页。

[98] 同上注,第 84 ~ 85 页。

[99] 关于美国,参见 Romano, 前注 8;关于澳大利亚,参见 Ramsay,前注 95,第 175 页;关于英国,参见 Cheffins, 前注 96,第 260 页。

正当性至关重要，那么如果不是过度严格的程序性规则导致的行为或者诉讼过程花费高昂的金钱和时间成本，低程度的威慑不会导致这样的问题发生。法定派生诉讼必须使公司决策权能够回应公司整体利益，这的确需要法定派生诉讼能带来特殊威慑、能保护公司利益的一些现实例证。但是，这并不需要很高的法定诉讼适用率。正如我前面所讲的，相比于退出机制，发言是一种次要机制。但如果施加过多前提条件来限制法定派生诉讼的应用，会降低法定派生诉讼的重要性。Hirschman 指出了此处存在的悖论：退出的简易性减少了发言机制的适用范围，但另一方面，由于随时可以选择退出，股东行使发言权利时的效果也增强了。[100] Fischel 和 Bradley 也承认，派生诉讼的作用“尽管重要，但是有限”。[101]

上述的观点支持了法定派生诉讼的“相对”重要性。法定派生诉讼很重要，因为它通过争议原则为公司决策提供了一个正当性机制，为公司成员对公司利益发表意见提供了一个途径；法定派生诉讼是“相对”重要的，因为它不应当被认为是一个有效公司治理和问责系统的核心。正如 Rostow 30 年前所述的：

> 股东诉讼对于董事会的错误行为不是完全有效的救济——事实上，对于这一类的错误行为，它常常都是无效的。它的适用是零星的，它的程序是昂贵的。在作为公司净化工具的同时，它不时地成为敲诈工具。[102]

过度采用诉讼方式可能导致威慑力降低，过度使用发言机制也可能降低其效用。如 Hirschman 所讲，如果采用发言机制的目的是补救

---

[100] Hirschman，同上注，第 83 页。

[101] Cheffins，前注 96，第 287 页。

[102] E. Rostow, "To Whom and for What Ends is Corporate Management Responsible?", in E. Mason (eds.), *The Corporation in Modern Society* (1960) 46, 49.

或提高公司绩效,那么就应着力防范异议股东通过这种机制过度干扰公司,使他们的抗议活动阻碍而不是帮助公司获得救济。[103]

(六)法定派生诉讼和公司章程

到现在为止,我已经讲完了法定派生诉讼的三个原理——补偿,威慑和提供正当性基础——最后一点理应得到更多关注。这里我想简要地提及第四个理论缘由:法定派生诉讼还具有监管功能。这一观点可回溯至第三章关于政府职能的讨论,为了保护和促进公共利益,政府应该限制私人组织的权力。从这个角度来看,公司不仅是私人组织,而且是公共经济和社会生活的重要参与者。我认为公司法体系应关注公共利益,如防范压迫性和不公平行为,提高公司决策的可问责性。[104] 法定派生诉讼为上述价值通过司法判决途径的实现保留了可能性。

问题是,法定派生诉讼应该被认为是一种完全的私人救济手段,抑或在对公司的公共监管中亦有一席之地?[105] 法定派生诉讼能否如 Whincop 和 Keyes 所提倡的那样,为一个建立在公正等公法性标准上的"新公司法"提供支持,使公共审查、监管和私人秩序受到同样重视?[106]

在澳大利亚历史上,法定派生诉讼制度显示出过这种可能。1990 年公司和证券法评议委员会(Companies and Securities Law Review Committee, CSLRC)在研究公司董事和管理层行为规范问题时提出

---

[103] Hirschman,前注 15,第 31 页。

[104] 参见第三章,注 18 及相关文字。

[105] See D. Sugarman, "Reconceptualising Company Law: Reflections on the Law Commission's Consultation Paper on Shareholder Remedies" (1997) 18 *The Company Lawyer* 226,281.

[106] M. Whincop and M. Keyes, "Corporation, Contract, Community: An Analysis of Governance in the Privatisation of PublicEnterprise and the Publication of Private Corporation Law" (1997) 25 *Federal Law Review* 51,92.

了引入法定派生诉讼的想法。[107] CSLRC 的动机一方面来自解决普通法体系的不足，另一方面也来自该委员会关于构造新民事诉讼体系的想法：

> ……新的民事诉讼机制可能有利于为投资者和债权人的利益而在更大范围上监管公司。在一些案件中，监管机构可能因为资源有效而不能提起公诉，但股东发起的民事诉讼能发挥作用。[108]

除了建议让股东发起的派生诉讼在公司监管中发挥更大作用外，CSLRC 还建议澳大利亚证券和投资委员会（Australian Securities，ASIC）有权对派生诉讼颁发许可。通过这种方式，法定派生诉讼能够帮助证券和投资委员会被公众认可为在公司监管领域公共利益的保护者。[109]

但在最后，CLERP 放弃了这一监管思路。CLERP 的报告（后来被立法采纳）声明，法定派生诉讼制度并不意在成为监管措施，它只是协助私人主体实现既有权利。[110] CLERP 的报告也没有将证券和投资委员

---

[107] Companies and Securities Law Review Committee, *Enforcement of the Duties of Directors and Officers of a Company by Means of a Statutory Derivative Action*, Report No. 12 (1990). 委员会在安大略省 1982 年《商事公司法》使用派生诉讼条款作为其说明的模型。

[108] Companies and Securities Law Review Committee, *Enforcement of the Duties of Directors and Officers of a Company by Means of a Statutory Derivative Action*, Discussion Paper No. 11 (1990) para [2].

[109] 同上注，para [63]。

[110] Above n 31,35. CLERP，依据澳大利亚证券与投资委员会 1989 年法案第 50 节规定，投资与证券委员会经过调查和审查，有权以他人名义提起诉讼，但行使该项权力必须基于公共利益；P. Hanrahan, "Distingguisihing Corporate and Personal Claims in Australian Company Litigation" (1997) 15 *Companies & Securities Law Journal* 21, 32。

会列为可以颁发派生诉讼前置许可的机构。[111] 尽管如此，对派生诉讼的成文法条款仍保留了较强的公共强制力特征。[112]

五、法定派生诉讼与压迫行为法定救济的比较

当然，法定派生诉讼不是现代公司成文法中唯一的争议机制。还有其他的机制有与法定派生诉讼一样的潜在效果，最常见的例子就是对压迫性和不公平行为的法定救济。[113] 例如，2001 年澳大利亚公司法允许法院在有证据证明公司决议与股东整体利益相悖、或对某个或某些股东构成压迫、歧视、不公平对待时，有权作出相应的各种命令。[114] 法院可以颁布任何其认为合适的命令，包括公司解散、修改或废止公司章程，或回购股东股份。[115] 法院也可以授权某个股东以公司名义提起派生诉讼。[116]

很多评论者认为，既然对压迫行为的上述救济方式是股东诉讼的主要形式，[117]那么是否还有必要在成文法中保留法定派生诉讼？压迫行为的诉讼救济很明显是实现争议原则的一种机制，它为股东提供了发表意见的机会，而不是简单地选择退出公司。实践中，上述两种诉讼机制也很难区分。在澳大利亚法庭中，区分派生诉讼与个人诉讼的

---

[111] 1991 年，关于法定派生诉讼的 Lavarch 委员会报告删除了"投资与证券委员会有权颁发法定派生诉讼许可"的建议：参见前注 31，202（rec 206）and 194～195。该建议在 1993 年 CASAC 的提议中被重新提出。

[112] See S. Bottomley, "Shareholder Derivative Actions and Public Interests Suits: Two Versions of the Same Story?"（1991）15 *Universityof New South Wales Law Journal* 127.

[113] 例如，英国 1985 年《公司法》第 459 条；加拿大 1985 年《商事公司法》第 241 条。

[114] 2001 年《公司法》第 232 条。The UK Act refers only to conduct that is unfairly prejudicial：s 459.

[115] 2001 年《公司法》第 233 条。

[116] 2001 年《公司法》第 233 条（1）（g）。

[117] J. Poole and P. Roberts, "Shareholder Remedies-Corporate Wrongs and the Derivative Action"（1999）*Journal of Business Law* 99，117；Cheffins，前注 96，第 260 页；Sugarman，前注 105，第 243 页。

主要依据是看法律权利的性质，以及何种义务被违反。[118] 派生诉讼被认为是与管理层对职责的违反有关，如窃取公司机会、不当使用内部信息、自我交易和疏忽管理；[119]而个人诉讼则与不当剥夺股权、不当剥夺或操纵股东的投票权等相关。即使一个股东因受压迫而提起诉讼的法定权利是个人的，该权利并不源于公司，但许多类似诉讼实质上有很强的派生性。[120] 例如，公司控制者为不正当目的行使权力，[121]支付自己过高的报酬，[122]或为一个董事的个人公司进行非商业贷款时，[123]可适用压迫救济。

Ian Ramsay 在对澳大利亚相关案件的调查发现，股东诉讼的最常见事由是压迫行为（占判决的35%）。[124] 在另外一项关于一个压迫诉讼的研究中，Ramsay 报告称26%的案例与违背诚信义务有关，20%与侵占公司财产有关，12%与薪酬过高有关。[125] 换句话说，很大比例的压迫诉讼案例与公司权利义务的行使和履行有关。

在压迫诉讼中，通常的救济是要求另一个股东或公司购买原告股

---

[118] Hanrahan，前注110，第34页。在美国，一个替代方案是审查错误行为的直接效果是作用在公司身上还是股东身上：T. Brandi，"The Strike Suit：A Common Problem of the Derivative Suit and the Shareholder Class Action"（1993）98 *Dickinson Law Review* 335，359。

[119] 这些是派生的错误，因为管理层需向公司或全体股东承担义务。

[120] CSLRC，前注107，para[251]；Hanrahan，前注110，第38页。

[121] 例如，*Re Bagot*，*Well Pastoral Co. Pty Ltd.*（1992）11 ACLC 1。

[122] 例如，*Robert v. Walter Developments Pty Ltd.*（1992）10 ACLC 804。

[123] *Re George Raymond Pty Ltd.*（2000）18 ACLC 85. 进一步的例子参见E Boros，*Minority Shareholders' Remedies*（Oxford，Claredon Press，1995），231－232。

[124] I. Ramsay，"Enforcement of Corporate Rights and Duties by Shareholder and the Australian Securities Commission：Evidence and Analysis"（1995）23 *Austrlian Business Law Review* 174，175.

[125] I. Ramsay，"An Empirical Study of the Oppression Remedy"（1999）27 *Austrlian Business Law Review* 23，33.

东的股份。[126] 因此,虽然诉讼满足了提出争议的目的,但实际上"已经主要地成为一种退出救济"。[127] 在压迫救济的法理中,发言成了一种退出机制。相反地,在法定派生诉讼中,原告提出争议的目的是留在公司并且改进公司运作方式。因此,法定派生诉讼是股东对公司不当行为的一种投入的、忠诚的反应。

和个人诉讼相比,法定派生诉讼的另外一个重要特征是,它不是、也从来不是为了获取股东、投资者的个人直接利益。根据定义,法定派生诉讼中原告股东代表公司利益,为追求公司整体利益而提起诉讼。[128] 简言之,法定派生诉讼是为了关注公司利益。当然,认为法定派生诉讼的原告没有任何自利动机是幼稚的。在针对董事侵占公司财产、侵夺公司机会,或放弃公司向第三人索赔的派生诉讼中,原告股东都在一定程度上存在个人的不满情绪,并想要通过诉讼获得一定的个人救济。但即便如此,派生诉讼的利益仍是集体性的。至少派生诉讼需要股东将公司整体利益也看作他们自己的利益。这与协商原则对公司决策应代表集体判断的要求相呼应。[129] 法定派生诉讼代表了公司法和公司生命中的一个维度,而这个维度已经在一味追求财富最大化和管理层激励的浩瀚论述中被湮没。在1960年,Engene 和 Rostow 描述了岌岌可危的这一维度:

> 人们可能会认为,关注良知以及企业未来的人会为那些

---

[126] Ramsay 的调查展示了近 49% 的案例是原告为了出卖股份寻求法院的命令,这一权利在 31% 的案例中被授予。见上注,第 35 ~36 页。在澳大利亚,这是因为该救济最初被封闭公司中的少数派股东使用。这一研究同时也显示 70% 的原告是封闭公司中的少数派股东。见上注,第 31 页。

[127] United Kingdom Law Commission, *Shareholder Remedies*, Report Law Com No. 246 (1997) para 6.11, referring to s 459 of the *Companies Act* 1985(UK).

[128] 一个成功的派生诉讼的利益可能会流向公司的其他利益相关者,如有担保或无担保的债权人以及雇员:Hanrahan,前注 110,第 30 页。派生诉讼也可能会直接地满足原告的非经济目的,比如对于规则运行的考虑,对公平的考虑。

[129] 参见第五章,注 15 及相关文字。

> 付出自己时间和金钱，不辞辛苦查出公司中的不端行为，而自己几乎不会得到回报的勇敢之人鼓掌。但事实完全不是这样。这些人并没有被视作企业的光荣一员，相反，却被当作拾荒者和贱民。他们最多被称作商业世界中的罗宾汉，是一种“必要的恶”。当他们成功揭开耸人听闻的罪行时，顶多获得几句屈尊俯就的夸奖。[130]

相似地，新南威尔士州上诉法院的 Kirby 法官在在 *Paker v. National Roads and Motorists Association* 一案中对判决所作的保留意见：

> [原告的]诉因绝不是为个人目标或为了他自己的经济利益，而是来自原告对公司董事歧视对待的不满。这种不满又升华为对公司其他董事合法履职和公司合规性的关切。当其他董事试图通过压迫行为来压制他的抗议并摆脱他时，他决定寻求法律的保护。法官们不应拒绝他寻求法律保护。当公司的“牛虻”试图纠正公司董事通过压制手段施行明显的非法自利行径时，法官们应当支持他。[131]

法定派生诉讼象征着公司整体关切、而不是个人目标的重要性。它联系着公司内部的宪治维度，而不是个体缔约者之间的契约束。

由于压迫行为的诉讼救济与法定派生诉讼存在重合，而压迫诉讼更易提起，由此可能减损法定派生诉讼的效用。和派生诉讼不同，压迫诉讼不需要任何前置程序。尽管对单纯涉及侵害公司利益的行为

---

[130] Rostow，前注 102，第 49 页。

[131] (1993) 11 ACLC 866，877 -878. 该案中，原告请求法院判令，允许他以公司名字提起诉讼。另参见 *Wallersteiner v. Moir* (No. 2) [1975] QB 373，389 per Dennig MR。

也可以毫无疑问地寻求压迫诉讼，[132]本书仍然认为，立法确保此类案件通过法定派生诉讼的途径解决是一种更好的选择。

六、结论

在这一章我论述了构建清晰明了和切实可行的争议原则的重要性，以确保公司决策能够合理地考虑股东利益，并保护公司利益。争议原则之所以重要，部分是因为、也仅仅是部分因为，争议机制的补偿和威慑效力。但我更着重论述了争议原则提供决策正当性基础的作用：当股东知道如果他们的利益没有被考虑则可以提起争议时，他们就对决策过程有了一定信任，更容易认可决策过程的正当性。这并不要求争议必须实际地大量发生，但的确要求争议机制是一个切实可行的选项。

为说明上述观点，我用召开临时股东大会的权利和请求获准提起派生诉讼的权利作为例子。在澳大利亚，这两种机制都未获得广泛的应用。这一事实在学术论述和政策讨论中导向了不同的结论。股东很少提起召开临时股东大会这一事实，并未减缓有关股东可能会滥用权利的担忧，反而导致了对行使这一权利施加更严格的限制标准。而法定派生诉讼很少被应用则被评论是"立法失败"的明证，或其仅仅具有象征意义。这些争论可能简单地说明这一点：没有预先决定的门槛或标准能够应用于所有的情况和场合。如何维持争议机制的有效性需要持续的争论和协商。

---

[132] R. Simmonds, "A Summing Up and Search for Solutions", in M. Gillooly (eds.), *The Law Relatiing to Corporate Groups* (1993) 239.

第七章　公司宪治论的远景

在用前面三章的篇幅探究关于公司法及公司治理宪治观点的具体内容之后，有必要重新回顾我在第一章介绍、第三章详细阐述的宏伟蓝图作结。在最后一章中，我将再次审视问责、协商及争议三原则在公司宪治论架构下共同作用的方式，之后将着眼于其如何引领我们研究公司治理的问题，并提出关于公司宪治论如何使我们超越股东至上模式严格限制的建议，至少当其适用在大型公众公司的时候。

一、结合理解三原则

尽管对于问责、协商及争议三原则在前面三章中是分别展开讨论的，但很清楚的是这三者互相紧密联系，他们相互协作并应结合起来理解。这三个原则以下面两种方式相互协作：

首先，每一个原则都暗含了其他两个。例如，如果我们认为至少应当对被争论的公司行为或决定在可能的公开场合下予以解释或作出说明，那么争议机制能够加强问责制。第三章中我称为解释性问责(explannatory accoutability)。[①] 如果争议升级到法院或类似场合,涉及的将是更深层面的问责制——“被追究责任”。反之,问责机制可以为争议机制提供一个内部体制,如公司内部决策权的划分与分立。一个例子是,许多公司治理的“最佳实践”准则鼓励任命外部董事以独立控制与监督执行董事及非董事经理。[②] 另一个例子是,内部审计委员会和公司外部审计师起着不同的作用。[③] 协商制,就其加强对拟议行为的事先说明来说,亦能加强公司内部的争议机制。此外,有效的协商取决于有效的信息供给,因此致力于协商制有可能通过关注公司信息的流动及解释的供给来鼓励问责制。[④] 同时,我在第五章引用 Tom Tyler 的著作,认为协商制亦能减少不必要的争论:感觉自己的意见已在形成决议的过程中得到充分听取的成员,更易于接受经过决策程序所产生的结果并将较少通过外部手段表达他们的关切。[⑤]

三个原则共同协作的一个具体例子是,第六章论述的公司成员请求召开特别股东大会的法定权利。[⑥] 以此种方式请求召开的特别股东会可能成为争议的一种形式及场所,在该争议场所内通过协商程序,公司董事须就议程上的事项对其行为作出说明。该特别法律措施作为公司宪治安排,其效力取决于规定的限定条件有多广泛或者多具体

---

① 借用 John Uhr 的描述,参加本书第三章,注释 5 以及对应正文(原文的这个脚注似乎有问题,应该是第四章中的注释 5,疑为笔误——译者注)。

② 例如:澳大利亚证券交易所公司治理委员会,*Principles of Good Corporate Governance and Best Practice Recommendations*(March 2003)Recommendation2.1;英国金融服务管理局,*The Combined Code on Corporate Governance*(July 2003) principle A.3;OECD,*Principles of Corporate Governance*(2004) principle VI.E。

③ 例如:澳大利亚证券交易所公司治理委员会,*Principles of Good Corporate Governance and Best Practice Recommendations*(March 2003)Recommendation4.4;英国金融服务管理局,*The Combined Code on Corporate Governance*(July 2003) principle C.3。

④ 参见本书第六章,注释 147 及对应正文(这一脚注似乎存在问题,本书第六章只有 132 个脚注,没有注释 147,但原文就是这样写的,疑为笔误——译者注),提到了有些公司在股东大会召开之前邀请成员提出议案在大会上进行讨论的实例。

⑤ 本书第五章,注释 24。

⑥ 参见本书第六章,注释 37 到注释 55 及对应正文。

等。此点将涉及对问责制、协商制和争议机制的考虑。稍后将论及这些问题。

三个原则相互协作的第二种方式是，在一个特定的企业环境中，一个机制运行的不足可由其他两个机制加强和补救。例如，对于一个公司而言，实施具体的权力分立并不总是可行的。比如，可能没有任何可用的或者合适的独立董事候选人，在职董事可能有足够的能力组成一个有效的审计委员会，或者业务创始人及首席执行官可能坚持要求兼任董事长以保留控制权，[7]诸如此类的情形要求更多地关注协商制或争议机制，如确保成员在股东大会及董事在董事会上有足够多的机会提问。

结合起来理解，有关问责制、协商制和争议机制原则的论点可从现行公司法规则及理论中找到。这些原则并不总是清晰的、连贯的、一致的，并且也许由于这个原因，它们经常被忽视，被归入如效率或"自由市场"的其他价值中。

这些论点是限定性的，因为我认为问责制、协商制及争议机制是公司法体系应围绕之而建立的原则。尽管如此，这些原则并非"良好的公司治理"的详细蓝图，也不是公司或公司法"大理论"的一部分（我在第一章中有论述）。相反，它们是法院、立法者、工商界人士及学者在处理公司治理争议、考虑修改公司法或者运行公司事务时应考虑的广泛标准，一如他们考虑效率或利润最大化之类的目标时的方式。例如，尽管支持修改法律以允许电子或"虚拟"会议取代（而不仅仅是补充）面对面的会议有明显的效率理由，亦应注意其对协商制质量的重大影响。如第五章所述，我们必须考虑到协商制的弱化形式，不应当超过董事在面对面的会议中说明的重要性。

---

⑦ 在澳大利亚，关于该情形的一个著名的例子就是大型零售商 Harvey Norman Holdings Ltd.。面临对他拥有公司 CEO 以及董事会主席双重身份的指责，公司的共同发起人 Gerry Harvey 回应："如果你认为我应该离开这个职位（执行主席），让一个一点儿都不了解我的公司的人来坐，我不认为我的股东们会被打动。"——转引自 Fiona Buffini, "Directors Slam New ASX Rules", *Australian Financial Review*, 4 April 2003。

我不认为对问责制、协商制和争议机制的更多关注本身就能防止如 HIH 保险或安然这样的丑闻。这些公司的崩溃是其特殊的情况及人事安排的结果，同时也必须将不同的监管要求所产生的影响考虑进去。[8] 但是，我认为一个过于重视公司的经济效果及投资股东利益的法律和公司环境，必然产生鼓励丑闻更易发生的文化环境。William Bratton 对安然崩溃的分析证实了这一点。他认为安然崩溃是“追求股东即期价值”的结果，“追求股东即期价值”促使安然管理层“偏好风险、参与杠杆式投机、盈余操纵并隐瞒重要信息”。[9] 因此，尽管我不认为对问责制、协商制和争议机制的更多关注必然导致管理行为或股东行为的改善，或者必然导致负责任的公司决策，但我却对在不强调三原则的情况下公司能持久完善表示怀疑。我认为三原则是完善的公司治理和公司行为的必要条件，虽然不是充分条件。

HIH 保险及安然事件后的法律改革部分证明了上述观点。澳大利亚的 CLERP 9 立法修正案、[10]美国的萨班斯—奥克斯利法案以及英国的类似改革[11]主要是关于改进公司问责制的，尤其是（虽然不完全是）审计职能的强制分立。但是，如前所述，不应由问责机制独自承担公司法改革的负担。在澳大利亚，继 CLERP 9 修改之后的下一个主要的公司法改革集中于修正并在某些方面改进股东协商机制。2006 年公司法修正案草案（No. 2）建议促进成员决议和声明的电子化流

---

⑧ 澳大利亚联邦，The HIH Royal Commission，*The Failure of HIH Insurance*（2003）中描述了 HIH 崩溃的背景。关于令人发狂的特立独行的安然公司的特征可以参见 J. Coffee，“Understanding Enron：‘It's About the Gatekeepers，Stupid’”（2002）57 *The Business Lawyer* 1403。

⑨ W. Bratton，“Dose Corporate Law Protect The Interests of Shareholders and Other Stakeholders? Enron and the Dark Side of Stakeholder Value”（2002）76 *Tulane Law Review* 1275，1283.

⑩ *Corporate Law Economic Reform Program（Audit Reform and Corporate Disclosure）Act* 2004.

⑪ *Companies（Audit，Investigations and Community Enterprise）Act* 2004.

通,以及改进代理投票的行使和披露程序。[12]

二、平衡公司治理争论

三原则是公司治理的宪治框架之下仅有的原则吗?毫无疑问,回答是否定的。本书提出的是一个探索性的论点,而非确定性的目录。三原则和其他价值之间存在、并且应当存在关联性。例如,代表性和参与性的观点是否应在形成公司法和公司治理体系中发挥作用?平等机会的观念之于公司治理呢?同时亦应考虑不同公司背景的重要性。探究公司治理之于所有类型公司的含义不是本书的目的,我所关注的也许是最简单的对象:股权分散的公众公司。但是不应认为问责制、协商制和争议机制原则不能适用于较小的、非公众公司或者其他形式的公司,同时亦应预料到问责制、协商制和争议机制三原则在不同公司背景下将会有不同的表现。例如,在所有权与控制权没有完全分离的小型封闭公司,成员参与决策可能不只是在股东大会上的定期投票。实际上,在这些公司的股东投票,很可能被认为只是为了法定的公司记录所履行的手续。退出权在此类公司可能是受限的——事实上我们可能需要考虑在协商制和发言机制已经运用的情况下鼓励退出(如在公司僵局的情况下)。权力分立和其他问责机制亦可能难以维持。关键在于,必须在不同的公司背景下作出有关本书所论的原则之间相互影响和平衡的决定。

同时,当然应借鉴其他架构中的标准或必备要素来做权衡。这是第五章提到的众说纷纭的诸观点的一部分。[13] 上文所述的一个例子中,小部分成员的特别股东大会召集请求权表明三原则的共同协作。

---

⑫ 与之对比,在本书第六章,注释50,修正案草案也提出了限制允许公司成员召集特别股东大会的门槛,取消"100成员"原则仅留下"拥有公司5%投票权"的规制。在英国,2005年公司法修正草案在大范围的修订中也有类似表述,公司股东召集大会的权利以及在股东大会之前传阅报告的权利:参见 eg cls 279 and 290。

⑬ 第五章,注释39及随后正文。

对此,存在明显不同的看法,其中有些观点从经济角度出发:召集特别股东大会将产生相当大的财务费用,⑭同时存在分散管理层"做好运营公司的工作" 的注意力的机会成本。一个与之相关的既有政治上又有经济上考虑的关注点是,特别股东大会召集请求权可能被公司成员中追求自身特殊利益的小部分群体滥用的风险("少数人的暴政"观点)。

我所关注的是,虽然经济的或者财务的论点值得重视,但它们往往被假定为优于其他需要考虑的事项,这也是本书写作的原因之一。此外,就更多的政治导向的论点已被纳入考虑范围的程度而言,这也只是在经济角度论点所设定的限度之内。例如,当澳大利亚议会公司和金融服务联合委员会建议废除允许召集临时股东会的"100 成员"标准时,其理由是该规则给大型公司及其成员带来很大的成本,并对小股东造成经济上不成比例的影响。⑮ 再次强调,我并不认为这些是不相关或不适当的考虑因素,而是,它们不应当被认为是仅有的相关或适当的考虑因素;就某一特定问题,它们可能"获胜",但之前也应该认真考虑如本书所研究的其他关注点。

然而,可能会有人提出这样的问题:公众公司的股东真正关心对问责制结构的保护吗?他们是否愿意参与协商?对公司业绩或管理行为不满时,他们是否宁愿争论不适当的决定而不愿简单地出售他们在公司的股份?这些问题需要实证调查,但一个可靠的假设是,对于许多公众公司的许多股东而言,答案可能分别是"在某种程度上"、"也

---

⑭ 在 2013 年一项对澳大利亚 217 个上市公司的调查中,一次公司年会召开的中间成本是 15,000 澳元:The Role of Shareholders' Meetings in Improving Corporate Governance (Research Report, Centre for Commercial Law, Australian National University, 2003), 45。

⑮ 公司和金融服务联合委员会,澳大利亚国会,*Inquiry into the Exposure Draft of the Corporations Amendment Bill*(No.2)2005(2005),paras. 2.6 –2.20;同样可以参见公司与证券咨询委员会,*Shareholder Participation in the Modern Listed Public Company: Final Report*,(2000) para 2.6(其中指出召开一次大会的成本以及给予少数股东"在公司协商中过度的影响力"的风险)。

许"及"不"。这是否意味着本书提出的观点是不切题的？毫不奇怪，我并不这样认为。我不认为公司宪治论不能帮助我们了解和促进更佳的公司治理，即使实际上公司宪治论的观点没有影响到一些股东。下一个标题将解释其中的原因。

三、对股东至上的重新审视

在第一章中，我阐明了本书以股东至上模式作为参考点。这里有实际的背景：不管好坏，股东至上模式已经证明是富有弹性的（尽管是不精确和柔性的），并且对我而言与其合作而非将其推翻（至少，一次性推翻）似乎是更好的策略。但是，正如我也曾阐述过的，重新审视股东至上模式非常重要，因为其拥护者常常对其进行非常狭隘的解读。就董事、经理和股东而言，股东至上常常被短期利益最大化的成见所扭曲。[16] 这反过来又成为需要有更多经营自由裁量权的论点：[17]股东是投资者，他们的利益在于以投资获得利润，实现这一目标的最好方式是让公司经营者做好让股东满意的工作（在基本的受信范围内）。[18]

至此，很显然的是，正如我所认为的，股东至上模式并没有将公司经营者的关注点限制在股东的财务利益上（短期或其他）。[19] 该模式允许重视对股东的非财务方面的关注（如关注公司行为对社会或环境的影响），同时通过股东这一媒介，该模式亦可将非股东的利益考虑进

---

⑯ 关于短期主义的影响问题，参见 L. *Mitchell*, *Corporate Irresponsibility: America's Newest Export* (2001)。

⑰ 有时结束"董事中心"的争论可以参见 S. Bainbridge, "Director Primacy: The Means and Ends of Corporate Governance" (2003) 97 *Northwestern University Law Review* 547。

⑱ 参见 Bratton，本章注释 9。

⑲ Davia Millon 在他回应 Mitchell 的作品时做出了类似地论证，参见 D. Millon, "Why Is Corporate Management Obsessed With Quarterly Earnings And What Should Be Done About It?" (2002) 70 *George Washington Law Review* 890。

来。[20] 通过更加重视股东作为公司成员的角色(相对于作为公司投资者的角色),通过鼓励并进而重视他们经协商程序的提议或建议,通过调查公司利益集团的效用,[21]各类股东都可成为一个渠道——成为公司员工、侵权行为受害人、消费者及其他群体的关注和利益得以影响公司决策的渠道。公司法应鼓励股东成为积极的成员,考虑并运用协商及争议而非消极与退出。这样,股东可以作为渠道使其他观点和利益纳入公司协商之中。

我们有理由相信,至少一些股东将对这一鼓励做出反应。在澳大利亚、英国、美国及其他国家,有迹象表明对于社会责任投资有越来越多的关注。机构投资者尤其表现出了对违反伦理、社会及环境标准的投资机会的反对。[22] 据估计,2002 年在澳大利亚大约有 21.8 亿澳元的机构投资以追求社会责任为投资的战略。[23] 另一关于股东对伦理问题的反应研究表明,如果一个公司被发现从事了某些有伦理争议的行为(如使用童工,造成环境问题,或者给董事高额奖金),[24]大多数接受调查的股东可能出售他们在该公司的股份。这很好地说明了股东在考虑投资选择时会考虑伦理因素。同时也表明股东继续将退出作为其应对不良公司业绩的首要选择。但如第六章所述,尽管在此种情形下退出能够给公司传递明确的信息,然而同样重要的是,公司法和公

---

⑳ 同样地,参见 Millon,本章注释 19。

㉑ 参见本书第五章,注释 137 到 146 以及对应正文。

㉒ Editorial, "Corporate Governance, Institutional Investors and Socially Responsible Investment" (2002) 10 *Corporate Governance* 1.

㉓ P. Ali, G. Stapledon, M. Gold, *Corporate Governance and Investment Fiduciaries* (2003) 193.

㉔ D. Hanson and B. Tranter, "Who Are the Shareholders in Australia and What Are Their Ethical Opinions? An Empirical Analysis" (2006) 14 *Corporate Governance* 23, 报告称,考虑到股东保有或者卖出股份的选择,在 2087 名股东样本中,在对待使用童工的问题上,88.2% 的股东可能或者确定地卖出股份;在对待一个重大的环境问题上,70.9% 的也会卖出股份。在对待给予公司经理高额奖金问题上,数字是 60.1%。其他方面有:生产军事武器——58.2%;投资转基因食品或作物——67.5%;被指控存在种族歧视——48.5%。

司治理体系应明确认可并鼓励股东选择留下并表达自己的关注。[25] 调查 HIH 保险崩溃的皇家委员会对这一点表示了认可，尽管是在有限的范围内：

> 股东冷漠是不良公司治理的一个因素。如果作为所有者的股东不愿或者不能行使权力或者发表意见，董事和经营者将缺少那些他们应为之服务的人的引导和约束。股东有权看到董事会适当组成并使其为公司的业绩负责。[26]

需要补充说明的是，除对董事会组成及公司业绩的关注外，股东可以并应当被鼓励对其所拥有股份的公司的行为承担责任——在道德意义上。[27]

我不想夸大股东的更多参与。有人可能会对股东（包括机构股东）影响公司事务过程的能力表示疑问。机构股东的消极被动已经受到人们的广泛批评。[28] 这些股东在使社会责任投资决议得到股东大会通过的低出席率，亦是人们批评的对象。[29] 而且确实存在一些股东，仅仅为了实现其个人短期投资目的利用其协商权及争论机制。但是，如本书别处所述，我们无须假设在公司世界中自利投资者是唯一或者首选的居民。对于关心自己的投资，同时亦有别的关切并采取措施使这些关切点引起董事和经营者重视的股东，公司治理模式也应当能够鼓励股东他们表达股东至上主义之外的看法。

㉕ 参见本书第六章，注释 15 到 23 以及对应正文。

㉖ 本章注释 8，HIH Royal Commission Vol. 1，121。

㉗ R. Warren，"The Responsible Shareholders：A Case Study"（2002）11 *Business Ethics：A European Review* 14.

㉘ I. Ramsay，G. Stapledon and K. Fong，"Corporate Governance：The Perspective of Australian Institutional Shareholders"（2000）18 *Company and Securities Law Journal* 110.

㉙ M. Haigh and J. Hazelton，"Financial Markets：A Tool for Social Responsibility?"（2004）52 *Journal of Business Ethics* 59.

四、超越股东至上

当然,考虑超越股东至上模式很重要。在股东至上模式之外,还有其他的公司参与者,关于该模式如何运作以及如何应对问责制、协商制和争议机制的观点都暗含了这些参与者的存在。

有两种方法可以实现超越股东至上模式。如果严格解释,股东至上模式将会把我们的注意力局限于股东和董事之间通过公司不同的法律组织来协调的关系。因此,首先,我们可以探求的是,董事之外是否存在其他人承担能够提升问责制、协商制和争议机制前景的法律义务或法律预期。其次,可以考虑扩大除股东之外的义务对象。

关于第一点,澳大利亚《公司法》已经有了超越董事会的做法。正如已经注意到的,审计师在公司问责程序中承担法律强制规定的职责。现行公司法要求上市公司的审计师参加公司协商审计报告的年度股东大会。[30] 会议主持人必须给予公司成员一定合理的机会,使其在会上作为整体提出关于审计行为、审计报告的编制和内容以及审计师的独立性的问题。[31] 此外,上市公司的成员可在会议召开之前向审计师提交书面问题,询问有关该审计师的审计报告内容或者审计行为的问题。[32] 有关非董事公司高管的职责,本书已亦有多处论及,随着2001~2002年许多知名公司的崩溃,人们已经将注意力转向是否应该以及在何种程度上更加明确非董事的公司高管和员工的法律义务和责任。[33] 在澳大利亚,HIH皇家委员会明确指出:"在较大的公司,许多重大的决定都是不经过董事会,由管理层做出",并且发现构成HIH

---

[30] 2001年《公司法》第250RA条。

[31] 2001年《公司法》第250T条。(同样允许关于公司使用的会计政策问题)

[32] 2001年《公司法》第250RA条。

[33] 澳大利亚政府公司市场咨询委员会,*Corporate Duties Below Board Level*, Report (2006)。

崩溃的很多行为都是由“中间管理层”的员工从事的。[34] 将类似于目前适用于董事的义务和责任扩展到公司其他高管,是将问责任、协商制和争议制的程序由董事会扩展至更广泛的公司管理架构的一种(仅仅只是一种)途径。[35]

第二点——扩大义务对象的范围——涉及“利益相关者理论”及有关公司社会责任的更为广泛的争论。我无意在此讨论这些争论,但值得指出者,至少在澳大利亚,重要企业的崩溃周期与重新关注企业社会标准之间似乎存在松散的联系。例如,甚至在20世纪80年代后期一连串公司崩溃之前,澳大利亚参议院进行了一项有关企业董事的社会及受信义务的调查(建议不要将董事义务扩展至包含环境及类似事项)。[36] 大约20年后,随着HIH保险和其他公司的崩溃,澳大利亚政府公司和市场咨询委员会、[37]澳大利亚议会公司和金融服务联合委员会[38]分别同时对公司社会责任问题进行了调查。议会委员会的建议回应了本书前述要点,即现存的法律模式并不排除对利益相关者利益的考虑,应对能够鼓励以自愿为基础来履行公司责任的多种方式予以关注。

那么,问责制运行不力的担心与广泛的公司责任的问题似乎相去不远。本书所详细阐述的一个观点是,这些如公司社会责任问题同样重要,其必须建立在一个对能够使股东的角色得以重新焕发活力的方式的强有力的严格的审查之上。在第一章中,我对于董事和经营者会

---

[34] 本章注释8,HIH Royal Commission Vol.1, 121-122。

[35] 这是HIH Royal Commission给出的建议,如前所述,建议二,澳大利亚政府公司和市场咨询委员会也提出了类似地建议,参见本章注释33。

[36] 参议院法律和宪法实务常设委员会,澳大利亚议会,*Company Director's Duties: Report on the Social and Fiduciary Duties and Obligations of Company Directors*(1989)。

[37] 该咨询委员会根据2001年澳大利亚证券和投资委员会法第9部分成立,作为一个特殊的公司法改革主体运行。它在2005年11月公布了一个讨论稿,参见Corporations and Markets Advisory Committee, *Corporate Social Responsibility: Discussion Paper*(Nobember 2005)。

[38] 澳大利亚议会公司和金融服务联合委员会,澳大利亚议会,*Corporate Responsibility: Managing Risk and Creating Value*(2006)。

在更大范围内认真考虑有关公司治理和公司责任的可能性表示悲观，除非他们相信这与标准法律模式所强调的观点相一致。更直接地说，如果法律及实践不重视股东的作用和利益，我不知道股东还能抱什么希望。

五、公司宪治论的视角

我在第一章说过，本书的目的是用公司宪治论的视角为我们看待公众公司治理过程提供一个新的观点。“透过不同的镜头来看待事物”的比喻，实乃恰如其分。借用 Philip Pettit 的话说，公司宪治论并没有给我们提供“一个新奇的想法”。[39] 相反，它提醒并重新唤起我们对已经存在于公司法体系中的一些重要原则的兴趣。

通过公司宪治论的视角，我们得以重点强调公司治理和公司法中的那些在主流的法和经济分析中可能被忽略或轻视的方面和问题，如公司决策中决策程序的重要性、权力分立的作用，以及鼓励股东表达自己想法的价值。

本书的论点亦提醒我们关于公司治理的争论所使用语言的重要性。当我们选择指称“成员”而非“投资者”时，此种选择传递出我们对这些公司行为者的角色和利益的假设与期望。我们在“契约”与“宪法”之间选择作为思考公司治理所依据的基本架构时亦是如此。提醒了这些事情之后，公司宪治论要我们考虑如何重新思考公司治理的一些核心问题——例如，公司努力的宗旨？公司运营应是为谁的利益？谁应当参与决定这些问题的答案？[40]

---

[39] P. Pettit, "Democracy, Electoral and Contestatory" in I Shapiro and S Macedo (eds.), *Designing Democratic Institutions*: *Nomos* 42(2000) 105.

[40] 我改用了 Lyman Johnson 提出的这些问题，"The Social Responsibility of Corporate Law Professors" (2002) 76 *Tulane Law Review* 1483, 1494。

译后记

2008年下半年，受益于黄辉教授的联络，我有机会前往位于悉尼的澳大利亚新南威尔士大学法学院做高级访问学者。在澳期间，我在图书馆阅读到的本土公司法学文献中，一本名为*The Constitutional Corporation—Rethinking Corporate Governance*的著作频繁出现在引注中，引起了我的关注，后在校园书店购得该书精装本，翻开之后竟然一口气读完，顿觉受益匪浅。以后，黄辉教授说有机会联系到生活在堪培拉的作者斯蒂芬·波特姆利教授一聊，我很是开心了一阵，但由于后来我回国的行程安排稍有提前，错过了面见机会。

的确，在源于法经济学的公司契约论作为解释公司、公司法的主流学说下，《公司宪治论》一书提供了关于公司的一个政治学维度的思考，为公司本质和目标等问题提供了一个全新的分析框架，令人耳目一新。公司宪治论将公司视为一个政治体，很自然地诠释了公司内部的复杂层级结构和权力运行机制。相对而言，视公司为一堆契约组合的公司契约论在解释公司组织内部的制度安排与运行机制上是乏力的（这也是我10多年前做博士后出站报告时就注意并关注的问题,有兴趣者可以参见李建伟:《公司制度、公司管理与公司治理》,人民法院出版社 2005 年版),因为诸如公司各参与人之如自由市场上的主体一样相互平等、不存在上下的层级关系、也没有“权力”和“命令”等描述,并不符合公司(特别是超大型公众公司)的现实情况。如果考虑到中国实际上实行的公司治理行政模式,公司宪治论似乎在某些方面更具解释力。此外,公司宪治论将公司视为一个独立存在的政治体,至少在我看来,较有信服力地阐释了公司人格的本体性问题,也正如黄辉教授在本书代序言指出的:“公司宪治论还是公司法自己的理论,让公司法无须再依附于传统民法的框架。”

2009 年年初回国后,我重读本书,先后两次在我为研究生定期组织“明德读书会”上与学生们一起研读,随后产生了翻译的想法。以后与斯蒂芬·波特姆利教授通过电子邮件联系时,取得了他爽快与慷慨的授权,并予以热情鼓励与期待。可能与各位译者感受略同的是,翻译的过程是既愉快而又枯燥的。磕磕绊绊、断断续续的,译稿初稿终于在 2010 年年中完成,后由于俗务缠身,一放下竟然 3 年多,等到 2014 年年底重新再次拾起,犹如新书翻译一般。幸好在最近过去的一年时间里一直坚持下来,先后经历五次订正,六易译稿,每一次订正都有新的进展与收获。

在此过程中,我要郑重感谢张莉力、吴永刚、许敏、王安然等诸位同学的帮助与所作的贡献。他们帮我查找英文文献,订正不少词句段落,研讨个别词汇的译法,搜索相关引注背景资料等。感谢亢雪莲与李凯(原国务院法制办)分别负责校正了第五次译稿的数章,最后由我定稿。他们的所有参与,都对本译著的精确性帮助甚大、贡献甚巨。当然,文责自负,文中翻译的错误都由我承担。

需要隆重感谢的是我的老朋友、香港中文大学法学院的黄辉教授。他不但是本书翻译的机会提供者与积极推动者,还贡献了 7000 多字的长篇序言。本来我自己写有一份介绍公司宪治论的基本思想的译者序，但考虑再三，觉得如由对公司宪治论的理论背景与思想脉络更为熟悉的黄辉教授来撰写，自然更恰当。2014 年 10 月中旬，黄辉教授高兴地应允下这一“命题作文”，一个月后依约发来，并在两周后重新发来再次修订的版本，以及数个关键词的译法建议，其侠义与认真精神均令我感佩。但更重要的是，黄教授的这篇《代译者序》为译著增色甚巨，为读者精确、快速地理解公司宪治论打开了一扇方便之门。

在此，我还要诚挚感谢华东政法大学何勤华教授将本书纳入他创立的“法律文明史文库”，并为本书的出版提供了资助。

二次翻译启动的三年多来，次女一漫，天赋聪颖，阳光般的快乐成长，伴书桌的前后左右，欢乐一地，笑声溢屋，怡父情，慰父心。仅以本书献给她。

是为译后记。

李建伟

2018 年冬于万柳寓所

图书在版编目(CIP)数据

公司宪治论：重新审视公司治理 / (澳) 斯蒂芬·波特姆利著；李建伟译. -- 北京：法律出版社，2019.1

(法律文明史研究院文库 / 何勤华主编)

书名原文：The Constitutional Corporation：Rethinking Corporate Governance

ISBN 978 -7 -5118 -9139 -6

Ⅰ. ①公… Ⅱ. ①斯… ②李… Ⅲ. ①公司-企业管理-研究 Ⅳ. ①F276.6

中国版本图书馆 CIP 数据核字(2016)第 027001 号

公司宪治论：重新审视公司治理
GONGSI XIANZHILUN：
CHONGXIN SHENSHI GONGSI ZHILI

[澳]斯蒂芬·波特姆利 著
李建伟 译

策划编辑 沈小英
责任编辑 陈 妮 刘文科
装帧设计 李 瞻

出版 法律出版社
总发行 中国法律图书有限公司
经销 新华书店
印刷 固安华明印业有限公司
责任校对 马 丽
责任印制 吕亚莉

编辑统筹 财经法治出版分社
开本 720 毫米×960 毫米 1/16
印张 15.25
字数 180 千
版本 2019 年 1 月第 1 版
印次 2019 年 1 月第 1 次印刷

法律出版社/北京市丰台区莲花池西里 7 号(100073)
网址/www.lawpress.com.cn
投稿邮箱/info@lawpress.com.cn
举报维权邮箱/jbwq@lawpress.com.cn
销售热线/010-83938336
咨询电话/010-63939796

中国法律图书有限公司/北京市丰台区莲花池西里 7 号(100073)
全国各地中法图分、子公司销售电话：
统一销售客服/400-660-6393
第一法律书店/010-83938334/8335 西安分公司/029-85330678 重庆分公司/023-67453036
上海分公司/021-62071639/1636 深圳分公司/0755-83072995

书号：ISBN 978-7-5118-9139-6 定价：86.00 元
(如有缺页或倒装，中国法律图书有限公司负责退换)